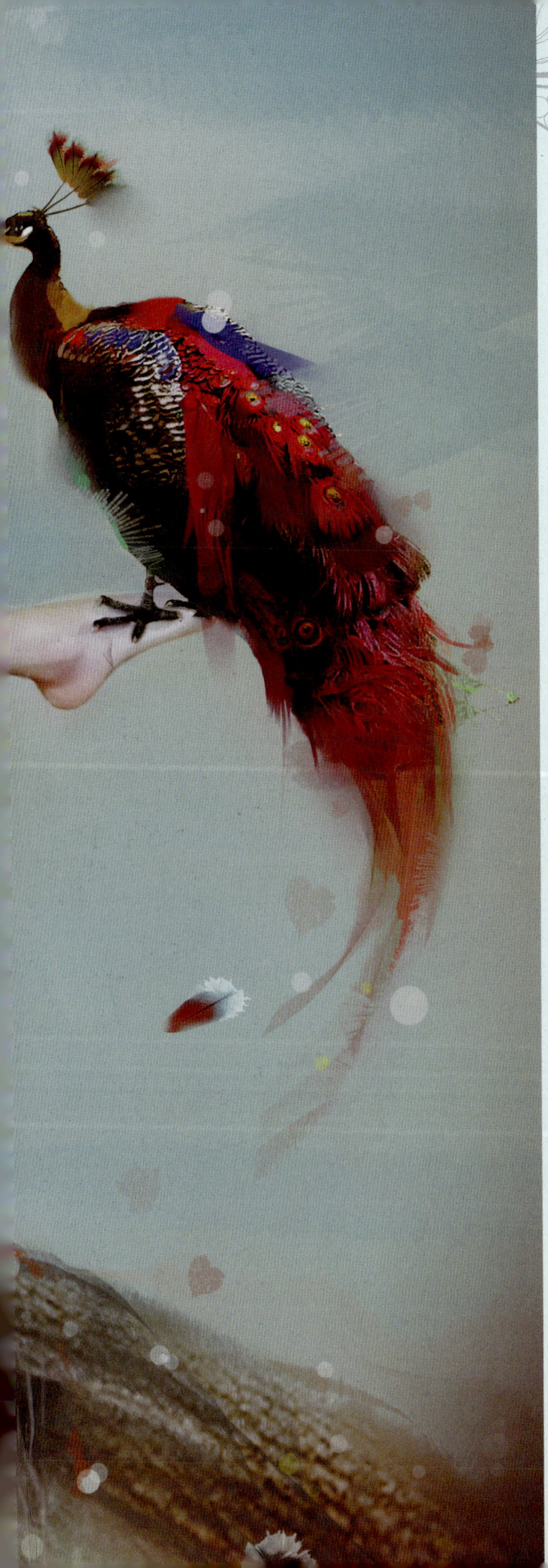

Chapter 1
孔雀王子

文 / 叶聪灵　图 / 阿拉蕾

魔法森林，灿烂，迷离。我依靠在千年古树之上。不知为什么我突然有一种眩晕的感觉，像是有一种神秘的力量搅动着我记忆的神经。那一刻，我仿佛坐在魔王的宝座，注视着霎时间璀璨起来的十色尾翼，像钻石一样闪闪发光的羽毛之屏下，站着一个身穿红色燕尾礼服的少年。

炫酷的蓝发下闪烁着精致耳钻的光芒，浅紫色的眼眸，仿佛与他对视的瞬间就会堕入深渊。少年的鼻息拂过我芳香的右臂，在邪恶的笑容里，我看到温暖洁白的右臂已经冰冷殆尽。

少年的齿印在我的右臂上留下了一个图腾，然后用他浅紫色的眼眸对着疑惑恐惧的我，他只说了一句:“你要青春永驻的死亡躯壳，还是要永世不灭的真爱之心？”

无奈，我只有亲吻他的脸颊才能逃脱万劫不复的破碎。一吻之后，少年变回孔雀王子，他落在我的脚背上，看着我右臂的图腾。

Chapter 2

蜻蜓精灵

文/叶聪灵　图/阿拉蕾

"你是我的敌人，我在见到你的每一瞬间都想吸干你的精华。"我的身后突然传来一个声音，那声音明明就在身后，却仿佛来自遥远的天边。我转过身，感觉自己仿佛置身于美丽仙境，那点点萤火像是可以在瞬间就让我的眼泪干枯。

那是一座永夜的城堡吗？我看到了蜻蜓精灵的星空幻想。银色头发的少年，有一张如同雕刻出来的完美轮廓的脸庞，白皙的皮肤，绿钻石般的眼眸，闪烁着寒冷和平静的光，趾高气扬的精灵站在我的面前。

炫色的西服下包裹着挺拔的身姿，他伸出两只手，拂过我的发梢，用他温柔的唇啃噬着我脆弱的眼眸。

在那一刻，我看到了他嘴角残留着一滴鲜血。我感到自己的眼睛有温热的液体流出，当我的右手指尖擦过那温热的液体时，我嗅到了鲜血的味道。他对我说："敌人，请记住你眼角的鲜血之泪，因为，这是爱上敌人的代价。"

Chapter 3
银发魔女

文 / 叶聪灵　图 / 阿拉蕾

“不！这不是我想要的世界！”我大喊着，像疯了一样从银发少年的身边逃离。我感到自己的身体里充满了未知的力量，再一转头，月亮和星星已经被我抛在身后。

银色的长发仿佛拥有生命，它竖立着，它疯狂着，它咆哮着。为什么孔雀王子为我留下爱的图腾？为什么蜻蜓精灵让我流出如血的眼泪？我究竟是谁？他们究竟是谁？

“这是你逃不脱的宿命。你的存在就注定是他们的灭亡！”我听到了来自银色长发的声音。那一刻，我终于明白，我是银发魔女，是徘徊在魔法森林中的最邪恶的魔：我必须杀死每一个要毁灭我又爱上我的森林之灵，来唤醒蕴藏在我银发之中的邪恶力量。

对不起，孔雀王子；对不起，蜻蜓精灵。你们体内的精华，你们的爱，你们的吻，才是我重生的力量。银发魔女的世界里，只有嗜血的爱情，没有跳动的真心。

现在轮到我杀你

文 / 小妖 UU　图 /Somnus

1

干净，我想，除了这两个字以外，世界上再也没有更好的形容词来描述璐璐了。她一袭白裙，素面朝天，脸上永远挂着慵慵懒懒的神情，像是随时都能进入梦里。

不，确定说，她就是在梦里。

小学时，她活在五颜六色的漫画书里；中学时，她活在缠绵悱恻的小说里；而现在，她沉迷于网络游戏，活在那些虚构的恩怨情仇里。

她抬起头，眼神里带着一种很纯粹的无辜——这便是我最讨厌她的地方。

璐璐很认真地塞上耳机，耳机的另一端并没有连接任何音频设备。这是她的怪癖，每当与别人交谈时，她必须带上耳机，似乎只有这样，她才能短暂地从梦里抽离出来，与这个世界建立联系。

“这次你一定要帮帮我，”她说，“我现在玩的网游是你们公司运营的，我和另一位玩家玩互杀，就是我杀他一次，他杀我一次，可是轮到他杀我时，他突然掉线了。后来我才知道，他因为长时间不眠不休玩游戏，暴毙于电脑前。我现在一闭上眼睛，就看到他的鬼魂阴森森地站在我面前。你能不能弄到他的账号、密码，让我登录他的角色杀我一次？否则他会缠我一辈子的！”

她说的这个玩家我知道，因为他的死，我们公司的游戏遭受了很大的舆论压力。可我只是公司宣传部一个小小的策划，根本触及不到技术层面，怎么可能拿到玩家的资料？

璐璐见我不吭声，低低地说：“你知道吗？我总听到他在耳边说，‘现在轮到我杀你了’……”

“你什么意思？！”我腾地站起来。

璐璐愣了愣，说：“我，我不是那个意思……”说罢，她慌乱地摘下耳机。

于是，她与这个世界的“联系”中断了，她飘然离开，一身干净。

2

显然，璐璐在利用儿时发生在孤儿院的那件事威胁我！

我和璐璐都因为先天不足被遗弃在孤儿院。我是个跛子，而璐璐除了右脸上有一小片光洁的皮肤之外，其余的皮肤上全都覆盖着一层粗糙恶心的麻子，远远望去，就像是敷了一层肮脏的泥沙。

有一天，我无意中在老人们的聊天中窥探到一个大秘密，原来人死了会变成鬼，鬼可以投胎，投胎就意味着新生。

我和璐璐，还有其他四个小朋友，决定在孤儿院中的地窖里自杀，来世投胎到好人家。

那地窖很深，台阶尽毁，底部汇集着及腰的污水，如果跳下去，就算摔不死，也能溺水而死。

可是到了地窖的边缘，我们胆怯了。

我提议说，我们一个推一个，互相帮忙。

璐璐问：“那最后一个人怎么办？”

我说："其他人都变成鬼了，鬼再把最后一个人杀死就行了啊！"

于是，第一个小朋友把第二个小朋友推了下去，第二个推了第三个，第三个推了第四个，而我，又将第四个孩子推了下去。

璐璐颤抖着说："现在是不是该轮到我杀你了？"

我望着地窖里垂死挣扎着的孩子们，又看了看如怪物般丑陋的璐璐，低声说："我们不用等来世了。"

没错，孤儿院里比我聪明、比我漂亮的孩子都死了，至于璐璐，她对我根本不构成威胁。

几天后，我顺利地被一对好心的夫妇收养了。

令我不忿的是，璐璐随后竟也被一对有钱的夫妇收养了。他们花巨资帮她做了整形手术，灰姑娘从此变成了白雪公主。

3

两天后，我甩给璐璐一张字条："账号、密码都在这里，那件事以后别再提了。"

璐璐戴上耳机，点点头。

"过两天就是她们的祭日了，我们回去拜拜吧？"我提议。

"其实我每年都会回去的。"璐璐的声音如梦呓一般。

4

孤儿院早就成了一片废墟。地窖里，满壁青苔，底部如当年一般，堆积着浅浅的污水。

璐璐每年都会回来，将自己的肖像挂在湿漉漉的墙壁上，用它来代替自己赎罪。

事实上，我每年也会回来。我说过，我最讨厌璐璐那一脸无辜的样子。凭什么坏事全是我做，而好处却要与她分享？凭什么她可以一身清白地享受幸福，而我却要用满手的鲜血来博取未来？

所以，每年璐璐挂上肖像后，我都会在上面涂满泥沙，只留下小半个右脸。我就是要提醒她，她的幸福踩在她们的生命之上，我必须让她明白，她和我一样脏！

于是，璐璐每次回来，都会被自己的肖像吓到，为了逃避那段不堪的往事，她关闭了自己与这个世界的联系。

"她们还在这里。"我指着那幅做过手脚的肖像。

璐璐背对着我，颤抖着，我趁机掏出早就准备好的铁锥，刺进她的背部。

璐璐的死将挽救我们公司，将让我成为公司的功臣。因为那把铁锥和我们公司网游中的武器一模一样——若连续有两个人因某款游戏而死，当负面舆论达到顶峰，再加上我们恰当的危机公关，就能让游戏受到更多的关注，吸引大批喜欢刺激的玩家。

璐璐没有挣扎，她低喃着："我终于，干净了……现在轮到我们来杀你了……"

有你们，无所谓

Hello，新一期的《悬疑志》又和大家见面啦！经过一年的磨合，新《悬疑志》逐渐步入正轨，大方向基本上不会再动了，主要调整的是细节问题，欢迎各位童鞋出谋划策哦！

本期主要看点有：毒蜂的《脑控》、蜘蛛的《十宗罪 3：残肢物语》、王雨辰的《最后一首歌》、以及花布的《弱水》。

《脑控》这篇文章比较有创意，与《盗梦空间》有异曲同工之妙，非常有好莱坞大片的感觉，文中关于梦的定义和分析非常有意思，并且合理。毒蜂是我近年来遇到的新锐悬疑作者中最有才华的一名，他的短篇悬疑故事写得非常棒，其短篇合集是莲蓬鬼话第一个点击突破一千万的帖子！（戚大，表这么夸奖我，我会害羞滴）

《十宗罪 3：残肢物语》依然是很蜘蛛很重口味，当然重口味不是我们的目的，关键在于故事的背后究竟隐藏了什么秘密！大家见蜘蛛故事写得那么 BT，可能都以为他是那种极品型的怪蜀黍吧。哈哈，让你们失望啦，他真人其实是个很清新、很害羞的男人——上次，我跟他还有老夜、蛇从革、铁鱼等人一起吃饭喝酒。他们几个大男人喝交杯酒，基情四射，当时我真是没带相机，不然晒图出来一定劲爆！（蜘蛛在那边嗷嗷叫，小双，你要闹哪样，那晚不是说好不泄露出去的吗？）

《最后一首歌》是王雨辰最新力作，一直以来，我都很好奇，王大脑子里装的是什么东西，为什么总是有那么多奇妙的想法，本期故事自然也不会让大家失望！大家发现没有，王大的故事越来越有爱了，这是为什么呢？小道消息是他恋爱啦！其他的不需要解释了吧！

《弱水》这个故事让我纠结了很久，花布总是喜欢写这种让人纠结又难受的故事，不过确实写得很好。另外在这里广告一下，花布的新书《新妖怪志》已经上市啦，是“悬疑志书系”的第二十一本，大家发现没有，本期的《悬疑志》正好也是第二十一期，真是巧到家啦！本书插画是由我们的小玉（玉烟先生）同学量身绘制的，那图配得真是美呀，惊艳极啦！喜欢的童鞋们千万不要错过哟！

好了，不多废话了，大家赶紧看书吧。如若对本期有何想法和看法，欢迎随时发邮件到 hsq@booky.com.cn 与我联系，我们一起来探讨！

戚小双

CONTENTS 目录

出 版 人：刘清华
责任编辑：丁丽丹 刘诗哲
监 制：蔡明菲 潘 良
主 编：戚小双
特约编辑：小 雅 狂海龙少 冷谚明
封面设计：八牛书装
封面绘图：Somnus
QQ 交流：562922056
新浪微博：http://weibo.com/xuanyizhi
投 稿：xuanyi@booky.com.cn
博集天卷淘宝商城店：http://bjtjts.tmall.com
出版发行：湖南文艺出版社
合作网站：网易读书频道
印 刷：三河市鑫金马印装有限公司
经 销：新华书店
定 价：15.00 元

稿件授权声明：

凡向《悬疑志》系列图书投稿获得刊出的稿件，均视为稿件作者自愿同意下述“稿件授权声明”之全部内容。

1. 稿件文责自负：作者保证拥有该作品的完全著作权（版权），该作品无侵犯其他任何人的权益；

2. 全权许可：《悬疑志》系列图书有权以任何形式，包括但不限于纸媒体、网络、光盘等介质，编辑、修改、出版和使用该作品，而无须另行支付版权费；

3. 独家使用权：未经《悬疑志》系列图书书面同意，任何单位及个人不得以任何形式转载、张贴、出版和使用该作品，著作权法另有规定的除外。

4. 凡《悬疑志》系列图书转载作品时未能联系到原作者的，敬请作者见书后及时与《悬疑志》系列图书编辑部联系，以便奉寄样刊和稿酬。

名家作坊

座上客：周德东/何马/温瑞安

http://t.163.com/xuanyizhi

关注9 | 被关注 2230578 | 微博115

+加关注　　对他说　　更多▾

他的微博　他的收藏

全部　原创　图片　视频　音乐 | 跟帖　话题

周德东：一个节目说，人类的眼睛可以辨认出160万种颜色，而有一种海洋动物则可以辨认出320万种颜色。问题出来了：这世界其实并不是我们看到的这个样子。另一个问题：我们不能肯定就没有另外的东西以160万种之外的颜色存在着。

来自网易微博　　删除 | 转发 | 收藏 | 评论

周德东：小学四年级，我跟几个伙伴放学后去一片坟地玩耍。打闹的时候，他们拉扯我的衣服，五颗扣子拽掉了四颗。我生气了，他们赶紧停了手，和我一起在土坷垃和荒草中找扣子，终于把那四颗扣子找齐了。我回到家，母亲帮我缝上后发现——这四颗扣子明显比我原来的大了一号。（素材提供：维思逆）

来自网易微博　　删除 | 转发 | 收藏 | 评论

周德东：众所周知，真美猴王打死了假美猴王。如果我告诉你，陪伴唐玄奘一路西行的，风风雨雨斩妖杀怪的，取到真经被封为斗战胜佛的，其实不是孙悟空，而是那只六耳猕猴——从《西游记》第五十七回之后，它就把孙悟空替换了——你有什么感受？所谓恐怖就是突然打破了你的认定。

来自网易微博　　删除 | 转发 | 收藏 | 评论

周德东：最让我害怕的是个同行的故事——两口子都写东西，总用一个名字出书。一次出版社要向读者赠送他们的照片，他们正好在外旅游，就在一个景点大门前照了，然后冲洗了500张。500张照片当然一样，可他们第二天坐上出事的那趟长途车后，偶然翻照片，发现有一张照片上，他们的背后多了个穿蓝上衣的游人，他一边吃冰棍一边在东张西望。后来呢？没有后来了。

来自网易微博　　删除 | 转发 | 收藏 | 评论

i 网易认证

他的个人资料：

男　北京市　朝阳区

i媒体

《悬疑志》，打造最好看、最惊悚、最悬疑、最离奇的短篇故事集

他的标签：

原创　恐怖小说　悬疑

推荐达人：

汪国真　温瑞安　何　马

刘慈欣　天下霸唱　西岭雪

麦　家　慕容雪村　桐　华

他关注的人：

孔二狗　柯云路　余秋雨

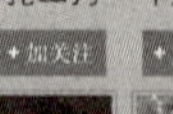
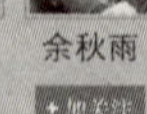

周国平　七堇年　沧　月

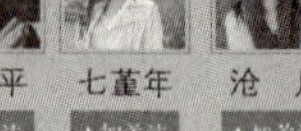

毕淑敏　蔡　骏　苏　芩

我的首页 | 找人 | 地点 | 微生活 搜话题/人名/标签/地点

何马：梦见自己回家，却看见楼下邻居没关门，不知为何自己好奇就推门而入，屋内到处点满了红烛，挂满了红布帐，充满喜宴气氛，但没有一个人。径直走进卧室，发现红帐里面放了一口黑漆大棺材，燃着长明灯，棺材前方露出人头大小的空隙。我因害怕而不敢去看，夺门而逃，而邻居家的墙角长满许多菌类，逃时地面像泥沼一样黏稠，越挣扎越动弹不得，遂醒……

来自网易微博 删除 | 转发 | 收藏 | 评论

何马：医院病人不多，我们值班医生都回家吃饭，有病人来了才电话通知去医院，我经常夜里两三点独自行走街头。昨天晚上一位周姓孕妇剖宫产，我走到医院外面时，街上已空无一人，只是偶尔听到猫叫春、狗号丧。在一个转弯的地方，我看见一个白衣素服的女子蹲在街角烧纸钱，我们这里并没有午夜替人烧纸钱的习俗，我心中惴惴，还是绕道而行，谁知道……

来自网易微博 删除 | 转发 | 收藏 | 评论

温瑞安：听说学校厕所闹鬼，饶长洲自告奋勇，要去抓鬼。旁人劝阻。他说："谁敢扮鬼，我一拳在他脸上打个稀巴烂！"当晚伏于厕间，果见一人形飘然而过，足不沾地。他一手把住其肩，强拧举拳便打，却见眼前是一女子，美若天仙。美女盯着他，眉目传情地说："你打我呀，打呀。"你若是长洲，你打不打？

来自网易微博 删除 | 转发 | 收藏 | 评论

温瑞安：张小池嗜自拍，咔嚓一声，那一刹那就给记录下来了。她又胆大，喜欢半夜梳妆自拍，边削苹果边自拍。半夜，她按下快门，谁知道相片里的人面目模糊。她以为自己在拍照时移动了，于是再拍。这一次，出来的五官完全扭曲。她心中惊讶，不信邪，再咔嚓一张。手机屏幕终于出现了人样：那个人，不是她自己。

来自网易微博 删除 | 转发 | 收藏 | 评论

温瑞安：蜗国一处，有人手臂被蚊子叮了一口，红肿处竟现出一人形，有脸有鼻有口，大惊，求医。在医院里发现，有人喉咙被蚊子咬了一口，竟出现人形；有的叮在额上，好像多添了一张浮肿的人脸。警方及环保、医疗处人员急捕捉蚊子，果得绿翅奇蚊，大若眼球，头部竟恰似人的面孔，五官齐全。

来自网易微博 删除 | 转发 | 收藏 | 评论

温瑞安：跳楼者下坠的身形，经过八楼，玻璃窗内的大房没有人，但电视机开着，一个女人正从屏幕内爬出来；寻死者经过七楼，房内有一具尸体，至少有十七八只鸟在啄食尸身；六楼，有一个裸体的女人，正直勾勾地看着自杀者的坠落经过，还向他一笑，好像早就预料到有这一幕；五楼，四人在一起打麻将，对着窗的人发现了，大叫"有人跳楼"，其他三人不耐烦："去死吧，快打牌！"

来自网易微博 删除 | 转发 | 收藏 | 评论

Nao Kong

脑控

文/毒蜂　图/玉烟先生

人之性恶，其善者伪也。——荀子《性恶篇》

善良源于同情。当善良者见到弱者蒙受苦难而备感痛苦的时候，是因为那一刻他把自己也想象成了弱者。同情感发自于这样一种潜意识逻辑——也许有一天，我也可能成为那个弱者。

为了防止自己将来也蒙受同样的苦难，几千年来，人类创立了各种社会福利与道德规范，以扶助弱者、制约强者，于是社会脱离了蒙昧与野蛮，走向了理性与文明。

假如你生来就注定是强者，强大到可以随意操控他人的意识，那么你就不会再去同情任何人，本性中也就不会再存有任何善良。

第一章　恐吓短信

如果有一个人对你说："我会控心术。"

你会如何看他？你是笑他白痴？还是拿他当做精神病人？

但是如果说，在你面前的我，就是这样的一个人，我就是一个能够看穿他人心思，将别人玩弄于股掌之中的超能力拥有者，你会相信我吗？也许你会对此事存有怀疑，但我可以请你回忆一些事情，你就一定会对我的话深信不疑。

例如：你是否还记得上次与我争论，当你想举例来反驳我的时候，偏偏把常挂在嘴边的名字忘得一干二净，任你如何回忆也无法想起；或者那次与我争吵，当你想对我拳脚相向的时候，眼前却浮现出各种可怕的后果，最终你只好选择了妥协；还有那次，你作了一个极为愚蠢的决定，事后连自己都觉得不可思议。

还记得你那时候的心情吗？你既无助又惶恐，甚至不愿意再相信自己。是的，你想起来了，实际上，那不过是我对你使用了控心术罢了。

一直以来，我都自信地使用着这种奇怪的能力，并对它的力量抱以百分之百的信任。但我又不得不承认，最近发生的一些事情，使我开始意识到，事情的发展已经远远超出了我的控制范围……

具体说来：今天早上，我的手机又收到了一条恐吓信息。信息是："等最后一条信息发来时，你就必死无疑了。"而我却不知道这个人是谁。

与文字一同发来的，是一张图片，上面是一堆粉红色的碎片，看不出是什么东西。他还说，只要我能猜出他是谁，他就会放过我。但是我真的猜不出来。我想过逃跑，但是我已经丧失了一切行动能力。现在我只能在床上等死，这可真是一种煎熬。

因为现在的我，两条腿都打着石膏，全身缠着绷带，正躺在医院的病房里。我之所以伤成这样，是因为在几天前，我被一群蒙面的暴徒袭击了。尽管我第一时间就报了警，但是直到现在警方还没有确定谁是幕后指使者。倒不是因为找不到嫌疑犯，而是嫌疑犯太多了。

我还记得当时警察问我得罪过什么人没有，他让我说出最有可能作案的人的名字，说着他拿出了便笺本和一支笔。一开始，警察只是漫不经心地记录着，但是后来，警察停下了笔，抬起头惊愕地看着我，他问我："你是不是听错了，我不是问你都认识哪些人，而是问你哪些人可能作案。"

我笑着对他说："我没听错，我得罪的人多着呢，你可能会记满满一本。"

记完之后，警察拐弯抹角地说："八成你也有做得不对的地方。"

其实他想说我活该。我知道。

警察刚刚离开，我就收到了第一条恐吓短信，那个神秘人威胁说要杀死我，于是我再次报了警。

结果警察告诉我："别胡思乱想，也许这只是一个恶作剧。"

"也许，也许？"我加重语气重复道。

警察没吭声。

“万一不是呢？”我追问。

见他对我的话毫无反应，我只好在他的脑海里植入了一副我被人乱刀砍死的景象。可是我感觉到，他的意识立即就把这个想法驱逐了出去。显然他打心底就不肯相信这种事，现在我的身体十分虚弱，他若是不肯相信，我也拿他没有办法。

“你安心养伤吧，那个号码我们会调查的，查出来会告诉你的。”

丢下了这句话，警察就消失了，后来再也没有出现过。

好吧，如果只是威胁短信的话，这也许真的是一个恶作剧。但是我现在已经被人打成了这样，这还能被当做恶作剧来看待吗？

究竟是谁派人打了我？又究竟是谁想要来杀我？他们到底是不是同一伙人？为了弄清楚这个问题，我不得不开始冥思苦想，回忆我过去干过的种种荒唐事。当然了，我还有的是时间，因为我已经问过了那个神秘人：“最后一条信息什么时候发来？”

他回复说：“伤筋动骨一百天，等你好得差不多的时候吧……”

这几天，我心情忐忑地躺在病床上，反复不停地翻阅着那个神秘人发来的彩信，思索着为什么他会发给我这样一张图片。为了看得更清楚一些，我将图片放到最大。在我的仔细观察下，我发现：那些粉红色碎片，其实是一枚碎裂的贝壳。粉红色的贝壳？突然间，我想起了许多年前的一件往事。

第二章　虚弱的戒心

“戒心”是控心者最强大的敌人。

我这里所说的“戒心”，并非平时所指的那层含义，而是指一种思维清除机制。它存在于你的心中，就像电脑的防火墙，任何不合乎理性的思想，都难以逃过它的审查。

每当你内心的欲望过于强烈，以至于心理接近失衡的时候，“戒心”就会识时务地玩一会儿消失，于是在托着腮帮子的白日梦中，你会占有每一个漂亮的女孩子，殴打每一个你痛恨的人，闯进银行拿走金库的每一分钱，而不用遭受任何惩罚。当你发泄完毕，心理趋于平静的时候，“戒心”又会重新回来，把那些不合乎常理的念头驱赶出你的意识。

所以，老谋深算的男人是控心者最讨厌的群体，因为他们见多识广、经验丰富，理性强于欲望，因而“戒心”也就异常强大。那天的警察不为所动，想必也是因为这样的原因。

而那些喜欢想入非非的年轻女孩儿，则是控心者最喜欢的人。即使对于能力较弱的控心者，她们的“戒心”也是形同虚设一般。因而很多控心者都沉湎于女色不能自拔，我自然也不能例外。

记得那时候的我，刚刚换了工作。在超能力的帮助下，身边女友成群。对女人无尽的渴求，使得我时刻准备迎接新的艳遇。

那是 2004 年春天，我在一家咖啡厅陪客户喝茶，几米外有一对男女正在聊天，他们的身边还坐着一位老太太。听他们谈话的意思是相亲的。

女孩面容洁白，长相很大气，具有典型的北方人特征：圆脸，弯眉，大眼睛，双眼皮，高鼻梁，唇形秀美丰满。她的个子也不矮，穿上高跟鞋，会比我高出很多。听她讲话音色明亮，条理清晰，就知道她的性格比较外向。她还是北京大学毕业的高才生，现在在国企做白领，月收入比我一个季度还要高。一般人遇到这种女孩，可能就是看看，解解眼馋。

但是那时，我内心中充满了征服的欲望，它就像一个无底洞，永远也无法获得满足。我知道这样做不会有好结果，但是我控制不了自己，因为这种事情就像鸦片一样容易上瘾。

他们谈过之后，那个男人走了。女孩和老太太则留在了那里，聊起了对那个男人的印象。看得出来，女孩不愿意跟他有进一步的发展。老太太问她为什么，她什么都没说，只是笑了笑。

为了看出她内心的真实想法，我让自己静下心来。因为只有在平静的状态下，我才可以打开超能力的开关，看透她的内心。

不一会儿，她的形象在我的心中开始变得清晰起来。她内心的真实想法在我的脑海中投下了一幅影像，在那幅影像中，她一改刚才的淑女形象，几乎是撇着嘴，说出了这样一些话：“这个男人太吝啬，没本事，个子矮，长得也不帅……”

说到这里的时候，女孩朝我们的方向瞟了一眼。

她说：“这些也就算了，关键是他衬衣领子都黑了，满脸都是疙瘩，看着就脏，恶心死了。真不如那边坐着的帅哥白净，如果给我介绍的是那一个就好了，那个又高又帅的。”

她心中所想的那个帅哥，就是我的客户，他名叫刘斌，人高马大，非常帅气。刘斌与我很熟，他见我的眼睛一直盯着那个女孩，坏笑着说："别又给我丢人去啊。"

我反驳道："现在我丢人，但到了晚上，就是她丢人了。"

"这次你又想干什么？"

"21 世纪最缺乏的是创新，我想用一种以前从未用过的戏剧性方法来搞定她。因为我的人生就是一出伟大的戏剧。上天偏爱我，让我当风流坏人。"

说完，我就站起来走了过去。

"不好意思，我刚才不小心听到了你们的谈话。"我欠了欠身，表现得很有礼貌。

老太太很惊讶，但是女孩很沉稳，不露声色地看着我。

我用手指着刘斌，低声说："我想我有些冒昧，是这样的，那边那位先生是美国留学回来的，在跨国公司工作，人品非常好，因为专注于学习，到现在都还没有女朋友，家里正愁这事呢，是否可以约个时间跟他见见。"

那女孩露出不可置信的表情，似乎觉得事情很荒唐。但老太太一个劲儿地点头，小声对女孩说："试试呗，巧遇也是缘分。"

被我出卖的刘斌坐在那里，见我指着他，还傻笑着冲我这边挥了挥手。我心想：傻小子，被我卖了还帮我数钱呢。

老太太告诉我，女孩叫做何晓洁，还给我留了一个手机号。老太太有点儿口音，一开始我把何晓洁听成了"何小姐"。女孩听了恶狠狠地给了我一个白眼。整个过程中，女孩都装得很反感，但最终也没说什么难听的话。因为我知道，她其实是很乐意的。

回到家，我就开始给她发信息。我说自己就是刘斌，什么一见钟情啦、非常仰慕啦，诸如此类女孩爱听的谎话，每天不停地发。

刚发信息的时候，她爱答不理的，甚至还回复说不要再骚扰她。于是我就开始不停地给她讲笑话，终于她发来了一个笑脸。从那之后，她就开始与我聊了起来，慢慢地语气也变得越来越亲密了。这样的状态维持几天后，我突然告诉她：这两天我要出国，现在手里有个礼物，让我的朋友送给你吧。

当然了，她想要什么礼物，我早已心里有数。因为在这之前一天的深夜，我专门去了她家一趟。她家住在二楼，我趁她睡熟的时候，躲在她卧房的窗口下，偷偷地潜入了她的梦境，找到了她少女时期所幻想的定情信物。

一般来讲，在少女期的女孩子，都喜欢幻想出一些悲情的爱情故事，并将自己当成里面的女主角。在这个幻想中，往往会有一个特定的信物，她们认为：只要得到了这个信物，就可以得到真爱。成年后，她们会逐渐忘记这些幼稚的幻想。但是这并不意味着幻想会完全消失，它只是被埋藏在潜意识中，等待着被唤醒的那一天。

而在她少女时代的幻想中，那个特定的爱情信物，是一枚粉红色的贝壳。送她这件东西的男人，就是她的白马王子。也许她已经忘记了这个信物，但是我会帮她想起来，然后我就会获得她的爱情。

这就像我父亲经常对我说的："与其给别人植入一个新想法，不如让他们回忆起一个老想法。'戒心'就像一条看门狗，任何陌生人闯入，都会被它咬个半死。而被唤醒的老想法，就像它熟识的老面孔，'戒心'见到它们只会摇摇尾巴，然后翻身继续睡觉。"

第三章　恐怖的梦境

控制别人思维的常用方法，概括说来主要有六种，按其难易程度的角度来排序，依次是：单纯读心、图像植入、梦境潜入、强制对话、思维诱导、思维同步。我之前对那个警察所做的，就是在其脑海里植入一个图像，这是一种比较简单的控心方法，但也正如大家所见，效果并不是非常理想。而梦境潜入就比较困难了，但难度越高效果就越好。无论哪个领域，投入与产出总是成正比的。

说到梦境，有的人会不屑地说：梦不就是白日所想吗？是的，但那只是最表层的梦境，而真实的梦境，你早就已经忘记了。

简单说来，人的梦境一般分为三层：第一层是浅层梦境，内容不过是白天的人和事，事情的发展基本遵循正常的规则。由于这类梦境通常光明正大，没有什么可以隐藏的，所以我把这种梦叫做"发生在大街上的梦"。第二层梦境则是潜藏了各种情绪与欲望的混乱世界，这里没有任何规则可言，只要可以让做梦者产生满足感，汽车可以上天，潜艇也可以入地，我把这种叫做"发生在客厅里的梦"。第三层则是最深层的梦境，在这层梦境里往往危机四伏，全是幼年时的各种荒诞记忆与非理性恐惧，这种被我叫做"发生在地下室的梦"。

之所以会这样，是因为人类的大脑分为三个部分，这三个部分分别来自于不同的进化时代——人类时代、哺乳动物时代和爬行动物时代。不理解的可以读一下大脑的解剖学知识，在此不再赘述。

我们平时做梦，很多梦都是印象不深刻的，醒来时还记得清楚，洗漱之后就已经忘记了大半，等你吃过了早餐，就什么都不记得了。这是因为当白昼到来，“戒心”就恢复了精力。它们手持警棍，将那些梦境中的怪物赶回了潜意识的深处。

真正让我们印象深刻的，则是那些从客厅里逃逸出来的梦。这种梦的产生，往往是因为“戒心”一时疏忽，导致门没有关严，客厅里的各种欲望跑到了大街上，甚至地下室里的怪物也通过隐秘的通道钻了出来，扰乱了梦境的秩序。巡夜的“戒心”赶不走他们，只得勉强追捕、舍命搏斗，于是各种噩梦就出现了。当逃逸出的怪物太多，力量过于强大，以至于“戒心”无力抵抗时，它就会使用最后的防御手段——“唤醒”，于是你就会一身冷汗地坐起身来，大呼救命。

这可以看做大脑的梦境系统崩溃后的重新启动，表面上它成功地终止了可怕的噩梦，但这样做并不是没有代价的，因为这类突然惊醒的噩梦，往往会不小心打开通往深层潜意识的隐秘通道，把本该忘掉的痛苦记忆带回了白昼。而这对于某些人来说，也许意味着几年，甚至几十年的心理重建工作的失败。

这是因为人类的心理平衡，是靠遗忘来维持的。如果不是“戒心”将那些不快的记忆撕碎并锁在地下室里，我们都会变成沉浸在痛苦回忆中的疯子。而这些进入记忆的恐怖梦境，往往数年挥之不去，这是“戒心”最不愿见到的局面。

为了避免触发“唤醒”机制，一般的控心者进入被操纵者的梦境后，都会谨慎地停留在第二层。因为控心者进入别人的梦境，无非就是想了解他的欲望，掌握他的弱点，从而采取有针对性的行动，进入第二层梦境就已经可以满足他们的全部需求了。而进入第三层梦境除了会让被操纵者惊叫醒来之外，别无任何好处。但我偏偏喜欢进入混乱的第三层，诱导他们打开地狱之门，深入他们灵魂的最深处，挖掘他们最恐惧的怪物出来。我这样做，没有什么特别的目的，只是为了好玩。

这次我也不例外。在偷偷混入第二层梦境之后，我推开了那扇叫做爱情的门。在那奢华的卧室里，一切物品都是粉红色的，十四五岁的何晓洁身穿粉色纱裙，坐在一张同样粉红色的床上，略带吃惊地看着我。我微笑着，示意她保持平静，然后说明了来意：“给我讲个故事吧，我想听听你是如何找到真爱的。”

她笑了笑，然后用稚嫩的嗓音，向我讲述了一个凄美的爱情故事。我在听完了这个故事后，微笑地对她说：“你的梦想即将实现，真正的白马王子，几天后就会出现在你的面前。而那魔鬼假扮成的王子，将永远不会出现在你的面前。”

丢下了这个预言，我就迫不及待地进入了她的第三层梦境。在地下室的入口处，她用力地抓着我的手腕，眼神中满是恳求。

但我毅然打开了那扇门。

这是怎样的梦境啊！我进入别人的深层梦境已经很多次了，对一切怪异的景象都早已见怪不怪了。然而她的梦境着实让我感到恐怖。在她的梦中，到处都是漆了黑血一般的暗红色建筑，房子层层叠叠，如蜂巢一般堆积在一起。我四处寻找，满是不见人头的尸体在四处行走。我恐惧地躲避着他们，终于在一间漆黑的小屋子里找到了她。她看上去只有四五岁的样子，正蜷缩在角落里瑟瑟发抖。

我蹲下身去，揭起蒙在她身上的那一层厚厚的蜘蛛网，她抬起头望了我一眼，我发现她那双眼睛里没有黑色的瞳孔。我几乎吓得忍不住要撒腿逃跑。她却不管我，只是用那双煞白的眼珠，直勾勾地看着我的身后，可当我转过身的时候，发现身后什么都没有。正在我感到奇怪的时候，我感到脖子上滴了几滴黏稠的液体。

我下意识往上看，赫然发现上面都是头颅。他们悬在半空中，正瞪着幽蓝色的双眼，口露尖牙冲我狞笑。滴在我脖子上的，则是他们的口水。

随着她的一声尖叫，那群头颅如疯狗一般向我扑来。就在我被万鬼撕咬，即将成为碎片的时候，一个高大的巨人冲了进来，他挥舞着带血的巨刀，将那些飞舞的头颅劈得尖叫逃窜。那巨人乘机将我们抓起，带出了地下室。

在离开这个世界的时候，我看到那些头颅都回到了自己的屋子里，在那如蜂巢一般层层叠叠的窗口里，他们只有头颅，使得这个世界看上去像一只巨大的莲蓬。

一个文静的女孩子，为什么会有这样令人恐怖的梦境？她究竟经历过什么可怕的事情？我对她的兴趣越来越强烈了，原本可有可无的会面，对我来说也变得更加激动人心。

第四章　粉红色的贝壳

梦中那个十几岁的何晓洁告诉我说，爱情的信物是一枚粉红色的贝壳。

可是究竟哪里会有粉红色的贝壳呢？我搜遍了网络上的商店，也找不到合适的贝壳，最终我决定自己做一个——我打算去商店买一枚白色贝壳，然后用染料把它涂成粉红色。然而第二天我就在将要出门的时候突然想起：在我小学的时候，曾经有人送过我一枚染成粉红色的贝壳，我翻箱倒柜地找出了一个玩具盒，它果然躺在里面。于是我将它包在一个高档礼品盒里，外面系上了彩色的丝带，看上去真像一件艺术品。

然后我将礼物送到了她公司的楼下。她见到我时装得很冷漠，摆出一副是刘斌在追她，而她是勉为其难的那种表情。

我用很悲伤的声音说：“刘斌在美国开车，出车祸死了。”

我的眼泪很听话地流了下来。她木然地站在那里，没说一句话，她机械地打开盒子，里面是一枚粉红色的贝壳。见到这礼物，她先是一愣，眼泪瞬间就滑落了下来。

“他最后一通电话说，让我去他家，把他母亲家传的手镯带给你，但是我现在不能这样做，你知道的，她母亲现在悲恸欲绝。所以我就把自己从小珍藏的贝壳放到了里面。你不会觉得这礼物不够好吧？”

“不，不，这是我收到的最好的礼物，比手镯还有价值。”她哽咽着说。

看到她的眼泪，刚刚还很得意的我，突然觉得自己很邪恶，虽然这并不是我最邪恶的一次。

她开始不停地追问，哪里出的事，什么时候的事，是真的死了吗？一连串的问题真的让我应接不暇。直到最后我哭，她才确信这个人是真的死了。

“怪不得那天我会做噩梦。”她若有所悟地说。

“看来你们心灵相通啊。”我附和道。

“你认识他多久了？”她问。

“从小就是哥们儿。”

“你也很难过吧？”

我忙点头擦眼泪。

“这……这枚贝壳是你的吗？买的？还是……”

听到这句话，我知道她一定是已经想起那个梦了。

“小时候别人送给我的，不是我叔叔，就是我父亲，我记不清楚了。他对我说，如果它找到了真正的主人，就可以治疗一切悲伤，但是对我来说没有什么用处，所以我猜，”我顿了顿，耸了耸肩说，“我应该不是它真正的主人吧！”

“怪不得……”她嘟囔道，我知道她是在指那个梦境。

“什么？”我佯装不明白她在说什么。

“我才是它真正的主人。”她说得很肯定。

“哦，呵呵，你喜欢就好。今天你晚上有空吗？”我问。

“怎么了？”她显得很犹豫。

我一边问一边对她进行读心，发现她正在猜测我是不是想约她去刘斌的家。一方面她很想去，但另一方面她又担心尴尬的场面，毕竟他们平时只是短信联系。

这时，我用意念在她的脑海里投射了一个酒吧的影像，在那里她与我一起聊刘斌的往事。她的潜意识并没有驱逐这个想法，而是接受了这个暗示。看来她对刘斌的去世并不怎么伤心，相反对我倒是产生了不少兴趣。我父亲所言果然不虚。

“去酒吧喝酒，我不想一个人去。”

她说：“我从来不去那种地方的。”

我说：“我也不总去，但今天破例。”

“好。”她点头答应道。

晚上何晓洁在酒吧出现了，看得出来她用心打扮过。在她内心里，是希望我能够注意到这一点的，所以我用一种赞赏性的目光看着她。

她不好意思地笑了笑，低着头问我：“你干吗这样看着我？”

我说：“你真漂亮。”

她淡淡地笑了笑。

如果一个女人在你的面前哭过，她就可以对你无话不谈。一开始，我们聊了聊那个虚构的刘斌，然后她在我的引导下，开始讲自己的恋爱史。听过她的故事，我不得不说她可真是一个挑剔的女人。在她的一生中，竟然拒绝了很多优秀男人的求爱，而原因不过是嫌他们脏。而当我问为什么会觉得他们脏时，她总是端起酒杯喝一口酒，然后说：“就是感觉。”

何晓洁一边跟我聊天，一边喝酒。几轮酒过后，她有点儿醉，我借口治安不好，要送她回家。在酒精的作用下，她的意志力越来越薄弱，只有这时，人的“戒心”才会受到最大程度的干扰。我用意念轻易地绕过了已经烂醉如泥的“戒心”，屏蔽了她的记忆力，所以在出租车上，她说什么也想不起自己的家在哪里了。于是顺理成章地，我带她去了快捷酒店。

我把她放在床上，解开领口，使她呼吸顺畅，然后盖上被子。我能看出来，她并没有真的醉到丧失意识，而是想借此来试探我，于是我作势要走，这时候她一把抓住我的手，说：“陪我。”

我说：“这不方便吧。”

“不嘛！”她的声音像一只小猫。

在昏黄的灯光下，她的脸显得很柔和，松开的领口露出了一点儿春光。我有点儿按捺不住了，心跳加快了很多。

她突然坐起来，这突如其来的动作吓了我一跳，以为她是醒悟了过来，要打我这个流氓。结果她踉跄着走向了卫生间，狂吐一阵后，又踉跄着走了回来，紧紧地跟我搂在了一起。

她说：“你知道我为什么拒绝那些人吗？我觉得他们好脏。我也不知道为什么会这样，但就是觉得他们脏。”

这句话引起了我的兴趣，记得第一次见到她的时候，她就在心里不停地重复有关“脏”的话题，而今天喝酒的时候，她也说拒绝那些追求者是因为嫌他们脏。所以听到她的这句话时，我决定看看她到底为什么会这样怕脏。我轻轻地搂着她，拍打着她的后背，等她完全放松下来后，我很轻易地就连接上了她的意识。

随后我轻轻地问了她一句：“那你说到底怎样才算不脏呢？”

她听到这句话，大脑中的一个区域瞬时活跃了起来。我立即前往那里寻找与“脏”字相关的蛛丝马迹，无数意义不大的记忆碎片晃过我的眼前，我试着抓住其中几条比较陈旧的信息尽力挖掘，然而那些记忆破碎得犹如拼图一般。我虽然勉强读取，却发现这海量的工作并不是一时就能完成的。

“难道说你童年时经历过很肮脏的事情吗？”我继续刺激她的大脑，为的是分辨出眼前哪些记忆碎片才是真正有用的。

听到这话，那些记忆碎片中的一部分果然发出了亮光，就在我准备把它们挑出来，拼接到一起的时候，她的意识世界毫无征兆地刮起了猛烈的狂风，眼前的记忆碎片如被卷入了龙卷风一般旋转。它们在狂风中纷乱飞舞，竟然构成了一张狰狞的脸，那张脸是如此的熟悉，我确定在哪里见过他。突然我想起来他就是梦中的巨人。

就在我准备再通过问话来试探的时候，“戒心”突然出现在我的面前。

它瞬间爆发出巨大的能量，如暴怒的泼妇一般将我的意识猛地推开，然后将那些记忆碎片撕得更加粉碎，并召唤出了一团厚重的迷雾，将那些记忆碎片笼罩起来。见她如此激烈的反抗，最终我只好放弃。显然，她的潜意识并不希望回忆起那件事，如果我继续试探下去，必然会引起她的警觉。我可不想为了满足这一点儿好奇心，而搞砸这次期盼已久的艳遇。

“我有些头晕，不知道为什么，总有一种回到童年的感觉，但又想不起什么具体的事情。”她目光空洞地说。

“喝多了就这样。”我安慰道。

其实我知道，她之所以会有这种奇妙的感觉，是因为我的入侵撩起了她童年的回忆。由于“戒心”极力掩盖那段记忆，所以她并不会真的回想起那些事情，只是感觉到了一点儿朦胧的童年意境。这说明她的意识确实已经将童年的一切都遗忘掉了。

搂在一起时间长了，就会发生生理反应。而在酒精的催化下，这种反应就来得尤其剧烈。

“你身上还挺香。”她说。

我说：“傻瓜，那是因为我喷了香水。”

她轻轻地吻了我脸颊一下，然后发出了醉鬼特有的笑声：“咯咯咯咯……”

我试着让自己的心情平静下来，想给她植入一些想法，但是她那迷人的笑容，让我无法静下心来。

突然她收起了笑容，眼睛里充满了欲望。这么明显的暗示，即使我不使用读心术也能看出来。我知道这在心理学上叫做移情，她已经把对刘斌的热情，以及少女时对爱情的幻想，通通转移到了我的身上。

疯狂的热吻之后，她脱掉了衣服。抚摸着她洁白无瑕的皮肤，见到她丰满别致的身体，我只有一个念头：就算将来被她发现，被人打死也值了。

第二天早晨起来，何晓洁抱着被子，很害羞地不让我看。其实夜里已经都看过了。我问她是不是练过田径、体操。她一脸愕然。突然她明白了过来，“咯咯”地笑着说：“小时候被邻居家的一个老头子碰过，没有真……只是用手，没敢告诉家里，今天是第一次。”

这话让我豁然开朗，原来这就是她童年那段阴暗模糊的记忆。可是让我不明白的是：既然她可以如此轻松地提起这件事，为何“戒心”表现得如此紧张呢？但我没有深究此事，因为此时我已经得偿所愿，对她完全没有了兴致，我并不打算继续了解她，因为她只是败在我手下的猎物而已。

“所以你觉得男人都很恶心，对吧？”我一边系着领带，一边心不在焉地说。

“但我没觉得你恶心。”她侧过身，托着头，微笑得很幸福。

收拾好东西，我们各自去上班了，晚上她给我发来一条信息说：“在你的眼神中，我看到了一些很纯净的东西。你要明白，我和你那样，只是因为你没有让我感觉到脏。而且——我真的好喜欢你送的贝壳，也许你会觉得我是在为自己找借口，但真的是那枚贝壳让我下决心将自己交给了你。你猜猜为什么？”

“好了，好了，我现在在开会，晚点儿我给你回电话。”

晚上，我并没有真的回电话。

后来何晓洁又约过我几次，但都被我以各种理由推脱掉了。她仍然纠缠不断，最后我只得说自己出国了，她表现得很伤感。我没有时间去理睬她，因为那时候我又迷上了另一个女人。

会不会就是这个女人发来的恐吓信息呢？有可能吧。也许最近的某一天，她刚好见到了活着的刘斌？如果真是这样，那肯定就是她了。

思前想后，我终于决定给她回一个信息。在信息中，我说出了她的名字，并对她说了一句对不起。我焦灼地等待着她的回复，但是她既没有否认，也没有承认，于是我又说：当时只是跟你开了一个玩笑，不至于要杀掉我吧？

她仍然没有回复我的问题。

第五章 失败的尝试

我给那个神秘的号码回复信息道："搞这种恶作剧，你不觉得没意思吗？现在我躺在床上，一点儿反抗能力都没有，如果你是一个堂堂正正的男人，就应该与我面对面地战斗。而不该像一个卑鄙小人那样，躲在阴暗的角落里，给我发出这种无聊的威胁。"

只有知己知彼，才能百战不殆，现在他知道我的一切，而我却对他一无所知，这使得我不可能对他有应对之策。因而只有故意激怒他，才能让他失去理智，从而使他在无意中多透露一些细节。一旦他这样做了，我根据他回复的内容，就可以大致分析出这个人的类型。

他立即回复道："那些被你操纵过的人，你给他们机会与你面对面地战斗了吗？"

看了他发来的这条短信，我立即明白了：显然他已经知道了我是一个控心者。而这件事我从没有告诉过任何人，因而这也就说明了，他自己也必须是一个控心者。这是一个很简单的逻辑：因为如果他不是控心者，他也就根本不可能知道，这世界上还有控心这码事。

"你进入过我的大脑了？"我直截了当地问，是为了表明了我已经知道了他的能力。

信息刚刚发出，我就得到了他的回复："对，进去过好几次了，没什么难的。"

我看了一下信息的发送时间，比我发出的还早了一秒钟。

我惊恐地向周围扫视，但同一病房内只有两个病友。我已经对他们进行过无数次读心了，绝对不可能是他们。当然我不排除另一个可能，那就是隔壁有人。于是我想按电铃叫护士，等护士过来的时候，我可以问她门外有没有人。我是被打伤的，因而警察特别交代过要她们注意我的人身安全。

“别费劲了，我不在隔壁，现在距离你至少有一公里。还有，你就是叫了护士也没用，因为值班护士在卫生间，要两分钟后才过来。”

显然他是在向我示威，因为经验告诉我：控心者很难对十米之外的人进行读心，想要提高读心范围，必须拥有极其强大的精神力量。因为随着距离的增加，控心者会越容易被周围环境干扰。这就像你站在繁华的马路上，遥望远处的某个人，不时从你身边开过的汽车，很容易就会阻挡住你的视线。你遥望的那个人距离你越远，你被干扰的程度就越严重。且不要说距离一公里之外，我曾经试过在百米之外进行读心，那感觉就像时断时续的蚊子叫一样。

退一万步讲，即使他真能做到对一公里之外的人进行读心，他也很难检索到指定目标。因为我所在的这家医院，是滨海市第一人民医院。这里人口密集度很高，住院楼是个高层建筑，里面至少有一万人。不要说他想对某个特定目标进行读心，即使我们站好队，让他用肉眼把我从人群中找出来，也要大费一番力气，就更不要说捕捉那一丝微弱的脑电波了。其困难程度不亚于计数正在奔跑的马群。注意力稍有不集中，便会前功尽弃。而他现在是在一边发手机短信，一边对我进行远距离读心，这绝对是不可能做到的事情。

“我感觉你是在吹牛。”我直言不讳。

“是吗？试试这个！”

在收到信息那一瞬间，我立即感觉到一阵眩晕，脑海中竟然出现了一幅奇特的幻象：好像我又回到了何晓洁的梦中。在一条阴暗的通道中，突然出现了一扇粉色的木门，我被一股无形的力量推到门前，门竟然自己打开了。

还是那个熟悉的纯粉色房间，一个女孩正坐在床上。她似乎没有听到我进屋的声音，依旧用背对着我。我轻轻地走过去，用手触碰了一下她的肩膀，她才缓缓地转过头，用带血的眼睛恶狠狠地瞪了我一眼，然后她张开了漆黑的嘴，发出了如哨鸣般的尖锐叫声。

我急忙捂住耳朵转身欲逃。这时，我的面前出现了一个巨人，他举着一把巨刀，冲着我抡了过来。我急忙闪身后退，这时我感到脖子一紧，一双带着锐利指甲的枯手扼住了我的脖子。我一边拼命地挣扎，一边惊恐地尖叫，突然我听到了一个人在喊我的名字。那个巨人瞬间消失了，呼吸也一下子通畅了起来。我睁开眼睛，大口喘着粗气，感觉全身都湿透了。

“做噩梦了？”护士问我。

我点点头，环顾四周，发现天已经黑了。

这时候，手机上来了一条信息，上面写着：“怎么样，没吹牛吧？”

“你对我用的是什么？”

还没来得及发送这条信息，我的脑海里就出现了一个清晰的声音：“图像植入而已。当然了，我现在用的是强制对话。”

“你胡说八道，图像植入不是这样的！我倒觉得你是在使用某种邪术。你骗得了别人，但是你骗不了我，因为我也是个控心者，图像植入不可能产生这么强烈的幻象，更不可能让人昏厥！”

“你会写字吗？”他的问题突然变得有点儿无厘头。

“会。”

“那你书法有王羲之写得好吗？”

我立即明白了他在对我说什么，也知道了这次我算是遇到了真正的高手。

“但我还是觉得你在吹牛！”

“可你心里不是这样想的。”他一句话就戳中了我的要害。

“既然你真的这么强，为什么不干脆直接同步我的思维，然后操控我自杀？”

“那样就失去乐趣了，我喜欢看你恐惧的样子。你不是也喜欢潜入别人的深层梦境，使别人做噩梦吗？咱们显然有着相似的爱好。”

“我看是你没有那个能力吧？”我继续激怒他，事实证明这种方法是很有效的，刚才他就已经泄露出了大量信息。我要在他反应过来之前，继续加强他的愤怒情绪。

“激将法是没有用的，我不会同步你的思维，我要让你在清醒的状态下，在极度的恐慌中死去。”最后两个字，他说得很轻很慢，犹如耳边的窃语声。虽然我知道它是在脑中，但这声音真实得可怕。

“你到底想要怎样？”

“别费劲儿了，我想怎样你已经很清楚了。告诉你，我改变主意了。我打算今天就解决掉你，记得夜里不要睡得太死。”

“我到底怎么得罪你了？”

但是这次没有了回声。显然他已经掐断了与我的对话。我不甘心就这样失去线索，便用手机给他发了条短信。但是他没有给我任何回复。我明白自己的计策已经失败了，在他面前我犹如赤裸着身体，任何试图掩藏想法的图谋，都是没有用处的。

第六章　怪异的医生

这天深夜我不敢入睡，总觉得自己有一种被人监视的感觉。我害怕有人突然出现偷袭我，但是困倦感如大海涨潮一般，一波又一波地袭来，不断地侵蚀着我的戒心，最终我还是睡着了。

在我熟睡之际，我感到有一双冰冷的手扼住了我的咽喉。正在这时，我急忙按下了手机的播放键，屋里瞬间响起了摇滚乐。扔掉手机，我用仅存的一只能活动的手，死死地抓住了扼在我咽喉的手，想把它掰开。但他的力气很大，我这样做纯粹是白费力气，我只能用指甲拼命地挠他。

手机铃音越来越吵，与我同房间的病人们纷纷醒来，但那个黑影依旧在坚持着，他死死地扼着我的喉咙，以至于我的耳边已经响起了轰鸣声。突然门外传来了护士的脚步声。黑影见情况不妙，急忙闪身躲到了门后，当护士推开门的时候，那个黑影瞬间就蹿了出去，把护士撞倒在地上。

护士打开灯，见到我的脸已经发紫，急忙上前问我怎么回事。

“我需要警察陪护，有人要杀我。”我用沙哑的嗓子说出了这句话，随即就剧烈地咳嗽起来。

护士低下头，捡起了掉落在地上的手机，关闭了手机正在播放的音乐。

“我马上就报警，但是这个太影响其他病人休息了。”说着她就要拿走我的手机。

“但是如果没有这部手机，我今天就死了。”

护士犹豫不决，这时来了名男医生，他五十岁上下，长相很有威严。他戴着医用手套，给我简单地检查了一下身体，然后用极具磁性的嗓音对护士说：“还是报警吧，警察来之前，先把他送到特护病房！要是真出了什么事儿，咱们可担待不起。”

我很想看看这名医生的手，但他摘手套的时候正好背对着我，随后便一直把手放在白大褂里，看不出有没有我挠出的伤痕。

我说："我不去，至少这里人多，特护病房就我一个人，我害怕。"

"没事，我们把你安排到护士站旁边的特护病房，今天有个病人刚把那间屋子腾出来。"

"我才不住有人死过的房间。"

"哪个房间都死过人！"大夫一脸严肃地劝说道。

无奈之下，我只好听任安排。护士将我推向了特护病房。男医生一直走在我的身侧，隐约中我感觉他的眼神有些异样。在稍稍恢复了一些精力之后，我试着潜入了他的大脑，然后对他的意识释放出了鱼饵："我感觉这里的人，被人控制了。"说到"控制"两个字的时候，我特意加了重音。

他大脑的一个区域，瞬间变得高亮起来。我立即前往那个区域，搜索与"控制"相关的意念，发现他的脑海里净是妻子被打的图像。

大夫笑着对我说："嗯，我不知道你为什么会这样说，但是你的话让我想起了一些很有趣的事情。"

说到这里的时候，我发现他的脑海深处出现了一扇隐蔽的暗门，推开那扇暗门，我摸入了一间漆黑的地下室，突然一盏无影灯打开了，只见一个女孩被捆绑在手术台上，而这个医生则拿着精致的柳叶刀，正在割向那个女孩的乳房，随着他娴熟地一转手腕，整个丰满而又柔软的乳房就被摘取了下来。那女孩随即发出了绝望的尖叫声。他用手捧着那只橙子大小的，富有弹性的，溢着黄色脂肪的乳房，露出了贪婪的笑容，随即像狗一样啃噬起来。我顿时感到一阵剧烈的恶心。

女孩的惨叫声撕心裂肺，但他并没有停手的意思。吃过了那只乳房之后，紧接着他又趴在了女孩的身上，舔食起女孩的鲜血。剧痛折磨着这个女孩，但他毫不在意，因为在他看来，她不过是一只待宰的羔羊，她是个弱者，活该被强者吞噬。

在满足了自己的食欲后，他开始为女孩消毒伤口、止血缝合。这种持续不断的折磨，持续了两个星期。每次他都会割下一些不同的部位来品尝。最后这个肢体残缺的女孩被他挖去了心脏，她终于从痛苦中解脱。而尸体的残骸则被他扔到了河中。

我不能确定这是他的幻想，还是真实的经历，于是我决定继续试探。

"你想起了很有趣的事情？把别人控制起来，并且进行虐待，是很有趣的事情？"

大夫的思维瞬间中断了，他脑海中的戒心立即出现在我的视野里，那戒心是一个浑身溃烂的光头巨人，臃肿的腹部裂开了一道口子，内脏已经流淌到了外面，他的右臂已被假肢所取代，末端被安装上了一把镰刀。他挥舞着这镶嵌在身上的武器，号叫着向我冲来。显然，他的戒心已经发现了我的潜入。

医生示意让跟随的护士离开，屋子里只剩下了我和他。

“说说看，你还知道什么？”他皮笑肉不笑地问我。

“什么知道什么？”我装傻。

“你没有什么想跟我说的吗？”他再次试探。

“我不明白你的意思。”

“你很明白，你刚刚提到了虐待。”他用阴冷的眼神看着我。

看到这个表情，我立即知道了问题的答案。于是我用唯一能动的手，指了指自己的身体说：“对，是虐待。我被一个人打成这样，叫斗殴；一群人把我打成这样，叫群殴；群殴完了，我都已经躺到地上求饶了，他们还打断了我的腿，这就是虐待了！”

医生立即露出了放松的表情说：“你放心好了，这里没有人是跟那些坏人一伙儿的，更没有人被什么人控制。遇到这种事情之后，人往往会产生些妄想。”

我尽力挤出了一个笑容，说：“但愿如此。”

“你休息吧，我会特别照顾你的！”说完他转身就要关灯。

“大夫！”我叫住他。

他回过头警惕地看着我。

我说：“你是个好人，谢谢你！”

他咧开嘴露出了一个灿烂的笑容，说：“应该的。”

手机再次响起，我打开信息一看，那个神秘人发来了一个大大的笑脸。

我回答他说：“在你派人杀我之前，我想先做一件事。到时候你若是还想杀我，那随便你。但是现在真的有一件很重要的事情要做，你必须让我做完。”

“比如说？”

“现在还不能告诉你，我发现了一些可怕的事情，必须通知警方。”

这时那个医生突然推开了病房的门，他站在门口对我说：“如果你发现了什么不对劲儿的事儿，及时告诉我，我会特别关照你的。”

“谢谢你！”

“不客气。”他离开的时候，脸上露出了一丝诡异的笑容。在这一瞬间，我感觉他就是那个神秘人。

第七章 敌人的弱点

一夜无眠直到天亮，因精神高度紧张，加上极度缺乏睡眠，我的脑海里充满了各种荒诞怪异的念头。我不知道这些想法是怎么来的，只是隐约觉得这可能与那个医生有关系。他到底是不是那个神秘人？他脑海里的那些情景到底是真实的记忆，还是他一相情愿的幻想？如果他真的是个杀人狂魔，我该怎么找到他犯罪的证据，从而让警方把他控制起来？

想到这里，我突然感觉自己有些好笑。我在自身生命难保的情况下，居然还有闲心去探究那个医生的秘密。真是典型的不知愁。

“一夜没睡吗？”脑海里突然出现了神秘人的声音。

“对，一夜没睡。”我回答道。

“昨天为什么没有回答我的问题。”他的语气颇有颐指气使的感觉，仿佛我是他的下人。

听到他的这种语气，我猛然醒悟：其实他的弱点一直明摆在那里，只是我没有发现罢了！到目前为止，他一直操纵着整个谈话的内容，说明他有着极强的控制欲，这是强势控心者的典型特征。假如事情不按照他预期的方向发展，他很可能就会失去理智。

我当即决定采用新的战术。

我故意想：也许我只是病了，所以产生了些幻觉。也许我得了精神分裂症，幻想自己拥有了控心的超能力。而我身上的伤，也许是我从楼梯上摔下来所造成的，脑海里的声音，不过是我的幻听罢了。事实上，我知道很多精神病人，他们都声称自己听到了一些奇怪的声音。

“别胡思乱想了，我给你发一张照片过去，你看看还记得吗？”他的语气突然变得随和起来，显然他是想把我从这种幻想中拉回去。

“不是胡思乱想，从理智上看，控心术这种事情本来就是不可能的。”

这时他发来了一条彩信，图片上是一个亮晶晶的杆状物。

“那我给你一些新的证据，瞧，这个东西怎么样？想得起来吗？”他开始循循善诱。

转移话题，他不过是想利用新话题来制造更多新的恐惧。在被控者即将失控的时候，采用这种变换话题的战术，是控心者试图挽回控制权的典型伎俩。

我继续说："现在我没心情跟你猜谜，你若是想杀我，那就尽管来好了。我现在已经不在乎了。当然，我很怀疑你是否有这样的能力。因为你不过是我脑海中一个微不足道的念头而已。凭你这样一个愚蠢的念头，就想让我失去理智，不是太可笑了吗？"

"是吗？那我今天就要你死！"他的语气明显带有了一些愤怒的情绪。

"随便了！总之我不信。"我故意激怒他。

"我会证明给你看的！今天我就会派人过去！"他终于怒吼了起来。

"退一万步讲，就算你是真实的人，我承认你控心的水平确实比我高，但是我不得不说你是个懦夫，因为只有懦夫才会借刀杀人。所以你即使能够证明自己的存在，也不过是躲在暗处的卑鄙小人罢了。你有什么权力鄙视我？其实你也跟我一样。"

说完这句话之后，我的脑海里立即响起了轮船汽笛一般的轰鸣声，震得我的大脑接近碎裂。慢慢地，这轰鸣声变得尖锐起来，犹如金属刮擦玻璃的声音，刺激得我后背都起了鸡皮疙瘩。

"你就这点儿本事吗？"我笑道，"你希望别人惧怕你，渴望别人把你当做死神来看待。但当你发现计谋失败，事情没有按照你的预期来发展的时候，当你发现那个被你视做掌中的猎物的人，丝毫不把你放在眼里的时候，你就发疯了？是不是因为这打击了你的优越感？不过我倒要问问你，像你这种疯子，优越感究竟从何而来？难道是因为你有了别人所没有的超能力？我看不是，我倒觉得你这种变态的控制欲与自负的优越感，是来源于你幼年时的自卑。你看似强大，其实你脆弱得像块玻璃！"

说完这段话，我脑海里的声音立即变得更加尖锐了，大脑禁不住这样的折磨，身体竟然不由自主地颤抖起来，伤口被肌肉的抽搐撕扯得更加疼痛。突然我感觉鼻子有些痒，便用手指擦了擦，发现满手都是血。眼前的世界瞬间变得扭曲起来。

我笑道："看来我说中了？那么你的自卑从何而来？你是个残疾人？还是说你的母亲从事着某种见不得人的职业？或者你遭受过某种性虐待？让你觉得自己低人一等？当然我觉得这些你都遭受过，只有这样你才会如此变态！"

"我发誓，你会为你今天说的话而付出代价的！"他恶狠狠地咆哮道。

"人只有在无能为力的情况下，才会发誓。"我讥讽道。

突然，我脑海里的尖啸声消失了，一切回归寂静，但我预感到这不过是暴风雨前的平静。我擦干净了脸上的血迹，大口地呼吸，好让自己尽快恢复体力，以便让自己撑过下一轮攻击。

过了好一会儿，见他不再折磨我，我又拿起手机，仔细地看了看新发来的那条彩信。照片上的那个杆状物，让我着实摸不着头脑。正当我从记忆中竭力搜索的时候，我突然辨认出这其实是一枚被拉直了的钻石戒指。而它的花纹，我觉得似曾相识。猛然间，我想起这是送给孙颖的分手礼物，而她的形象立即浮现在我的眼前，仿佛我们刚刚分开一般。

孙颖是我以前的一个女同事，我利用控心术很容易便得到了她的芳心，不过像我这种情场浪子，没过多久，就一脚将她踢走了。

但是这根本就说不通，因为我可以确定的是：孙颖与之前的何晓洁毫无关系，她们是属于不同交际圈中的人。这也就是说，之前我怀疑是何晓洁找人来寻私仇的想法，已经是完全说不通了。这个神秘人应该既认识何晓洁也认识孙颖。但他与这两个人究竟是什么关系，又为何要替她们出头，来犯下一桩命案呢？

任何正常人都不会这样做的。

第八章　最后的对决

不知不觉中，我睡着了。当我醒来的时候，看到那名男医生正坐在我的身边。他用阴郁的眼神看着我，仿佛正在研究从哪里下刀。我惊恐地看着他，他那双乌黑的眼睛让我感到格外恐怖。

“你要干什么？”我伸手去摸床边的按铃，想把护士叫过来。

“别费劲儿了，护士站那边没有人，我把她们支开了。”他轻蔑地说。

“你就是他派来的人？”

他轻轻地点了点头，然后伸出了手，手上满是伤痕。

“昨夜来杀我的人就是你？”我问。

他阴森地笑着说：“其他病房不好下手，所以把你调到了这里。”

“你现在被他控制了，你懂吗？你现在最好清醒一下，不管脑海里有什么声音，那都是他在捣鬼。这是一种控心术，你要明白，我与你无冤无仇，你没必要来杀我！”

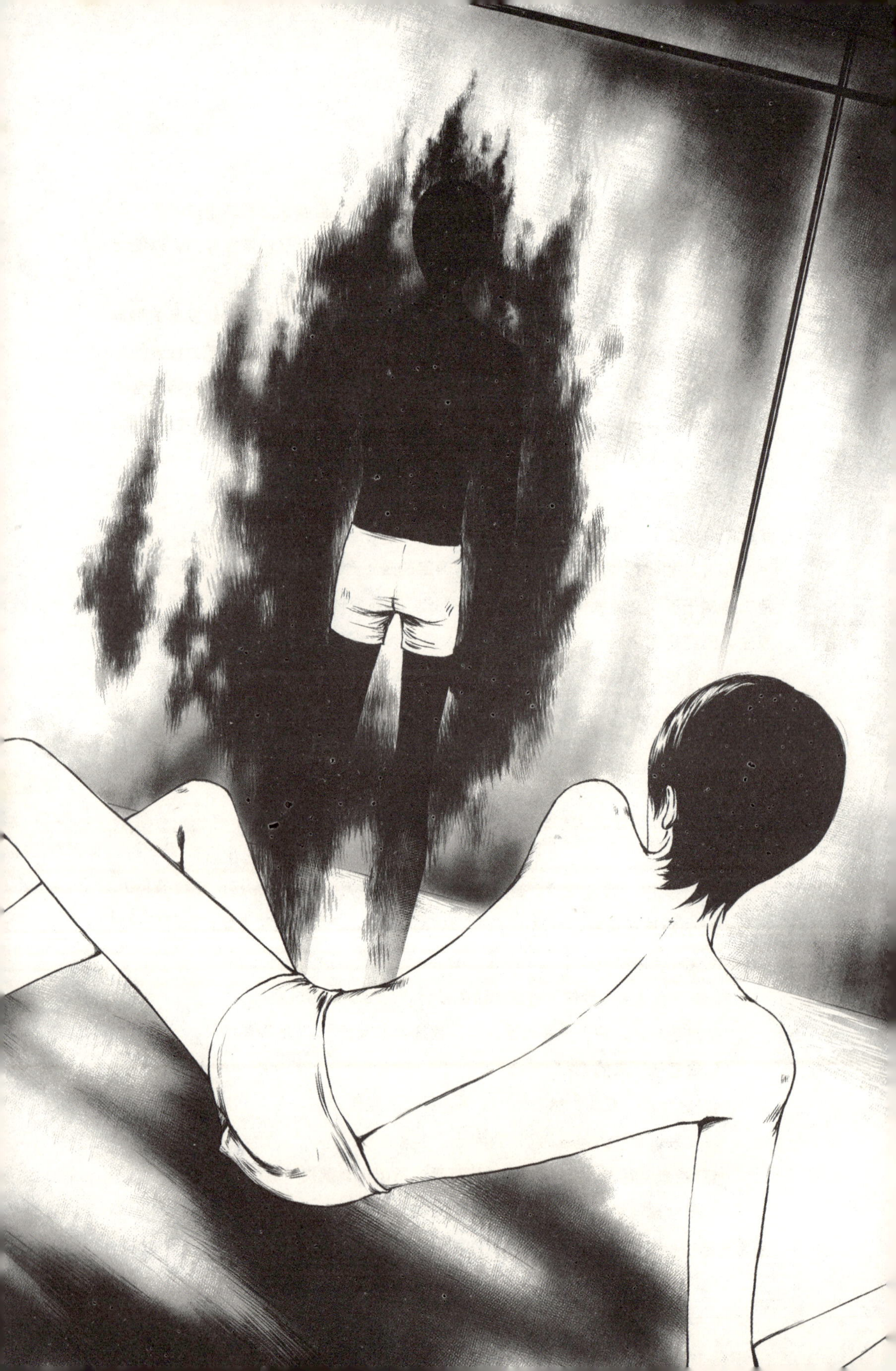

他愣了一下，瞳孔缩小了一些，显然这理智的分析对他起了一点作用。但紧接着，他的瞳孔就再次放大，狠咬着牙对我说道："别再做无益的尝试了！你知道为什么你会控心吗？25年前的那次实验，一共有100个参与者。你也是其中之一，我与你同时获得了这种能力。"

我知道医生一定是被思维同步了，此刻他自称的"我"，显然就是那个神秘人。

"25年前的实验？你知道你在说什么吗？那时候我还是个没出生的胎儿！而且控心术古已有之，我父亲也是控心者，是他遗传给了我这种能力，与实验没有半点儿关系！"

"控心术确实一直存在，但是那需要天赋与后天的不断修炼，这种人才可遇不可求。而咱们这批人，是军队用基因方法制造出来的武器。你父亲是军人，我父亲也是，他们都参与了这个项目。"

"你疯了，我父亲从来就没有参过军，而且既然我是武器，那为什么军队的人从来没有跟我联系过？"

"你父亲是军队的特工，为了保护你不受军队的控制，他趁这个项目的人员开会的时候，将一枚炸弹偷着带进了会场，把所有相关研究者都炸死了，包括他自己。我父亲则在实验室放了一把火，烧掉了所有相关文件，他自己也葬身火海。所以咱们是唯一一批人造控心者，而监视你的人，一直潜伏在你的身边。"

我听罢大笑道："是吗？我父亲死了？那把我养大的是谁？求你别再逗我笑了，我身上的伤口很痛。"

"你现在的父亲，是军方派来监控你的替身。"

"你继续编。"我笑着示意道。

"那你告诉我，在你的印象中，你母亲与你父亲有过亲密的举动吗？"

我愣了一下说："他们感情一直不好，但是我长得很像我父亲。"

他冷笑一声道："找个长相相近的人很容易。"

"别废话了，你要想杀我，就来吧！不过别忘记了，你是在一公里之外进行遥控。而我却近在咫尺。想要杀我，恐怕没有那么容易！"

他"噌"地站了起来说："那咱们可以试试看！"

"不过你要先告诉我，为什么要杀掉我？就因为我跟你一样？"

他说："本来我想拉拢你，将你纳入我们的阵营，结果我发现你是个人渣。我最恨伤害女人的浑蛋，所以现在我必须杀掉你！"

“人渣谈不上，最多有点儿小坏心眼儿。怎么，这件事归根结底变成了一场道德审判？你是个杀人犯，在道德上能够胜过我几分？”

“你骗过多少女孩？”

“不知道。”

“144 个，其中 3 个试图自杀。”

“你还帮我数着了？那三个试图自杀的，不过是做做样子。你是不是很嫉妒？莫非你是个性无能，对我的行为羡慕嫉妒恨？哈哈哈！”

“很好的尝试，但是这种激将法的招数已经被你用烂了，我不会再上当了。”说完，他就露出了狰狞的面孔，龇牙咧嘴地冲我扑了过来。他扼住了我的脖子，而我只有一只手能反抗。我试着抠他的眼珠，但即使眼睛已经被我抠出了血，他也丝毫没有松手的意思。我拼尽全力抵抗，突然我感觉他的眼睛一软，分明听到了一声轻微的“噗”，他眼睛就像被捏瘪的提子葡萄，随即喷出了一股热水，溅到了我的脸上。

他终于忍不住失去眼睛的痛苦，本能地松开了扼住我脖子的手，捂着眼睛一边后退，一边哭号起来。

而我一边咳嗽，一边恶心得想吐。但我顾不得这些，急忙闭上眼睛，集中精力入侵他的大脑。

我看到在他的脑海中，有一个模糊的人影。他肮脏丑陋的戒心，正伏在那个人影的身下，充当他的坐骑。那人影用绿色的光束扫描着大脑，当他们转身向我走来的时候，我急忙闪身躲进一扇门，里面满是少女的骷髅。正在我犹豫着是否要退出这里的时候，门后突然响起了砸门声。

我立即钻入那堆骷髅中，这时骷髅中突然涌出一股绿色的黏液，将我包裹了起来。戒心终于砸开了大门，他进来搜寻了一圈，没有找到我的痕迹，静待了一会儿之后，他才慢悠悠地离开。

门关上之后，黏液退去。我钻出骷髅堆，一个身体已经腐烂的裸体女孩突然出现在我的面前，她领着我走向了房间的深处。她将胳膊变成了火炬，借着火光，她用手摸到墙面上的一块砖，这面墙立即变成了透明的玻璃。大脑中一片断壁残垣，戒心正在四处搜捕可疑的意念。其中一个思维碎片与他搏斗得十分激烈。这是思维同步的典型特征。那些反抗者代表着他的自我，一旦被剿灭，被控者就会变成疯子。

但是事情有点儿不对头。因为一般人的戒心与自我是一体的，若控心者想要达成思维同步，一般都是先潜入其内心深处，释放出一直被压抑的恶魔，利用他们的力量来消灭戒心的自我部分。然后再把自己的思维植入戒心的尸骸，来达到控制他人思维的目的。可这个医生的自我，竟然是与戒心相分离的！

我立即放大图像，仔细观察那个正在拼死反抗的意念，结果发现那是一个中年女人。从她的相貌来推测，这个人应该就是他的母亲。我的大脑飞速地运转，他脑海中的记忆碎片冲入我的大脑，突然我猜到了事情的真相。

就在我想对策的时候，突然我感到一阵窒息，睁开眼睛后，我发现医生重新扑了回来。这次他一只手按住我的胳膊，一只手扼住我的脖子。每当我试图挣脱，他就会拼命击打我的腹部。我身上刚刚愈合的伤口爆裂开来，来自全身各处的刺痛，就像芥末一样刺激着我的大脑。

我咬紧牙关强忍痛苦，给他植入了一幅图像：她的母亲。

他"呀"的一声，脸上露出了震惊的神色。那仅存的一只眼睛，瞳孔立即变小了。

但这种效果只持续了几秒钟，他的攻击只是迟疑了一下，随即就变得更加狂暴起来。他狂叫着扑向了我，用双拳捶打着我的胸口，弄得我的心跳都要停止了。

我再次拼尽全力，让他母亲的形象在他的脑海里不停地闪现。他每对我进行一次攻击，那形象就出现一次，越是用力，那形象存留在眼前的时间就越久。仅两三次之后，他不敢再对我进行攻击了。

"啊，果然如此！你恋母，但是她属于你的父亲！"

医生抱着头仰天长啸，脸上的扭曲表情使我深信他非常痛苦。这时他的意志已经陷入最薄弱的状态，我抓住时机快速潜入，发现他的戒心已经被少女的骷髅包围。黑暗的夜空中，她母亲那双狰狞的眼睛在操纵着那些女孩的尸骸。戒心挥舞着镰刀疲于应付，少女的尸骸在他的劈砍下，变成了漫天的黑雾。继而这黑雾弥散开，变成了无数黑色甲虫，它们钻入戒心身上的伤口，撕咬啃噬着它流出来的内脏。而那个操纵着戒心的人影，也在黑虫的攻击下变得越来越暗淡。

"我要是没猜错，你母亲被你父亲杀害了，你亲眼见到了她被肢解的一幕！"

医生不愿听到我的话，从桌上拿起一根筷子，插入了自己的耳朵中。

我用意念对他说："然后你就变成了杀人狂！专杀长得像你母亲的女人，切割她们的尸体，你只是觉得自己必须这样做，却不知道为什么会这样做。但是我知道，这是因为在你的潜意识里，你想变成那个杀害你母亲的凶手！"

医生此时已经完全丧失了理智，他号叫着冲向了窗子，只听玻璃咔嚓一声，他就坠楼而死了。

第九章　未完的结局

“他对我说他杀过很多人，现在很内疚，突然又像疯了一样，扑向我，说既然我知道了他的秘密，就要杀我灭口。我抠破了他的眼睛，他尖叫着逃跑，结果跑错了方向，从窗子摔了下去。”

“就这样了？”

“是，就是这样了。”我艰难地点头。

警察走了之后，我这才长舒一口气。

“别放松得太早。”脑海里又响起他的声音。

“你是否还要再派个人来？我建议你找个心理不要太脆弱的。不然，你还将会这样惨败！”

“惨败？我胜利了50%。因为你们两个人谁死都一样。”

“这么说整件事从一开始，就是你安排的？你看我们不顺眼，所以让我们像角斗士一样自相残杀？”

“你们都是一路货色！”

“我跟他可不一样。虽然我有些小坏，但是我有同情心，见不得别人欺负人。所以归根结底，我还是个好人。”

他冷笑一声说道：“人之性恶，其善者伪也。你是弱者，所以才会同情。”

我学着他也冷笑一声道：“你不同情别人，却偏要出来主持正义，看来你是把自己当做上帝了。不过风水轮流转，你记住我这句话：不论是谁，早晚都有一天会变成弱者。”

“在那天到来之前，我早就已经干掉你了。再会！”

“等一下，有些关于我父亲的事情，我还想知道。”

“等你把我变成弱者那天，我会让你知道的。”

这声音随即消失了，直到我康复，再没有出现过。在医生死去的那个晚上，我经过深思熟虑，最终决定给何晓洁发条短信：

“你是我遇到过的最好的女孩，我不能跟你在一起，是因为我觉得自己配不上你。现在看来这是我这辈子作出的最错的决定。我知道我犯的错误不值得原谅，但我真心希望你能来看看我。因为我现在在医院，并不安好。”

随后我就忐忑地等待着她的回信。在我把她当做垃圾甩掉的那天，是绝对没想过自己也会有这样一天的。

几分钟后，我收到了一条短信：“你没事吧，现在在哪个医院？”

我笑着想：每个人都是善良的，只是多与少的问题。而与我相比，显然她更多一些。悬疑志

作者的话：

《脑控》这个故事，其实我很早就在构思了。像每个喜欢白日梦的人一样，我也总是喜欢幻想一些不切实际的事情，比如利用布满了电线的精密仪器来控制他人的思维。每当这类想法浮现出来的时候，连我自己都会觉得这是无稽之谈。

但是在阅读了很多心理学著作后，我发现控制他人的思维并非想象中那么困难。有时只需一些暗示性的言语，就可以轻松达到目的。而在西方发达国家，相关领域的研究在突飞猛进地发展着，据称催眠术或者某些精神药物，已完全可以达到脑控的效果。

于是我构思了这样一个关于控心者的故事。我只是想借由这个故事来引发人们的思考：如果一个平凡的人，真的拥有了控制他人思维的能力，那么到底会发生什么事呢？

十宗罪 3

Can Zhi Wu Yu

残肢物语

文/蜘蛛　图/苍狼野兽

心有猛虎，细嗅蔷薇。——西格夫里·萨松

夏季来临，华灯初上，街边有很多露天的烧烤摊。

两个客人在烧烤摊喝啤酒，要了几盘凉菜、一只烤羊腿，两个人饥肠辘辘，菜肴久等不上，他们去路边公园的灌木丛里撒尿。这时，飘来一股烤肉的味道，香气浓郁，扑鼻而来。

一个客人说："这家的烤羊腿，还真不错。"

另一个客人说："我得多吃点儿。"

他们注意到灌木丛的空地上，蹲着一个衣衫褴褛的流浪汉，正生火烤着什么东西，香味正是从那里飘过来的。流浪汉发现有人在看他，回头咧嘴一笑，露出黄牙齿。

两个客人仔细一看，惊骇万分——流浪汉烤的竟然是条人腿！

第一章　炭烤人腿

当天傍晚，公园路口交通堵塞。执勤的交警接到群众报案，感到极为震惊，公共场所竟然有人烧烤人腿，简直难以置信。几名交警在群众带领下，一起去抓捕在公园灌木丛里烧烤人腿的流浪汉。流浪汉看到一帮人气势汹汹跑过来，他的晚餐被人打扰，怒不可遏，他抓起人腿，威风凛凛地挥舞了几下，转身就跑。

几名交警紧追不舍，身后还跟着数以百计闻讯赶来的群众。

流浪汉跑了一会儿，停下来，双手捧起烤得半生不熟的人腿，张开嘴巴撕下来一块肉，昂起头吞咽了下去。众人目瞪口呆，只感到恶心，不少人哇哇直吐。流浪汉继续奔跑，跑一会儿又停下吃一口肉。后面追赶的人群，有人破口大骂，畜生，疯子。经过群众的堵截，众人将流浪汉堵在一个报亭后面，围得水泄不通，但又不敢轻易上前。

一名交警开始威胁劝说，流浪汉不为所动。

一名小协警扑上去，流浪汉抡起人腿，啪的一声，重重地抽打在小协警肩膀上。小协警踉跄着，退倒在地，其他交警冲上去，想将其制伏。流浪汉勇猛无比，如有神助，他以人腿当做武器，将人腿在头顶上空抡圆了，再挥打出去，几名交警不断后退。在群众帮助下，趁着流浪汉气喘吁吁的空当，大家一拥而上将其扑倒，扭送至公安机关。

审讯无法进行，这名流浪汉语言功能丧失，精神也有问题，谁也搞不清楚他的籍贯、姓名等身份信息。流浪汉狂躁不安，极力试图挣脱手铐，手腕处勒得鲜血淋漓，警方束手无策，只好将他暂时收监。

很多群众都目睹了街头惊骇的一幕，流浪汉烤食残肢的爆炸性新闻迅速扩散，满城妇孺皆知，街头巷尾都有人在谈论此事。

警方初步调查认为，流浪汉在垃圾桶里拣拾到人体残肢，偷窃烧烤摊存放在公园里的木炭，就地生火烧烤。人们更愿意相信流浪汉杀人后烤食残肢的恐怖说法。

人们确信，在这个城市里，有个人被杀害分尸了。

因为没有受害人家属报案，所以警方想淡化此事，不了了之。

然而事隔不久，又一起骇人听闻的事件发生了。

有个人早晨去桥边钓鱼，在河里钓上来一个鼓囊囊的塑料袋，打开一看，塑料袋里装着两块砖头，还有一截人手，手臂露着白森森的骨碴儿。钓鱼者吓得扔下塑料袋，跑到最近的一个治安岗亭报案。警方简单调查后却对老百姓谎称，这是附近一家医院将截肢手术后的断臂抛入了河里。医院否认此事，全城百姓更是无人相信警方的说法。

群众普遍认为，警察隐瞒了真相，该城又发生了一起恶性凶杀分尸案!

几天后，城里传言，郊外国道旁边的荒地里又发现了一只人手。有人煞有介事地声称，人手埋在路边，因为埋得较浅，泥土被雨水冲刷，一只人手裸露出地面。

三个人被杀害，还是一个人被杀害分尸?

老百姓议论纷纷，但警方的不作为加剧了谣言的流传，各种流言飞语充斥大街小巷，人们对街上的流浪汉感到恐惧。一时间，满城风雨，人心惶惶，治安严重恶化，盗抢案件频发。一个机关干部在市委门前的林荫路上，被骑着摩托车的歹徒砍伤手臂，光天化日之下抢走公文包。

歹徒被抓获后，竟然声称："警察连杀人案都不管，我们抢点儿东西，他们自然也不会管。"

副市长震怒，一面向公安部特案组请求协助，一面勒令公安机关扭转治安形势，力争在最短时间内实现全市社会治安状况好转，提高市民安全感。

特案组要求在市委大楼办公，由副市长兼任分尸案专案临时总指挥，公安局长负责协调各级警力。副市长一一应允，很快，分尸案调查工作迅速展开。然而，办案民警普遍态度消极，士气低落，他们认为此案破获的希望非常渺茫。

一名警察直言不讳地说，投入再多的警力也是徒劳无功，全城老百姓都知道分尸案，但是没有一个受害人家属出现，单凭目前所发现的残肢，连尸首都找不到，死者身份无法确定，抓获凶手更是无从谈起。

经过技术鉴定，发现的人体残肢为同一人的肢体，除此之外，再也没有别的线索，甚至无法鉴定出死者的性别。仅凭发现的残肢，无法掌握受害人的死因。

特案组将残肢按照发现时间顺序进行了编号。一号残肢是流浪汉烧烤过的人腿，二号残肢是垂钓者从河里钓上来的断臂，三号残肢是国道边掩埋的人手。

一号残肢被炭火烧烤得面目全非，失去了调查鉴定价值。那名有精神障碍的流浪汉也无法提供任何破案信息。

二号残肢上有一处文身，因为被水浸泡，图案模糊难辨，残肢包裹物为一白色塑料袋，上面没有任何字体，无从查起，和残肢一起扔进河里的两块砖头是从桥边捡的。

三号残肢保存完好，胳膊上的汗毛浓密粗长，初步判断死者为年轻男性。

梁教授让苏眉调看了近期失踪人员名单，苏眉没有找到任何有价值的信息。

画龙对肢体的创口进行鉴定，分析认为切割肢体的工具为一把钢锯。

包斩将残肢的指纹和公安部门指纹库进行对比，没有找到死者的指纹档案，死者身份依然神秘未知。包斩又通过高科技刑侦仪器，对二号残肢的模糊文身进行光谱分析和皮肤色素对比，因为文身的位置处在断臂处，并不完整，只能恢复部分文身图案。

案情一上来就陷入僵局，特案组四人看着桌上的残肢，一筹莫展。

副市长说："难道咱们只能消极等待，等着老百姓找到其他尸块，给咱们送来？"

画龙说："要是能找到死者的头颅，案子就不会这么难办了。"

苏眉说："死因不明，身份不明，无头尸案至少还有身子呢，这个只有两条胳膊、一条腿，接下来怎么调查啊？"

梁教授说："抛尸地点分别是垃圾桶、河里、荒郊野地，如果是一个人所为，这个人的胆子也太大了，也不符合惯性抛尸特点，我觉得，应该是多人抛尸。他们对尸体的处理并不高明，扔到垃圾桶里，被捡垃圾的发现，扔到河里被钓鱼者钓了上来，埋在国道边，却没有想到雨水冲刷暴露尸块这个问题。但可以肯定的是，抛尸者对死者躯体和头颅非常重视，不会那么轻易被人发现。"

包斩拿起三号残肢仔细端详，其实，他已经研究过很多次了。

这只人手被埋在国道路边，当时有辆班车路过，车上的一名职工看着窗外发呆，突然看到路边土里伸着的这只手，司机紧急刹车，大家随即报案。

包斩看了很久，眼前一亮，突然说道："指甲！"

大家注意到，断臂手指的中指和无名指没有指甲，剪得很干净，其余的拇指、食指和小指却都留着长指甲。这是很奇怪的事，不符合常人的习惯，五根手指，中间的两个没有指甲，光秃秃的，其余三根手指的指甲却很长，这是为什么呢？

第二章 黄金手指

河里发现的二号残肢为左手，公路边发现的三号残肢为右手。

两只断手都剪掉了中指和无名指的指甲，这其中似乎隐藏着什么秘密信息。手掌没有老趼，手指细长、白净，说明死者非体力劳动者。一个人留指甲，要么是出于爱美，要么是懒惰，要么就是某种职业习惯。

无名尸的身份确认是刑侦工作中棘手的难题，除了可以直接通过指纹和DNA认定尸源外，推断和辨认是最常用且最重要的尸源查找方法。很多无名尸腐败或残缺，难以掌握其身份，但是警方可以根据尸体特征、衣着、附着物来推断出死者的职业、生活区域，有效缩小排查范围。

安徽某地发生过一起尸体长草的奇案，凶手杀人后将尸体和苍耳草子一起装入麻袋，抛弃河中。尸体膨胀腐败，成为肥料，苍耳苗很快在尸体上长了出来。警方发现的时候，尸体已经白骨化，但根据死者的牙齿准确地推断出死者的职业是一个卖瓜子的摊贩，从而抓获凶手。

梁教授推断："也许是职业习惯，死者常用到中指和无名指，所以这两根手指没有指甲。"

包斩说："是不是美容美发师，常常给客人洗头，很多发型设计师也有文身。"

画龙说："剪掉两根手指的指甲可能是弹奏某种乐器：吉他或者钢琴，歌手和音乐艺术家也常有文身的啊。"

苏眉说："我会弹钢琴，钢琴老师都是让全部剪掉指甲的，否则手指会在琴键上打滑。"

市长说："这会不会是和职业无关的个人习惯，留指甲仅仅是一种特殊嗜好。"

副市长附和道："也有可能是死者临死挣扎时折断了指甲，要不就是凶手故意所为。"

包斩摇摇头，拿起一只手反复研究，他将死者没留指甲的那两根手指掰弯翘起，这个手势看上去像是在挠东西或者抠东西。

苏眉说："这手让我想起了加藤鹰的黄金手指。"

包斩问道："加藤鹰是谁？"

加藤鹰，日本最有名的 AV 男优，他的右手有“金手指”之称，能用两根手指令大多数女优异常兴奋。他也被称为“神之手”，他总结出来的技巧还拍成了教程和攻略。他给自己的手指买了巨额保险。在他的官方网站上，除了 T 恤等一般商品外，还拍卖自己修指甲的锉刀。

包斩说：“小眉姐，我想看加藤鹰的教程，他的两根黄金手指肯定也是要剪掉指甲的吧。”

苏眉说：“你坏死了，那是在 AV 网站上才有，你自己下载去。”

包斩不好意思地说：“我不知道怎么找，也从来没有看过。”

苏眉笑呵呵地说：“哎哟喂，你是处男啊！”

画龙说：“我看过的毛片太多了，以前，我在的那个公安局有个傻 X，他的工作就是看毛片，鉴定黄色光碟，我常常去找他玩，哈哈。”

梁教授说：“死者可能是特殊性服务者，因为职业特点，工作需要，中指和无名指总是剪得很干净，没有指甲，提高服务质量，有一种职业叫舞男、牛郎、男妓。”

画龙补充说：“也叫鸭子。”

梁教授问两位市长：“你们这个城市有男妓吗？”

副市长尴尬地说：“这个……我还真不清楚，难道现在的社会这么开放了吗？”

市长斩钉截铁地说：“没有。”

梁教授问道：“你确定？”

市长说：“不管你们信不信，反正我相信没有！”

特案组走访了市内所有的文身店和刺青工作室，获得了一条极有价值的线索。

尽管死者文身图案残缺，但一名专业的文身师认出其文身为龙尾，这是一种并不常见的拼图文身。拼图文身一般是兄弟和情侣，每人各文一部分，组合成图案。文身师分析，这条龙至少由五个人组成，都是文在背上，老大为龙头，老二、老三、老四为龙身，老五为龙尾。

如果这五个人光着膀子并排走在大街上，他们背部的文身图案会组合成一条龙。

特案组分析，有这类文身的人可能是道上混的黑帮分子，但黑道混混常常打架斗殴，无论是握拳还是持械，手指留有指甲都不方便。死者的五根手指，有三根留有指甲，中间两根没有，根据这个特征，死者从事娱乐行业的可能性更大。

特案组要求当地公安机关立即开展一场打黑除恶专项活动，维护社会秩序，增强市民安全感。对于落网分子，重点询问摸排背部文有龙形图案的人员。

在侦破一起大案的过程中，常常会破获很多小案。

例如鹤岗抢劫运钞车案，除三名案犯落网外，还破获刑事案件 190 起，可谓战果累累。

几天后，一大批犯罪分子落网，但是龙形拼图文身的线索没有进展。

死者的 DNA 鉴定结果和骨龄检测报告出来了。警方发现残肢，可以用形态学、细胞学、性激素检测、DNA 重组技术和聚合酶链式反应（PCR）等方法进行性别鉴定。骨龄检测通常是拍摄人左手手腕部的 X 光片，通过 X 光片观察左手掌指骨、腕骨及桡尺骨下端的骨化中心的发育程度，来确定骨龄。根据骨龄可推断出年龄、身高、体重等信息。

死者为男性，20 岁左右，身高约 1.8 米，体重大概 70 公斤。

这些数据也符合男妓的职业特点：年轻而健壮。随着女性地位提高，加上社会开放，男性性工作者日渐增多。这个隐秘的群体生活在阳光照不到的角落。警方扫黄和打击卖淫嫖娼时的重点是女性卖淫者，而忽略了数量庞大的男妓这一特殊群体。

警方对市内几十家高档娱乐场所进行调查。提供色情服务的高档娱乐场所背后大多有保护伞，各种势力盘根错节，他们往往能在警方出击前就听闻风声，警方收效不大。正如市长所说，这个城市里没有男妓。

特案组决定进行暗访，由苏眉和几位女民警假扮成富婆，将目标锁定在该市最大的桑拿洗浴会馆、夜总会、酒店和星级宾馆。苏眉负责去一家名叫花火的夜总会暗中调查，这也是该市的顶级娱乐会所。为了万无一失，梁教授安排画龙和包斩扮成苏眉的保镖。

苏眉一袭白裙，烈焰红唇，拎着一个金色手袋。

包斩和画龙都戴墨镜，穿正装，画龙提着一个密码箱。

花火夜总会霓虹闪烁，整个建筑流光溢彩，从门前停放的各种名车可以看出，这里是上层社会人士出入的顶级会所，很多富二代、官二代的夜生活就是从这里开始的。

华灯初上，三个人站在金碧辉煌的夜总会门前。苏眉裙裾飘飘，风吹起她的长裙。

画龙说："腿好美。"

苏眉说："你下次看我腿的时候，就是我踹你的时候。"

包斩说："这里能有男妓吗？"

苏眉说："肯定有。"

画龙说："上流社会的人总爱干点儿下流的事。"

苏眉说："出入这种夜总会的女性，除了小姐，大都是名媛贵妇，带几个保镖是正常的。但是介绍的时候，你们俩别说是我的保镖，土气，应该说是我的助理。记住，我是海外归来的时装设计师，还有我说英语的时候，你们谁也别插嘴，免得露馅。"

画龙说："咱们只找有文身的鸭子。"

包斩说："小眉姐，你不会假戏真做吧。"

苏眉说："管得着吗！"

画龙说："你省着点儿花钱，咱们的办案经费有限。"

苏眉说："鸭子，姐来了。"

第三章 风月场所

在这个传统而又古老的国度，建造贞节牌坊的石头比建造风月场所的石头要高一些，做成古琴的梧桐比做成空床的梧桐要矮一些。

男人拈花惹草被视为风流，女人水性杨花被视为淫荡。一个是风流的多情才子，一个是淫荡的轻浮贱人。很多男人都想过当男妓，正如不少女人会闪过卖淫的念头。然而，男妓比妓女更加屈辱，他们的服务对象除了女人，还有男人。

特案组三人走进夜总会，迎宾小姐站成两排，一起鞠躬说道："晚上好，欢迎光临！"

迎宾小姐在夜总会被称呼为咨客，咨客负责引领客人，公主尾随。夜总会里的公主和少爷，都是服务员的昵称。

夜总会大厅里传来震耳欲聋的音乐声，但是在外面几乎听不到，由此可见隔音设施非常好。场子里，灯光闪烁，人群随着劲爆的音乐疯狂地热舞，DJ 在有节奏地

搓碟，中间的T型台上，几名身材火辣的女郎只穿着抹胸和丁字裤，做着各种动感撩人的动作，一名美女正在表演钢管秀，尽展极度激情诱惑。酒屋吧台上调酒师甩着几个火瓶，上下翻飞，娴熟的花式调酒特技令人眼花缭乱。

特案组三人进入包房，苏眉坐下来，画龙和包斩站在一旁，负手而立。

包房装饰豪华，一面墙上嵌有满墙的液晶电视，咨客员介绍包房最低消费，公主开机，递上热毛巾。女领班察言观色，一眼看出苏眉才是正主，她礼貌地鞠躬，征询需求。

苏眉不回答，掏出女式香烟，一个少爷单膝跪地帮她点着。

画龙对领班说："把你们这儿的鸭子叫来，都叫来，让我们苏小姐好好挑一下。"

包斩干咳了两声，提醒画龙别说得这么粗俗。

苏眉吐出一口烟，悠悠说道："找几个公关先生陪我唱歌。"

领班又询问了酒水需求，然后用对讲机通知公关主任，发出进房通知。公关主任引着公关先生走进包房。一排男人站在包房里，各有特色，每一个都英俊帅气，有儒雅的中年大叔、年轻的男孩、妖冶的男人。他们看到苏眉，无一例外眼前一亮，这些男妓平时接待的大多是身材臃肿人老珠黄的富婆以及变态的GAY大叔，很少会遇到苏眉这样的绝色美女。

苏眉摇摇头，表示不满意，公关主任又带进来一队男人。

苏眉还是看不上，公关主任索性把包房外面的所有男人都叫了进来，站成几排，让苏眉精挑细选。

包斩对苏眉耳语几句，苏眉点点头，说道："我喜欢背部有文身的男人。"

画龙说道："背部有文身的鸭子留下，其余的都出去吧。"

领班和公关主任愣了一下，不明白苏眉为什么喜欢文身，但每个客人都有自己的嗜好，必须理解和尊重。公关先生开始向外走，最终只剩下六位，领班和公关主任说了几句客套话，鞠躬离开包房。

夜总会包房内，公主和少爷的茶几服务为全跪式，添加酒水，保持茶几台面卫生，清换烟灰缸等。高档夜总会都有严格规定，例如烟灰缸里的烟头不可超过两个，为客人点烟须在两次内打着打火机，不要让臀部对着客人，切忌挡住客人视线。

包斩对公主和少爷说道："这里暂时不需要你们了，你们先出去吧。"

一个少爷委屈地问："对不起，是不是我们服务得不好？"

包斩说："当然不是。"

一位公主说："不让我们服务，领班知道了……会罚我们钱的。"

画龙不耐烦地说道："叫你们出去就出去，哪那么多废话，门口站着去，这里不用你们了。"

苏眉让包斩给了小费，支走服务员，包房里只剩下特案组三人和六位男妓。

六个男妓都是风月老手，开始和苏眉互动，每个人都甜言蜜语恭维苏眉漂亮，看得出他们是真心赞美。包斩注意到，他们中即使有人留长指甲，但是中指、食指、无名指的指甲都是剪掉的。看来，这是男妓这个行业的特点。

有人提议玩骰子喝酒，酒过三巡，气氛开始热烈起来。苏眉输了几次，脸已泛红，表示自己不能再喝了。男妓们开始起哄，一个人喊道："靓女，你要赖皮哦。"另一个男妓说："苏小姐，您是我见过的最美丽的客人，今天是我的幸运日，女神，请允许我敬您一杯。"

苏眉说："小浑蛋，装 B 文艺青年，我会被你们灌醉的。"

说完后，苏眉举起杯，一饮而尽。

众人大声叫好，一个人提议苏眉唱首歌。苏眉点了两首英文歌曲，刚唱了一句，六个男妓齐声喝彩，苏眉的歌声动听优美，给人一种惊艳的感觉，画龙和包斩也为她鼓掌。

一曲唱罢，苏眉换上一首节奏欢快的英文歌，一边唱一边随着音乐节奏打着响指。

六个男妓开始围在苏眉身边伴舞，苏眉跳起桑巴，白裙飘飘，秀发飞扬，舞姿优雅动人。

苏眉对着话筒说道："野兽们，把你们的上衣给我通通脱掉。"

六个男妓边舞边脱衣服，一个人喊道："女神，要我脱光吗，给你看我的重磅武器。"

另一个男妓脱得只剩下内裤，握紧拳头，向苏眉展示自己强健的肌肉。

六个男妓身体上都有文身，但没有龙的图案，这让画龙和包斩大失所望，他们来夜总会暗中调查的目的，就是想找到与死者一样有龙形拼图文身的人。

苏眉累了，坐着休息。男妓们都光着上身，一名男妓献歌，两名男妓竟然当众接吻，包房里的气氛达到高潮。那个帅气斯文的鸭子坐到苏眉身边，教苏眉玩大话骰，玩真心话大冒险，苏眉醉意蒙眬，用眼神示意画龙和包斩，要不要打道回府。

包斩听到真心话大冒险，心生一计，他把所有男妓都叫来，提议大家一起玩真心话大冒险。

这是夜店里流行的游戏，玩法很简单，赌骰子，赢家问输家一个问题，不管多隐私的问题都行，输家必须如实回答。画龙和苏眉明白包斩的用意，一起参与其中。大家围坐在茶几前，开始赌骰子玩真心话大冒险。

几圈下来，特案组三人有输有赢，整理问题如下：

一名男妓问输了的苏眉："女神，你罩杯多大？"

苏眉回答："C罩杯。"

包斩问一名男妓："你们夜总会也怕扫黄吗？"

那名男妓回答："我们后台老板关系硬得很，扫黄，警察带枪来，老板能喊大炮来。"

一名男妓问包斩："你也想过做我们这行吧？"

包斩老实回答："以前想过，但现在不想了。"

包斩问："你们这里的男公关，我听说，有几个人的背部有龙形拼图文身？"

一名男妓回答："我们夜总会贵宾区有五大高手，他们背上文了一条龙，老大是龙头。"

包斩、画龙、苏眉三人交换了一下眼神。包斩终止了真心话大冒险游戏，说不玩了。苏眉心有灵犀，故意板起脸，摔了一个酒瓶，还把骰盅扔到地上，怒声说道："把你们经理叫来，我要投诉，否则我把你们店给砸了。"

六名男妓不明白哪里惹到苏眉了，只好让门口的公主去通知汇报。一个穿制服、戴胸牌的中年女人微笑走了进来，留着波浪鬈发，虽是徐娘半老，但风情万种，散发着成熟女人特有的迷人魅力。她鞠躬，双手递过去名片，画龙双手接过，名片上写着公关部长，名叫范离莎。

画龙说道："范部长，我们苏小姐对服务不太满意。"

范离莎部长含笑问道："请问哪里不满意，我们会尽量满足您的要求。"

画龙说："你们这里有贵宾区？"

范离莎部长说："您说的 VIP 贵宾区，这个需要办理会员，并且提前预约。"

苏眉说："瞧不起我是吧，就找这些菜鸟，我要你们这里的五大高手陪我。"

范离莎部长说："我们这里没有什么五大高手啊。"

包斩说："我们苏小姐有的是钱。"

画龙打开密码箱给范离莎部长看，范离莎部长点点头说好吧。交接之后，她将苏眉三人带至顶楼的贵宾区。一般色情场所都有暗门，但是这家夜总会却直白袒露，乘坐电梯到了顶层后，穿过迷宫般的走廊，就到了豪华奢侈的贵宾区。

范离莎部长介绍，豪华贵宾包房最低消费 6800 元人民币，再加 15% 服务费，出入这里的都是富豪名流。包房装修极尽奢华，以尊贵的黄色调为主，地上铺着厚厚的地毯，墙壁上挂着价值不菲的抽象画，宝石吊灯射出五彩光芒，每一处都洋溢着贵族气息及王者风范。

四位穿西装的英俊男士被叫到贵宾区包房。范离莎部长笑着说："这就是我们夜总会的高手。"

苏眉问其中一个男人："你叫什么名字？"

男人回答："Chris。"

苏眉问："中文名字呢？"

男人说："羊西西。"

苏眉意识到，男妓也有艺名，再怎么问也不会报上自己的真实名字。

范离莎部长挨个儿介绍，这四大高手都受过专门的培训，四个男人各有特点。

龙翻翻，彪悍，野性，桀骜不驯，年龄较大，成熟型男人。

狼落落，运动型肌肉男人，皮肤黑，很酷。

羊西西，气质高贵，长发，戴眼镜，很像日本忧郁男生。

兔白白，奶油小生，笑容甜美，眼睛水汪汪，就像动漫里的男孩子。

苏眉问道："能脱掉衣服让我欣赏一下吗？"

范离莎部长点点头，四个男人竟然像变魔术似的一下子脱了个精光，他们的衣服应该是特制的，领花一扯，衣服就可以全部脱掉。

四个英俊帅气的男人赤条条地走了个来回，尽情展示自己的身体。

画龙和包斩的眼睛一亮，四个男人的背部都有刺青，组合成一条龙的图案，只是少了龙尾巴。包斩假装看表，悄悄地用手表式数码相机拍下他们。

苏眉说："这几个男人，我全要了，出台。"

范离莎部长笑道："其实，一个就足够了，包您满意。"

画龙问道："你们夜总会不是有五大高手吗？"

特案组意识到，死者肯定和这四个人有关。

五个人的文身拼图，少了龙尾，死者应该就是其中的一个。

范离莎部长淡淡一笑说："是啊，有五个。"

她叫进来一个年龄比较小的男孩子，男孩子脱掉衣服，露出了背上的龙尾。

第四章　冰火九重

苏眉问："小弟弟，你叫什么名字？"

那个背部文有龙尾图案的男孩子支支吾吾地说："我叫唐……"

范离莎部长接过话，说道："他叫鱼摆摆！"

这个男妓背部的文身还带着红肿，说明刚文身没几天，很显然是临时客串的。

特案组凭借丰富的办案经验，立即想到了——真正的鱼摆摆已经死了。如果他的死跟夜总会无关的话，作为夜总会里面摇钱树般的人物突然失踪，夜总会的人不会不去寻找。既然夜总会没有报警说人员失踪，就说明他的死或失踪至少夜总会方面是知情的。残肢被发现的消息已经在社会上广为流传，满城风雨，夜总会方面不可能不知道。如果是夜总会方面杀死了鱼摆摆并且抛尸的话，在这种情况下，苏眉假扮客人点名要五大高手出场，不可能不引起夜总会方面的警觉。

苏眉说："他们我全包了，出台。"

范离莎部长说："那不行，因为贵宾区有其他客人的预约，您只能带走一个。"

特案组三人亮出了警察身份，要把五名男妓带回警局调查。五名男妓并不配合，叫嚷起来。一群保安气势汹汹地闯进来，打算暴力抗法，这些在夜总会看场子的人大多是黑道混混，只是穿了一身保安的衣服。

场面非常混乱，保安队长喊道："把这三个冒充警察的家伙给我抓起来，送到公安局去。"

几名保安冲上去，画龙左手扶桌，身体腾空，双脚连环踢出，前面的保安踉跄后退。一群保安扑向包斩和苏眉，这帮凶神恶煞的家伙绝不会怜香惜玉。保安队长向苏眉挥起电警棍，苏眉吓得花容失色，包斩抱住苏眉，猛地向旁边躲闪，电警棍重重地砸在旁边的墙上。

画龙鸣枪示警道："我们是真的警察，都不许动，我看谁敢动一下。"

枪声震耳欲聋，保安不敢造次。龙翻翻有恃无恐，叫嚣道："警察有什么了不起，你们知道我们夜店后台老板是谁吗？告诉你，市长夫人占一干股。"

范离莎部长训斥道："别胡说。"

随后，她向画龙满脸赔笑道："我带他们跟你们走，配合你们的工作。"

警方连夜搜查了夜总会，花火夜店被停业整顿。警方在休息间里找到了夜总会贵宾区五名男妓的相册，照片为数码写真，清晰无比，其中有部分裸照以及身体特写，主要用途是供富婆挑选。通过技术对比，照片上一名男妓的手臂和腿与残肢相吻合，文身图案一致。夜总会内部人员告知警方，此人叫做鱼摆摆，是夜店里最红的男公关，前些天突然辞职离开。

夜总会贵宾区五大高手：龙翻翻、狼落落、羊西西、兔白白、鱼摆摆。

文身是这起分尸案的突破口，现在掌握了死者的身份——鱼摆摆，案情有了重大进展，下一步工作就是审讯攻坚，调查排除，锁定犯罪嫌疑人。

特案组对五名男妓和范离莎部长分别进行讯问，调查鱼摆摆的人际关系，笔录如下——

梁教授："为什么让那名姓唐的男孩子冒充鱼摆摆？"

范离莎部长："鱼摆摆前些天辞职了，贵宾区有五大男公关，少了一个，我就把新来的小唐调到贵宾区，还没来得及起名呢。做这行的都有艺名，我就随便用了这个名字，让小唐文身也是为了协调、统一。”

梁教授：“鱼摆摆辞职后去哪了？”

范离莎部长：“不知道，夜总会人员流动很大。”

梁教授：“辞职那天，你在哪里？”

范离莎部长：“有个朋友过生日，我去参加生日聚会。”

包斩：“你来这家夜总会多久了？”

小唐：“我是从别处跳槽过来的，范姐抬举我，直接把我调到了贵宾区。我这几天正要去镶珠呢，一单生意没做，就遇到警察暗访，真倒霉。”

包斩：“你是新来的，为什么就直接调到贵宾区？”

小唐：“我以前在别的夜总会也做男公关，小有声名吧。”

画龙：“姓名？”

龙翻翻：“龙翻翻。”

画龙：“真实姓名？”

龙翻翻：“刘传根。”

画龙：“这名字是够土气的，怪不得你们都改名呢，年龄呢？”

龙翻翻：“35 岁。”

画龙：“籍贯？你哪儿人？”

龙翻翻：“我是湖北人。”

画龙：“职业？”

龙翻翻：“花火夜总会营销代表。”

画龙：“还代表呢？你代表谁啊！为什么做鸭子？”

龙翻翻：“我可不是鸭子，是公关。”

画龙：“这么大年纪了，还做鸭子？”

龙翻翻：“说起来一言难尽，你知道吗？前些天，我和一个客人闲聊，那客人是个建筑设计师，巧的是我们是同一年参加高考的，都是 1992 年参加高考。那时候，全国考题都一样，我考了 515 分落榜了，设计师在北京，考了 497 分，上了建筑工程大学。我们的命运竟然差别这么大，唉。人家是建筑设计师，我是鸭子。”

画龙："刘传根，你做鸭子多久了？"

龙翻翻："一年多了，做生意赔了钱，在街上看到招聘男公关的广告，就去了。"

画龙说："年龄这么大，生意能好吗？"

龙翻翻："你还别说，做我们这行，年龄大的人比较吃香，那些富婆，如果找小孩会有乱伦的感觉。你们查封了夜总会是没有用的，过段时间，风头一过，照样开。"

画龙："你和鱼摆摆有什么矛盾吗？"

龙翻翻："没有，你知道吗？我们是拜把子的兄弟，关系很好，所以我们五个人才文了一条龙，只是，听说他出事了。"

画龙："出什么事了？"

龙翻翻："这是我听羊西西说的，鱼摆摆偷了夜总会的钱，跑了。"

苏眉："鱼摆摆是一个什么样的人？"

羊西西："他啊，很卖力，很敬业，是我们这里最红的男公关。"

苏眉："鱼摆摆的客人很多吧？"

羊西西："是的，他很敬业，人又帅，我们站在一起，富婆一般都会选他。"

苏眉："鱼摆摆和谁有矛盾？"

羊西西："保安队长，他和保安队长打过架。"

苏眉："鱼摆摆偷了夜总会的钱，你是怎么知道的？"

羊西西："保安队长告诉我的，队长正在私下里调查这件事。"

梁教授："来，抽支烟，说说你们的收入怎么样？"

狼落落："坐台，酒水提成，出街，一个月能有三万左右吧。"

梁教授："鱼摆摆呢？"

狼落落："他挣得比较多，能拿到五万，但这是在卖命啊。"

梁教授："范离莎部长、保安队长和鱼摆摆的关系怎么样？"

狼落落："范姐是名校毕业，高素质，是夜总会特聘来的，她对我们很好。保安队长是混黑道的，在场子里无人敢惹，他谁都欺负，还私下里抽成，我们每月都要给他上供红包。"

包斩："你以前是做什么的？"

兔白白："我以前是夜店驻场歌手，唱迪克牛仔和地下摇滚歌曲，我真不想做男公关，那时多好啊，还有专门穿旗袍的女歌手唱老上海歌。我觉得蛮好，挺怀旧，场子里也不闹腾，也没有溜冰吸粉的，没有性服务。现在呢，上去就甩奶子扭屁股，我唱不下去了，台下的什么张哥李哥陈哥赵哥就起哄，灌酒。张哥赏酒，我就得喝；李哥不乐意了，于是赏我两瓶，我就得喝下去；陈哥摆阔气啊，行，赏三瓶，我就得喝下去。整个大厅的人都看着呢，我下不了台，也就是让那些哥下不来台，丢了哪位哥哥的脸，就等着打断腿吧。"

包斩："鱼摆摆以前是做什么的？"

兔白白："不清楚，他就是一天生的男妓。我求你们把花火夜店永远查封了吧，这种乌烟瘴气的地方应该关掉，我宁可去做地铁歌手也不卖了。"

包斩："保安队长和鱼摆摆打架是怎么回事？"

兔白白："鱼摆摆挣得最多，保安队长常常敲诈勒索他，有一次就打了起来。保安队长手下那帮人把鱼摆摆揍得够戗，脸都花了，幸好范姐出面摆平这事，他们两人也就闹下了矛盾。"

包斩："鱼摆摆为什么辞职？"

兔白白："听说，他是不辞而别，鱼摆摆盗走了夜总会保险柜里的一笔钱和一些财物单据。夜总会方面派保安队长一直在找他，本来想报警，但是那些单据涉及色情交易，丢的钱也不多，夜总会也不想引火烧身，为了面子，就对内谎称辞职。"

警方传唤了保安队长，此人态度极其嚣张恶劣，声称黑白两道都有人，公安局长也不敢动他一根指头。对于鱼摆摆盗窃一事，保安队长说，只有夜总会内部人员才有机会进入财务办公室，门和保险柜都被撬过，盗窃现场地面留下了鱼摆摆的鞋印，从那以后，他再也没有来上班。

特案组召开案情分析会议，市长、副市长、当地公安部门领导列席旁听。

包斩说："审讯过的这些人里，肯定有人撒谎。"

梁教授说道："没错，凶手就在其中！"

第五章　情色街区

暴雨后的公园行人寥落，垂柳随晚风轻摆，街头有人在烤羊肉，烤架上的羊排香气扑鼻，铁槽子里的木炭通红，更多的木炭堆放在公园的冬青丛中，上面搭着一块雨布。

五大高手坐在露天的烧烤摊上喝啤酒吃羊肉，他们脱去上衣，露出背部的文身。

鱼摆摆举起杯子，心中隐隐不安，感觉这个地点似曾来过。

他不会想到，几天以后，他的腿会在距离此处不远的地方被一个流浪汉烧烤啃食。

他的左手在城西，他的右臂在城北！

鱼摆摆的残肢此后被发现，他的左手距离右手起码有一公里那么远。在这起分尸案中，当地警方的侦破重点是寻找凶手，然而鱼摆摆死因不明，特案组将侦破方向调整为寻找分尸、抛尸的犯罪嫌疑人，以及重点调查夜总会被盗一案。

电影和小说中的推理技巧有时很难应用到现实的刑侦案例中，新闻里提到的简简单单的一句“经过警方调查”，这句话的背后不知道凝聚了多少基层民警的辛苦工作。

为了收集有力证据，当地警方出动了大量警力，调查鱼摆摆在夜总会的人际关系，核实每一条口供，甚至远赴鱼摆摆的籍贯所在地走访排查……种种线索指向花火夜店的保安队长。

夜总会财物总监称，被盗窃现金有人民币三万元、美元一万多，以及账簿一本。

一名保安清晨巡逻时发现财物办公室的门被撬开，随即告诉保安队长，队长让他通知主管安全的上司。也就是说，当时，盗窃现场只有保安队长一个人。

这一点非常可疑，引起了警方注意。苏眉查到一条重要线索——保安队长曾在案发后去银行兑换美元。证据确凿，但是保安队长在审讯中气焰嚣张，顽抗到底，拒不承认美元来源。当地警方动用了一些符合国情的特别手段，鼻青脸肿的保安队长才交代了犯罪事实。

当时，财务办公室的门和保险箱被人撬开。保安队长看到保险箱里竟然还有一笔美元，他心想，反正这笔账会算到贼的身上，就顺手装进了自己兜里。

警方认为，保安队长撒谎，如果是贼盗窃的话，不会将美元留下。有一种可能就是保安队长和鱼摆摆因矛盾冲突，将其打死，分尸抛弃，最后伪造了鱼摆摆盗窃逃亡的假象。

当地警方加大了审讯力度，但是他仍咬牙坚持原先的说法。

案情僵持不下，市长亲自过问此案，几次案情分析会议，市长均列席发言。市长以及当地公安机关坚信此案是保安队长所为，几天后，保安队长交代了杀人分尸的经过！

特案组感到难以置信，此案疑点重重，死者鱼摆摆的尸身和头颅并未找到，保安队长很明显是屈打成招。根据保安队长的口供，他有个朋友在炼钢厂，尸身被扔进钢水里熔化了。

市长以结案为由令当地公安部门撤销对特案组的协助请求，逼迫特案组离开。

请神容易送神难，特案组拒绝离开，质问市长为何故意办成冤假错案。副市长顶着巨大压力从中委婉调停，市长同意让特案组留下来做些善后的工作，一个星期后撤出此案。

特案组秘密召开会议。

梁教授："咱们的时间不多，只有一周。"

苏眉："保安队长快被打死了，审讯笔录漏洞百出，我们应该向公安部汇报。"

包斩："你们还记得吗？那个龙翻翻曾经说起花火夜总会的后台老板，市长夫人占一干股。"

苏眉："当然记得，当时范离莎部长立即制止了他，不让他乱说。"

画龙："这种事不奇怪，那条街上，不仅是夜总会，其他的桑拿洗浴中心、娱乐城、星级酒店、KTV，都有政府官员做后台，但这也不是市长办假案的理由啊。"

梁教授："立即调查一下市长夫人，此事非同小可，要悄悄的，别让人知道。"

苏眉暗中调查了市长夫人在盗窃案发前后几天的行踪，竟然有一个重大发现，夜总会被盗那天是市长夫人的生日。副市长私下里向特案组反映了一条消息，市长夫人贪得无厌，一年中除了过阳历生日外，还要过阴历生日，一年过两次生日都是为了大肆敛财。

市长夫人生日那天，宴请宾朋，酒会过后，住进了该市最豪华酒店的总统套房，当晚同住的还有两名女性：市财政局局长的老婆和市外经贸局综合办公室副主任。

梁教授说："如果我没猜错，范离莎参加的那个朋友的生日聚会，很可能就是市长夫人的。"

画龙说："那和鱼摆摆又有什么关系，怎么联系到一起呢？"

包斩说："市长夫人过生日，范离莎肯定也要送钱送礼。"

梁教授说："送的又是什么礼物呢？"

苏眉说："是我大显身手的时候了！"

苏眉施展黑客技术，通过这家酒店的网络订房系统，利用一个 SQL 数据库漏洞成功入侵监控主服务器，获取了酒店的监控录像。画面显示，市长夫人生日当晚，范离莎和鱼摆摆曾进入这家酒店。

此后，鱼摆摆再也没有从这家酒店走出来。

范离莎带着一名男妓去见市长夫人，很显然，除了送钱之外，这也是对市长夫人性贿赂，鱼摆摆即生日礼物！

性贿赂对社会的危害已经不是道德范畴，然而法律中却对此存在空白。权色交易和权钱交易一样，已经成为公权和私利交易的主要形式。

南方某市一安姓女局长，涉嫌"买官卖官、包庇色情场所并收受巨额贿赂"被判15年。她的贪污受贿手段并没有什么新意，让人们惊奇的是她"曾多次接受性贿赂"。

那天傍晚，范离莎从酒店前台拿到市长夫人预留的钥匙，鱼摆摆跟着范离莎走进总统套房。总统套房面积很大，装修豪华，有主次卧室两间，各含独立卫生间，休闲娱乐厅一间，客厅一间。范离莎告诉鱼摆摆，一会儿有重要客人到来，要好生伺候，细心服务。

范离莎别出心裁，向服务员要了一个盛放冰柜用的大纸盒，横放在客厅茶几上。

鱼摆摆小心翼翼地问道："范姐，这个纸盒子干吗用？"

范离莎部长说："脱光衣服，躺进去等着，别乱说话。"

这个帅气的男人躺进盒子里，赤裸裸一丝不挂，脖子里还系着蝴蝶结，他是生日礼物。

鱼摆摆闭上眼睛，心想，我是东西吗，我是什么东西?

鱼摆摆做男妓没有任何理由，就像很多男人想做男妓那样，他想做，就做了。在此之前，他是一个发型设计师，染着黄发，戴耳环，穿一身廉价韩版潮服。那时，他喜欢小资情调，给客人做头发护理的时候，他会和别的发型师谈论摇滚和咖啡，说一些装B的话。

鱼摆摆："那乐队，音响线多加了千分之一的铅，音质略显干涩。"

同事耸肩说道："要的就是这种效果，一会儿去星巴克如何?"

鱼摆摆说："我只喝蓝山，蓝山的感觉，就像情人吻住了舌头，将我融化。"

同事说："我喜欢卡布奇诺。"

有时，客人也会插话，问鱼摆摆会跳舞吗?

鱼摆摆回答："poping（机械舞）舞蹈不会，带点儿老派的old school disco（老派迪斯科）蛮好。"

如果客人问他平时读什么书，看没看过美国小说《在路上》，他要是说没读过，会认为自己很失败，装X的功夫不到家。他的回答是这样的："抱歉，英文版的没有读过。"

有一次，一个女客人给了他一张名片，上面写着"花火夜总会公关部长"。

这个客人就是范离莎。

后来，鱼摆摆主动辞职，去夜总会做了一名男公关。面试的时候，其实，他的心情比较忐忑，他知道自己将要做什么，然而，诱惑性占据了上风，他想得很天真很简单，以为这种职业就是和各种女人做爱。

范离莎部长比较有亲和力，坦诚地告诉他，有时也要为男客人服务。

找鸭的男客人也分两种，1和0。

鱼摆摆点点头，也许，他内心里并不排斥男人，甚至还有点儿渴望。

范离莎部长说："把手伸出来，舌头也伸出来看看。"

鱼摆摆有点儿不好意思，但还是伸出手，吐出舌头，他的手很漂亮，舌头比其他人的长。

范离莎赞叹道："舌头很长，手也很漂亮，记得剪掉几个指甲，要是误伤客人，你就等着被打断腿吧，我要把你训练成第一高手，成为我们夜店的头牌。”

从此，鱼摆摆剪掉了中指和无名指的指甲，开始苦练各种技术，没过多久，就成了夜总会红人。所以，范离莎挑选他作为给市长夫人的生日礼物。那天晚上，市长夫人带着两个女伴来到酒店的总统套房，三个人都喝得醉醺醺的。范离莎打开盒子，三个女人酒醒了一半，眼睛一亮，看着躺在盒子里赤裸裸的男人。

范离莎对市长夫人说：“大姐，生日快乐，这个礼物怎么样？”

市长夫人打了个饱嗝，说：“这只小鸭子，我们要玩一整夜，小范你也别走了，陪着我们。”

三个女人醉意蒙眬，并未透露自己的真实身份。

范离莎介绍了市财政局局长的老婆，让鱼摆摆喊她酒姐。

这个酒姐五十多岁了，她发嗲道：“喊我小酒就好啦。”

鱼摆摆起了一身鸡皮疙瘩。

外经贸局的副主任向鱼摆摆伸出手说道：“小弟弟，你好，我叫银青。”

几小时过去了，十个安全套所剩无几。鱼摆摆吃了三粒伟哥，这种蓝色的小药丸，一天只能吃一粒。但是鱼摆摆为了让三个重要客人满意，只能强打精神，借用药物维持战斗力。终于，三个女人得到了满足，鱼摆摆累得筋疲力尽，一个人躺在次卧床上，站都站不起来了。

休息了一会儿，小酒跑过来，往鱼摆摆嘴巴里又放进去一粒伟哥。

鱼摆摆想吐出来，又不敢。小酒猛地骑到他的身上，鱼摆摆“啊”地叫了一声，那粒伟哥吞咽了下去。

小酒压着他，一脸狞笑道：“在现有法律中，女人强奸男人，并不犯法。”

鱼摆摆挣扎着说：“不行，我体力透支了，快要弹尽粮绝了，会死人的，呜，你这淫妇！”

他的嘴巴被吻住了……

很多城市都流传着几个富婆玩死一个鸭子的故事，这里面的死，指的是性猝死，脱阳而亡。由于性行为引起的意外突然死亡，又叫房事猝死，中医称为脱症，民间又叫大泄身。它不但包括性高潮期间的突然死亡，也包括性行为后的死亡。

《金瓶梅》中的西门庆，就是这样精尽人亡。

鱼摆摆猝然死亡，总统套房里的四个女人慌了手脚。

范离莎建议报警，但是转念一想，又觉得不妥。

市长夫人、财政局局长老婆、外贸局的副主任都有着很高的社会地位，如果交给警方处理，由此带来的后果就是名誉扫地。几个高官夫人玩死一个鸭子的故事会传遍城市的大街小巷，市长夫人和小酒还会连累老公，市长的仕途很可能因此终结。

市长夫人问："你带他来，都有谁知道？"

范离莎说："没人知道啊，这事怎么可能告诉别人。"

几个女人担心事情败露，影响一生的名誉，商议决定毁尸灭迹。范离莎想从夜总会叫几个帮手，但是遭到了三个女人的反对。这种事情，知道的人越少越好。虽然分尸是一件恐惧的事情，但是她们更害怕自己和老公的官位不保。她们从各自的车里找来一些工具，在酒店卫生间锯断了鱼摆摆的两条胳膊和一条大腿，四个女人都参与了抛尸，这样也就建立了统一战线，成为同盟关系。

市长夫人、小酒、银青三个女人作出承诺，保证事后每人都会给范离莎一笔巨款。

范离莎听从她们的安排，几个人将尸身装进大纸盒，抬上了范离莎的车。

范离莎使用汽油作为助燃剂，在夜总会后勤部的锅炉房将尸身悄悄烧掉，当时是夏天，又是夜里，锅炉房并未启用，所以整个过程无人知晓。事后，警方在锅炉的炭渣中发现了骨灰和几粒黑不溜秋的钢珠，这些钢珠本来镶嵌在鱼摆摆的下身。

另外三个女人趁着夜色，分别抛弃了鱼摆摆的左、右手臂和一条腿。

焚化完尸体已是拂晓时分，范离莎又想到了一条妙计。她撬开夜总会财务室的门和保险柜，从休息室找到鱼摆摆的鞋，故意在现场留下他的鞋印，用来制造鱼摆摆盗窃钱财逃跑失踪的假象。范离莎出于疏忽，并未将保险柜里的钱全部拿走，毕竟她的本意不是盗窃。保安队长将余款偷走，后来在市长的压力下，阴差阳错成了替罪羊。

市长忽略了一个事实，他老婆也是一个女人，也有性需要。夫妇俩长达十几年没有做过爱，市长在家从来不交公粮，他的情妇多达十几位。副市长孤注一掷，实名举报，特案组也进一步查实了案情的经过。经过一系列复杂的政治博弈，最终，市长被双规，接受纪委调查。市长夫人、小酒、银青、范离莎四人被法院以过失致人死亡罪和侮辱尸体罪起诉。

特案组撤出此案后，副市长升为市长。

此后不久，范离莎在狱中检查出了传染性疾病，被保外就医。

画龙说："妈的！咱们是不是被副市长利用了？"

包斩说："副市长和范离莎是什么关系呢，难道他们……"

梁教授说："官场比我们想象的要黑暗。"

苏眉说："不行，我得打电话问问。"

副市长已经成为市长，他在电话里向特案组信誓旦旦地表示自己的清白："你们可千万别觉得我费尽心机捞到了市长的位置，我图什么啊，能有什么好处呢，市长的工资每月只有几千元……" 悬疑志

作者的话：

为了尽可能真实地呈现男妓这个隐秘群体，我曾经多方调查，文中所写的内容并无夸张之处。然而，本文真正揭示的主题是日益严重的权色交易，以及触目惊心的腐败生活。几乎每个父母，尤其是老奶奶，都对孩子这样谆谆教导：好好学习，长大了当官。这句话的潜台词里透露着中国人的悲哀，我们都知道当官是为了什么……在发表本文的年代，一个市长只有几千块的工资，让公众了解这点很有必要。

Bu Cun Zai De Men

不存在的门

文/青丘 图/玉烟先生

1

在黑暗中，他跑了不知道多久，已经看不清楚四周的景象，只能靠着模糊的记忆来分辨这到底是哪个区域，每个房间都是一模一样。无论他打开哪一扇门，都无法找到出口，而身后那些诡异的脚步声越来越近，无论他跑得多快多急，那些声音像鬼魅一般地跟着，仿佛是在戏谑着他一般，可是始终看不到有人……

忽然一声碎裂声，终于让这个诡异的气氛瞬间崩裂，而就在此时，他终于看到出口了……

我拿起一张信纸，上面有这么几行字，像一部小说的内容，但是不完整。我又翻出下面的一些东西，里面都是一些简报，什么事情都有，拆迁纠纷、意外事故，还有几个寻人启事和讣闻，以及各种撞鬼的民间摘录。

白翌进来见我在翻弄他的东西，便问:“看什么?”

我拿起那些东西说:“这是哪里来

的？学校吗？"

白翌放下手里的饭勺，拿起其中一份看了好几秒，表情有些微妙地说："你小时候玩过试胆游戏吗？"

我觉得有些莫名其妙，不解地看着他，他没有继续说下去，苦笑道："算了，的确很幼稚。"

我不知道这幼稚的问题和这些东西有什么联系。不过，那笔记看样子应该是一个学生写的，而且很可能是上课开小差时候的成果。

我问道："又是那些学生搞出来的名堂？"

白翌说："也许是，也许不是。"

我越发好奇，白翌看了看时间："没时间了，如果你有兴趣下午可以来我们学校，哦，顺便给我送个饭。"

我的注意力都在他那些简报上，便随口答应下来，直到白翌出门我才想到这小子从来都有不带午饭的习惯，也没饭盒。老子最拿手的就两道菜，一道泡面煮蛋，一道蛋炒饭，其他一样都不会，这不明摆着要我付账请客吗？

近来铺子的生意惨淡得让我不好意思挂那块"正在营业"的牌子，所以目前的状况基本是属于我和六子两个人轮班，说是出去抽根烟，实际上半天就那么赖掉了。其实这样的局面我们都不想看到，没生意就代表着没钱进账，没钱进账那还吃什么？

总之，当我中午继续以透气为理由想开溜给白翌送饭的时候，被六子一把拉住。他的眼睛发着绿光，透着一副饥渴，我被他这犹如饿狼附身的模样吓得连忙推开他的手。六子猥琐地摸着手背，嘿嘿一笑道："哥们儿，生意来了！"

闻言，我心情一振，连忙问道："什么生意？"

六子看着手机，然后对着电脑输入了一些东西。他说："这笔货走得有些凶，但是最近实在太惨了点儿，平时我还真的不接这样的货，怎么样？干不干？"

我见他这样，多了一个心眼："你别做违法的事，至少别做那些会被逮住的违法的事。"

六子说："放心，这东西早就被洗得一干二净了，要查也没处查，现在卖家急着脱手换钱，价格出得很低，我见有些搞头便截了下来。就是有个问题，那卖家估计破产了，连物流和仓库保管都没钱付，咱们得管这事。"

我听明白了："也就是说，我们还要去当仓库管理员？"

六子点头说："呵呵，就是想让你去当仓库管理员，他们也真够可以的，找了一家只要一次性付 500 元租借费的仓库。但是人家这 500 元就是场地费，其他什么都不管。我这头还得联系买家，哪儿有这闲工夫啊！所以只能辛苦你了！”

我转念一想，其实无所谓，毕竟有活比没活强。六子以为我嫌弃不想干，他开导道：“别这样啊哥们儿，也就是守个几天而已，白天不用守着，东西有人看着，但人家晚上不肯看。”

我一脸鄙视地看着他，我说：“就这点儿小破事我还摆不平？得了，你别操那些杂七杂八的心，我还等着你给工钱呢。什么时候敲定这事？”

六子说：“我既然和你说了就是敲定了，你放心，下午放你半天假，你晚上直接去工厂，那地址我等一下给你。你要带什么都带好了，到了夜里十二点以后这厂门可是会反锁的，没法出去。所以，如果你要找老白顶，让他十二点之前换你，否则就只能铁门口探监了。”

我一巴掌拍了过去。

2

中午，我走进了白翌的办公室，把午饭扔到他面前，他掀开塑料袋看了看说：“对你果然不能有太大的奢望。”

我抽出一支烟说：“你应该跪下来磕三个响头，大呼谢主隆恩。”

他打开饭盒，指了指墙壁上的禁烟标志。我翻着白眼，这个时候办公室没其他人，无所谓嘛。点火的时候，无意中看到白翌的桌子上依然是早上的那些简报。

我好奇问道：“到底怎么回事？”

白翌从边上的文件夹里拿出了一份东西说：“自己看。”

我打开一看，原来是一个学生的死亡证明和相关资料，那孩子的报名照片看上去非常健康，有一种阳光小正太的感觉，然而当我翻到最后一页，看到上面附上了一张那孩子的死亡照片，不由得毛骨悚然起来。那实在看不出是同一个人，照片里简直就是一具骷髅，除了两个眼皮肿得可怕，其他就是皮包骨头。尸体被包在黄色裹尸布里，只露出了一张残缺的脸，猛地一看还以为是僵尸。真不知道这孩子死之前遇到了什么事。

我说：“这是什么意思？”

白翌吃饭向来很快，就这一会儿的工夫，我带来的饭菜他基本已经消灭了一大半。他放下筷子，看着材料说：“这些东西都是这孩子的，在他失踪前，有人见到他一直在研究这些东西，失踪后，等找到他的时候他已经是一具尸体了。初步鉴定是急性心肌梗死。不过……心肌梗死死得那么惨，似乎说不过去。”

上面的资料基本上是这孩子的病情分析和家庭情况。我问：“这跟你说的什么试胆游戏有什么关系？”

白翌起身泡了一杯茶，他漱了漱口说："妈的，齁死我了，下次你蛋炒饭能不能别放那么多盐？"

我不爽地说："少啰唆！有得吃就不错了，还嫌东嫌西！别岔话题，这孩子到底怎么了？"

白翌说："具体情况我也不是太清楚，只是他最后问我的问题是知不知道试胆比赛？怎么才能辟邪？我还没想好怎么回答他，他就突然死了。据说这孩子在出事之前一直都在说什么见鬼游戏，和那种笔仙什么的差不多。"

他顿了一下，继续说："还有这个孩子忽然间说他有阴阳眼，说他去参加了一个什么比赛，但是他输了，后来他就变得疑神疑鬼了，谁都不爱答理。这孩子本来在学校里蛮霸道的，据说和社会中一些不良少年也有来往，一开始大家都认为他可能是参与了什么不好的集会，然后做了几次思想工作，大家发现事情也没想象的那么严重，只是每天放学回家他就会出去溜达，只是谁也没料到事情后来会变得如此严重！"

我问："那他到底在和谁比？"

白翌说："我找到了一个和他比较熟悉的同学打听。那个同学说，他自从说他有阴阳眼之后就一天到晚在看什么鬼怪之类的书，没事就坐在位置上剪报纸，变得非常神经质，身边的玩伴见他这样，也就不答理他了。之后就发生了这样的事情。"

白翌把茶递给我说："我只知道他参加的是一个试胆游戏而已。"

我皱眉，催问道："然后呢？"

白翌一摊手道："没有然后了，因为谁都不知道他到底参与了什么游戏，那个游戏是什么样的，为什么他会这样。而且除了他之外，没有其他学生出现这样的事情，这件事完全是突发性和单一性的。之后，学校里也没有再发生这样的事情。"

我和白翌都陷入了深思中，这时我忽然收到了六子的手机短信，他终于把地址给我了。地址看着有点儿眼熟，估计以前我什么时候去过。

看着地址，我突然想起去值班的事情，于是连忙对白翌说："老白，我这几天晚上都不回去睡了，我得去守仓库。"

他停了一下问："守仓库？"

我把六子的事情说了一遍，白翌点了点头，他问："那你要守多久？"

我说："那得等六子谈下来，暂时还不知道，不过看样子不会太久，卖家非常着急呢。"

我又和白翌闲聊了一会儿，其间说了说白翌替我顶几个晚上，但他表示，如果没有好处是绝对不会出力的。

我起身道别："没事我就先走了，还

得去弄一个无线网卡，然后回去睡个好觉再去干活。”

白翌对我招了招手，我以为还有什么事要说，附耳过去，结果他指着塑料袋道：“麻烦你替我扔了。”

我一脸鄙夷：“你敢不敢再懒一点儿？”

白翌一脸无所谓地说：“笨媳妇就别嫌自家男人懒，此言不虚。”

我刚要动手，隔壁桌的老师正好走进来，他一见我便戏谑地说：“哟，又来见表哥啊，你们兄弟感情真好，还给他送饭，我女朋友都不做这事呢。”

白翌淡淡地捧起茶杯，看着电脑说：“他比女朋友好使唤多了。”

我拎起塑料袋退了出去，再说下去我怕我会气成中风。

我回家睡了一觉，等起来的时候白翌已经下班了，他见我还赖在床上，便催促道：“你不是说要去当看门大爷吗，怎么还不起来？保安有你那么懒的吗？”

我伸着懒腰道：“没事，那地方到十二点才门禁，我只要在那之前进去就可以了。”

白翌一边翻着报纸，一边道：“那你就吃完晚饭再走吧，对了，把地址告诉我一下，如果我有空会去替你的。”

听了这句话，我顿时觉得心暖暖的，老白同志还是有良心的，在大是大非面前保持着一颗火热的阶级情义之心。我指着手机说：“在短消息里，我没删。”

白翌翻着短信，突然毫无预兆地一下子站了起来。我被他吓得连忙撑起身体：“干吗？”

白翌说：“这个工厂和那死掉孩子的家在一条道上。”

闻言，我不由得想到那裹在裹尸布里的头颅，背后有点儿冷，不过我还是假装无所谓的样子，故作轻松地说：“没什么大的关系吧。”

白翌把手机递给我，然后继续说：“据他妈妈说，他出事前一直在家附近的工厂里徘徊，最后是死在工厂门口的。”

最后白翌和我一起去了仓库，因为这事告诉六子也没用，他现在眼睛里只有那单生意。如果告诉他我怀疑仓库有问题，他只会一巴掌将我拍到西藏去。

到了仓库我们才发现这条路非常短，也非常隐蔽。的确是适合藏货的好去处，工厂门口有模有样地设有花坛和门卫，还有监视器，不过看那监视器连线头都没接，就知道只是摆设。但厂子的铁门非常高级，还有时间控制。我们透过门缝往里面看，发现工厂的主体部分非常老旧。

我核对着地址说：“没错！就是这里，六子说到时候这里直接拉闸，里面从外反锁，进去后就没法出来了。”

白翌问道：“没办法打开？”

我摇头道：“除非通知外头的人，由

外面把闸门打开，否则我们从里面是跑不出来的。”

“万一着火了呢？”

“外头可以打开，不过到了夜里十二点，除了有事的人就不会有闲人了，所以这也算是安全隐患吧。”

我和白翌正说着，门里突然探出一个脑袋，戴着一顶保安的帽子。他问了我的名字后便直接让我进去，他说：“这里过了时间点后就没人了，你要是怕晚上饿，准备点儿吃的，里面还算方便，有浴室，有卧房，还有茶水间，不过没有电视。”

我拍了拍电脑包说：“我自己带了电脑。”

他朝我们笑了笑，就缩了回去。

我说：“这里没什么不正常的嘛。”

白翌看着手表说：“还早，才七点呢。”

此时，一群孩子从边上跑了过来。带头的孩子大喊道：“快闭眼睛跑啊，不能看它。”

说完就闭着眼带头往前冲，我一把揽住那带头的。小家伙虎头虎脑，他见我拉住他的书包，急得拼命地挣扎着。

我笑着问：“你们干吗说这工厂不能看？”

孩子嘟着嘴说：“我妈不让说，说了会挨揍的！”

我从口袋里掏出巧克力，说：“说出来，这包巧克力就给你。”

孩子看了看我们，又看了看巧克力，舔了舔舌头说：“这儿闹鬼，我妈说不能说出去，否则这儿就不拆迁了，咱们就没钱拿了。”

我心里悲叹，穷人致富靠拆迁哪……

那孩子挣脱了我，闷头往前跑。一边跑一边大喊道：“别回头啊！小心被选中！”

边上的白翌抱着双臂，自言自语地说了一句：“房屋拆迁……”

白翌走到门卫间，他从外面看到门卫房间里贴满了佛像，而门卫的脖子上居然挂着一根堪比狗链的金链子。

保安正在吃酒，他见我们还没进去，先是一愣，然后稍微收了收酒菜问道：“你们还不进去？有事吗？”

“师傅，能不能告诉我们，为什么你们守到夜里十二点就走人了？别的地方不是都通宵吗？”

保安眼神有些闪烁，他只是含糊地说这是上面的意思。不过看样子这里头肯定有什么古怪。否则那些孩子不会对这工厂如此忌讳，而为什么保安只守到夜里十二点之前呢？

我给六子打了通电话，六子那头声音非常嘈杂，看样子他正跟卖家谈得热火朝天，基本上没说几句就挂断了。

白翌说：“今天我和你一起守吧。”

我想了想这样也好，于是两人买了必备物品，然后又吃了一顿晚饭。一来一回时间已经到了八点半，白翌说他想再去那死去孩子的家里看看，问我要不要一起去。

我当然同行。到了那家门口，角落里摆了一大堆小孩子生前用过的东西，因为大殓已经结束有一段时间了，所以门口非常冷清，没有家属也没有花圈。看上去这家人在大扫除，冷冷清清的，怪可怜的。

开门的是孩子的母亲，她的样子非常憔悴，头发已经白了一大半。见到我们先是一愣，她认出了白翌便打了声招呼放我们进去。一进屋子就是灵堂，挂着小孩子的照片，这照片和那死亡的照片重叠在一起，透着一丝鬼气和不祥。忽然那张遗像毫无征兆地微微晃了一下，啪的一下摔在了供桌上，仿佛在预示着我们什么似的。

母亲连忙跑过去把照片搁好，她擦着镜框，偷偷地抹着眼泪。

她说："白老师，还有什么事情吗？"

白翌从口袋里掏出了那些简报说："这是您孩子留在台板内的遗物，我想还是还给你们家长的好。"

孩子的母亲有些激动，她呜咽着说："亏您还惦记着他，孩子这么一走，我们这个家也就……"

说着便泣不成声，我尴尬地看着白翌，白翌轻声说："还有一件事，我想再问问您，您当初来学校，说什么被选中了，这是什么意思？"

孩子的母亲一边抽泣一边说："其实是我当初情绪太激动，一时口无遮拦说的。现在想想这事真的不能算哪。我的孩子一直都说他被选中了，只有三次机会，但是他错过了。然后我问他什么被选中了，他却不肯说，说什么只有他才感觉到不正常，其他人是不会知道的。这孩子平时身体都很好，不会有心脏病的。可是他死得太惨了……"

白翌想了一下，追问道："和您家附近的那个工厂会有关系吗？"

孩子的母亲愣了一下，然后顿了顿说："那个工厂在这里已经很长时间了，当初说要拆迁，但是由于价钱问题一直没谈拢，导致我们这里周围一圈都没法动。周围的居民都有怨言，据说工厂里还闹鬼，但是白天很正常，上个世纪70年代工厂还对外开放食堂，这附近的人都到那里打饭。不过我们是后来才搬来的，具体也不是太清楚，只是我们都希望那个工厂早点儿拆了了事。"

白翌想去看看那孩子的房间，但是那母亲说这孩子的东西都在大殓之后被处理掉了，而且这孩子没有写日记的习惯。家里因为觉得他年纪小也没有买电脑给他，所以等于没留下任何有价值的线索。

这个母亲忽然想到了什么，她说："你说起那个工厂，我忽然想到了一件事！"

"什么事？"

那个母亲非常不好意思地说："说出来也许你们会说我们迷信，就是我儿子说那个工厂有一扇后门，他说他在找那扇后门。我想会不会他说什么三次机会就是这茬事情？"

我想怎么可能，这工厂到了夜里十二点就门禁了，里面的人根本出不去。而外头的人不知道密码也开不了大门，忽然我想到了什么事情，于是忙问："阿姨，你家孩子是什么时候出门的？"

那个母亲更加不好意思了，她说："我和我丈夫工作都挺忙的，基本上都在外地，所以……不怎么看着他，而且他也大了……"

我急着问道："是什么时候？"

那母亲说："不清楚……但是出事的那天晚上，我十二点半的时候还看到孩子在房间里，后来就不见人影了……"

十二点半！我看着白翌，白翌的脸色也变了。如果说那孩子是十二点以后去了工厂找那扇所谓的后门，那事情就有点儿不对劲了。这个工厂到了夜里十二点就不可能放人进去，而且那铁门是全封闭式的，除非你会穿墙术或者是液体人，否则根本不可能穿过去。

我抬头看了看那孩子的遗照，我实在不明白他到底遇到了什么……那个工厂和他的死又有什么关系。

我感觉盯着那孩子遗照看久了，发现他笑得就像在哭一样。

我心里不由得琢磨起来，为什么偏偏是这个孩子呢？这工厂就算有什么邪乎，但是也没产生多大的影响啊，或许这孩子只是在工厂周围游荡而已……

我心里有太多的疑问，白翌推了推我，我这才发现我们居然已经坐了很久，都快要到十一点了。这母亲也有些不耐烦，但是又不好意思开口赶人。

白翌和我立即起身走人，那母亲把我们送到门口才返回。

3

前面说过这条路非常荒凉，白天都阴森森的，到了晚上就更鬼气十足了，隔着老远才有一盏路灯，周边的房子又旧又破，风大一点儿都可以吹了顶儿似的，的确是该拆了。一路上根本没有人，我们走到门卫房，那个保安见我们现在才来，老大不高兴地说："你们等会儿就不要走了，我要关门了。"

我说："不是十二点才关门吗？你那

么早就关了？”

保安估计酒喝得有点儿多，舌头有些大，他说：“十二点？十点以后这里就没人来了。你们要不要进去，不进去我就关闸了。”

白翌没有答理他，他问道：“能不能告诉我，这里到底有什么让你们害怕的东西？”

喝醉了的保安有些思绪混乱，我们这么问白天他肯定不会说，而现在倒是说得绘声绘色，他大着舌头说：“哎，害怕？不是怕不怕的问题，只是不能细想，一细想就出事了。”

白翌对我使了一个眼色，他问道：“怎么说？”

保安皱着眉头，他伸手像要摸香烟，我连忙将自己的香烟递了上去说：“抽我的，抽我的。”

保安打了一个饱嗝，他伸手点了一支烟说：“这事不能往细处想，怎么说呢，就是你不能发现有什么不正常。”

保安长长吸了一口，接着说：“我原先是在一家殡仪馆做，这里缺人请我过来，我就过来了。总之到了十点左右我就走人了。对外是说到十二点才关门的。如果是冬天，只要太阳一下去，我就撤了。谁管那死规定啊。”

“为什么？”

“因为有人说这个地方闹鬼，各种传言都有，最离谱的就是说什么点名找后门的。”

找后门？这不是和那孩子说的一样吗？

他继续说：“如果是普通人，看这个工厂就是一个破厂子，啥都没有。如果是被盯上的人，看这个工厂，他们都会发现有许多怪事，然后这些人都会认为这个地方有一扇后门，他们有三次机会去找，如果找不到那么就没有下一次机会了。”

我问道：“找不到会怎么样？”

保安摊了摊手，抽着烟说：“不知道，我没遇到过。”

白翌问：“那么怎么才能证明被盯上了呢？”

保安吐着烟，故作神秘地说：“当他们发现这个工厂发生怪事的时候，就开始了。”

他话刚说完，我顿时觉得背后像被泼了冷水一样，随后我听到了工厂里传来了敲击铁门的声音。保安摆了摆手说：“没事，夜猫子而已。”说完，他拿走了整包烟，朝我们摆了摆手，意思让我们快点儿进去，他好关门。

白翌对我说道：“小心一点儿，这里估计有门道。”

我们一踏进去，大门就自动关闭，铁门在一声机械而冰凉的咔嚓声中关死了，我推了推，根本推不动这门。此时，我发现那个保安朝我们这儿看了两眼，那眼神说不出的古怪，好像在笑又好像在哭，与那孩子遗照的表情非常神似。他转过身，离开门卫室，径直往街对面的暗处走去。

我把目光放在这工厂内，这里到处都是灰尘，其实就是一个大型的仓库，由许多小房间分割而成，房间都是锁着的。有些房间干脆就是简陋的钢筋和复合板组成，顶端都是钢筋纵横交错，还有各种金属管道，当中缠绕着纵横交错的电线，边上有铁梯，但是已经生锈了，看上去非常脆，也看不清上面到底是什么东西。我们所能打开的也就只有105～107这三间屋子的门，其中107一半的空间就是我们的休息室，在斜对面还有一个车间浴室。我拧开水龙头，发现居然还有热水供应。这里的确通电，但是没有电话。除了一个接一个的房间以外，就再没有其他东西了。

这里与普通的仓库一模一样，除了又脏又旧以外，我们并没有发现任何不正常的地方。

我摸着头发故作轻松地说："没什么异常，看来我们没被盯上。"

白翌冷笑道："时间长着呢。"

我们把东西放在桌子上，这里有好几把折叠躺椅，看来是给守门准备的，还有好几本过期杂志。

我打开空调，这里的环境总体来说还算不错。我和白翌稍微吃了一点儿先前买的熟菜，之后我拿出准备好的电脑，接上电源，挂上了QQ，一上线六子就来找我了。

"怎么样？条件还行不？"

"凑合，但是这里传说有点儿不干净。"

"都那么说，这种地方就希望别人不要来，最好把它给忘了，那才真的安全呢。你该不会怕了吧，哈哈，找白翌一起去呗。"

"我会被这种小事吓破胆？不过说真的，这地方可能真的有点儿问题，门卫保安都那么说的。"

"什么？"

"保安都说有鬼呢，我还是小心一点儿，你快点儿给我把生意结了吧。"

"那没保安呀，你不会走错地方了吧，那个地方根本不用保安的，到了十二点就自动关闸，都是电脑控制的，所以我才告诉你在十二点之前把事都办了，否则没人开门。"

"你白天不是说有人吗？"

"是啊，但那是卖家的人，我负责晚上的。你没听明白吗？"

我看着六子的QQ屏幕，不由得起了一阵寒意，边上的白翌脸色也非常难看。忽然间，铁门发出了啪啪的响声，像被人猛烈地拍打一样。我被这突如其来的声音吓了一大跳。

白翌快速地敲着键盘："六子，快点儿替我们去查一下关于这个工厂的信息，我们这里出了麻烦。抓紧！"

"没问题，稍等。"

"快点儿！"

过了大概十分钟，六子发来信息说："这个工厂过去是专门做染印加工的，后来倒闭了，工厂成了一个仓库，专门停放货物。我也留意了一下关于有没有看门人这件事，我现在唯一知道的就是，这个工厂最后一任保安是死在工厂门口的，在那之后就没人肯来这里当保安了。难怪那么便宜，兄弟你那里到底怎么了？"

"那保安的照片有吗？"

QQ 对话窗口跳出了一个图片读取条，那保安的照片缓缓地出现在我们面前——不是别人，正是那个前面喝得满嘴酒臭的保安。而他在六年前就已经死了。

当他们发现这个工厂发生怪事的时候就开始了……

4

我苦笑道："你有没有问过你学生，这扇后门怎么找？"

白翌说："不知道，他没说就死了。"

我愁眉苦脸地说："大哥，找后门吧，貌似就三次机会？我可不想死得像ET（外星人）啊。"

白翌没理睬我，他看着周围，又看了看手表。

我也看了一下时间："快，找六子，叫他找人来开门，现在还来得及。"

我的话刚说完，就发现灯泡闪了一下，然后我听到了有房间被推开的声音，再看电脑，我们居然怎么都无法连接网线。我连忙打手机，但是手机呈现忙音。白翌的手机也无法打通。

我抬头看着房间的四周，到处都是灰尘和蜘蛛网，那些蜘蛛网好像知道我们的想法一样。这个工厂想把我们困死在这里。

白翌迅速从包里拿出一张复印纸，这些都是那孩子的简报复印件，他指着一则新闻说："你看这篇报道。"

上面写着一个人忽然失踪了，随后别人在几百公里以外的地方找到了他的尸体。最诡异的是，在他的尸体边上，有一张十年前他来过此地拍摄的照片，而那张照片因为曝光过度，后脑勺被开了花，巧的是，死者也是脑袋被击中而身亡的。

白翌说："找到启发了吗？"

我叹着气道："说明就算我们逃出去了，如果没有找到所谓的后门，还是会回来的，依然会完蛋。"

白翌补充道："孩子的尸体是在工厂边上的花坛里发现的。他死的时候样子像在奋力往外爬。他的三次机会估计是用完了。"

我扫视着房间道："我们根本没有头绪。另外如果我们就待在这个房间里，只等天亮不就得了？"

白翌却说："每一个被选中的人都会有我们现在的想法，然而这样我们就会错过那三次机会了。"

白翌翻找着房间，我知道他是想看看能不能找到什么有价值的东西，于是也跟他一起找了起来。说来也算幸运，我们居然在一个铁皮箱内找到了一份类似工厂平面图的图纸。

图纸非常老旧，一研究，我马上就发现这张地图是一个双层地图，也就是说这里有两层。第一个入口就是我们前面进来的位置，但是在地图的下方还有一个同样面积的工厂，在那里的同一个方向还有一个出口——上面用红色圆珠笔写着"后门"两个字。笔迹已经很淡了，像一个非常淡的印子。

白翌把地图塞给我，然后继续翻找铁皮箱，里面还有一张光盘和一台小型计算机。

计算机上显示着"3"，我试图重新清零，但是无论我按什么按钮，计算机都只有这个数。

白翌把光盘插进我笔记本电脑里，很快数据就被读取了出来，原来这张光盘内全部都是这个工厂的照片，有一百来张。

这些照片都是工厂过去的情况，包括生产、工作情况、发工资，以及那位母亲所说周围居民到这里吃饭的照片。

我说："这都是谁拍的？难道是那个死掉的保安？"

白翌摇头说："不对，这些照片的信息表明最晚的一幅是三个多月前的，最后一任保安在六年之前就死了，也就是说这些照片一直都持续着。"

我背后冒着寒气，我说："有人一直都在给这个工厂拍照？见鬼了，这地儿早倒闭了。"

白翌点了点头，他说："没错，就是这样的。你看后面的照片几乎都没有人，只有空场子罢了。而这张地图下面还有一个空间，我们必须要找到通往地下的方法。"

我问道："那么三次机会是什么意思？"

白翌看着手表说："如果我的理解没错的话，对我们来说三次机会就是那扇后门会出现三次，之后就不会再出现了。只给我们三次机会。"

他的话刚说完，我们就听到工厂内发出“咔嚓”一声，而后我们的门被自动打开了，看来他是猜对了。

从外面吹来一阵阵冷风，我摸着僵直的脖子，摇头说：“不行，我还是觉得绝对不能离开这个房间。外头肯定已经不对劲了。”

白翌没答理我，依然在看那些照片，看着看着他忽然停了下来，他说：“这些照片都是从一个角度拍的。所以无论这里更换的事物是什么样，这些照片的角度和位置都是一样的，那就意味着是在同一个地方拍的。”

白翌对比着地图，指着工厂其中一间车间说：“就是这个位置，这些照片都是在这个位置上拍摄的。”

我和白翌对视了一眼，我道：“也许那里就是通道。”

白翌说：“只有三次机会，如果我们错过了后门开启的时间，可能也会出不去。或者说就算出去了，也会像那个孩子一样死在这个厂内。”

我咬着牙说：“好吧，我们去找。”

我和白翌把能带的东西都带上了，幸好我有准备，还特地带了两只手电筒。随后“啪”的一声关上了门，正抬腿要走，却看见白翌站在原地，望着房门直发愣。我顺着他的视线看过去，也愣住了——这房间居然是103。

“我敢以我全家的户口本来保证，我们进来的时候肯定是107，你看钥匙。”

我探出手，钥匙的确是107的，白翌伸手接过钥匙，试着想打开房门，试了半天也没成功，然而先前我明明就是用这把钥匙打开这间屋子的。

5

白翌把钥匙收进口袋，打开地图说：“好吧，我们现在就算是在103了，我们必须走到另外一边去。”

怪事一直都在发生，我们感觉到这个工厂好像被某种力量所笼罩，所有的时间和空间在这里都显得没有任何意义，就像魔方大厦一样，不知道下一步会是什么。

但是为什么一定要从103开始呢？

我怀揣着这个疑问，小心翼翼地走过一间间封闭的房间。这里依然通着电，荧光灯下，我们看着车间的门号。白翌在转弯的位置画上了符，生怕我们会遇到鬼打墙这样的事情。

而我则掏出了身上挂着的桃木符，这个符是我用十年老桃木刻的，上面的符箓是用朱砂和黑狗血浸泡之后，又在大伏天曝晒整整七天才用上的。要比那些所谓的开光符好用许多，而且价廉物美，只是做起来比较折腾人。

我和白翌都有防范，等待着那些怪事的来临。再一次出乎我们意料的是，我们非常顺利地找到了拍照的那个位置点，这里什么都没有，只有一排锈得非常厉害的梯子和一条往下的通道，梯子一直通到下面。我敲了一下，那梯子就掉下一大块铁皮。

白翌看了看四周，这里的视角可以最大限度地看到工厂内部，照片上的那些生活照片就是在这里被拍摄的。也就是说，这里曾几何时站着一个人，不停地按动着快门，拍下了这个工厂的历史。我意识到这一点的同时，忽然感觉到身后闪了一下快门，仿佛有人在我背后打了一下闪光灯。

在那闪光灯闪起的那一刹那，我似乎看到对面几个车间的门口都站着一个人。那些人脸色苍白，他们死死地注视着我们两个，而他们的脸上则看不出任何表情。

但是在那之后，什么都没有发生。

白翌摇了摇梯子，说："虽然生锈了，但是主体部分应该没问题。爬下去看看吧。"

我不安心地拍了拍那梯子，的确，看上去有点儿破，不过爬两个人应该没问题，我道："注意四周的动静。"

白翌先我一步爬了下去，我们两人一先一后，梯子摇摇晃晃的，看上去没我们估计的那么牢靠，锈铁皮不断地往下掉。而越往下就越是闻到一股怪味，非常恶臭，像臭鸡蛋一样。

就在我们爬到差不多梯子中间时，我忽然听到头顶传来了一声重重的关门声，然后我们便再也看不到上面的光线，我和白翌对视了一眼，我们来的通道被人堵住了，现在只有硬着头皮往下爬。

那股腥臭的味道在这狭小的通道内不断地蔓延，越来越臭。我被熏得好几次都差点儿吐出来。终于我们爬了下去，就在我们脚跟着地的那一刹那，我抬头发现，我们之前是从那些金属管道内爬下来的。如果我大脑没有痴呆的话，这些金属管道都是平行的，也就是类似通风管道一样的存在，前面爬了至少有五分钟，且一直是垂直的。

身边的白翌掏出那台计算机给我看说："你看，有时间显示。"

在这数字3的右上方，有一排小的数字，在不停地倒数。一共是11分46秒。

白翌看着计算机说："也就是说这部计算机其实是一个计时器，他给了我们时间，给了我们地图，以及入口的提示。的确像一个游戏一样，他给了我们所有的道具，目的就是让我们找到他所谓的后门。"

我拿着手电筒照着四周，出现在我

们面前的是一个和上面完全一样的工厂，包括位置、车间号。

我对着门号说："感觉和上面的一模一样。"

我们绕着工厂走了一小会儿，直到我们发现白翌所画的那些符，才确定这里根本就在原来的地方。前面像猴子一样爬了那么久的时间，怎么会还在原地打转?！而白翌的那些符本身就是对付鬼打墙的。

我心中纳闷道：这里到底是哪里?

我有一种被人耍得团团转的感觉，白翌拉住我说："你听，脚步声。"

我竖起耳朵，发现在我们的边上不知何时出现了一阵非常急促的脚步声，像一群人奔跑一样。

这里的气味已经让人麻木，雾气缥缈。我更加介意的是越来越模糊的视线，我们的手电筒光线几乎无法穿透这些浓雾了。

忽然我发现对面一间车间内好像有动静，我低声道："里面有人。"

白翌伸手示意噤声，这时那门自动缓缓地打开了，里面坐着好几个头上缠着白布的人。他们围在一张类似灵堂一样的桌子边上不停地抽泣，在桌子下面放着一只盆子，有人不断地烧着纸钱。而桌子上的相框内是空的，相框顶部装饰着一朵黑色的布花球，除此之外什么都没有。不知道这些人是给什么人在做仪式，在桌子上摆放着六个饭碗，像贡品一样。我数了数人数，这里一共有六个人。

我们被突如其来的场景吓了一跳。

而那些人犹如演话剧一样继续低声哭泣，低语着什么，好像根本看不见我们。忽然其中一个女人站了起来，她朝我们走过来，与我们擦肩而过，在擦肩的那一刹那，我发现这个女人的眼角都是血，她的嘴唇是紫黑色的。

之后她便消失在了门口，随后远处传来了铁门拉动的滚轴声。白翌马上看手里的计算机，那"3"字不停地在抖动，而时间只剩下二十秒不到。

我大叫不好，这个时候出现后门，这不等于白白浪费一次机会吗?我依然不死心，想朝着那声音飞奔。白翌却没有动作，他好像发现了什么。

我回头一看，原本的灵堂消失了，取而代之的是一个废弃的仓库，一个人也没有。就在恍惚间，远处传来铁门锁上的声音。而计算机内的数字变成了"2"，但边上的时间依然在计算。只是比之前我们看到的时间还要少，只有十分钟。

我急着跺脚："浪费了，错过一次时间就会缩短。"

白翌却没在意这件事，他说："你没

有发现在那个女人走出来之后，这四周发生的变化吗？”

我顿了一下，因为一直都注意着计算机上的数字，我没有在意周围的变化。白翌说：“当她出来的时候，这个仓库边上好像发生了细微的变化。我发现这里忽然变了，四周堆满了货物和倾倒的罐子，地上还趴着好几个人。你过来……”

白翌把我拖到了那个仓库里，一进门，我就发现地上不知道什么时候居然多出来许多湿抹布，白翌摸了摸地板说：“一开始这些东西都不存在。”

“啊？”我微微一惊。

白翌凑近地闻了闻，接着又说：“只是普通的自来水，没味道……”

他站了起来看了看四周，随后拉着我走出房间，我们抬头一看这房间赫然是103。这时忽然远处又传来一声刺耳的关门声，好像这里每一间车间都是103一样。

我道：“怎么又是这间屋子。”

他说：“如果我猜得没错，怪事就是从这间车间开始的，或者说是由这间车间结束。”

说完他掏出计算机一看，发现只有七分钟了。

这里的浓雾已经让我们看不清四周，在毫无提示的情况下，我们根本找不到所谓的后门。地图对我们来说也没有用了。

我眯着眼睛看着远处说：“完了，那么浓的雾，就算有地图也没办法找到路。”

白翌朝着雾气挥了挥手：“我……好像有点儿明白了。”

随后我又听到了一阵脚步声，这声音像鬼魅一样忽远忽近，而且非常急促，仿佛有很多人在奔跑一样。

我掏出脖子上的桃木符，咬破了手指擦上血，把它挂在了衣服外头。白翌说：“脚步声，这和那孩子写的一样，看来他在逃避那些脚步声。这里面到底有什么道理呢？”

我顺着白翌的想法去思考，这些东西并不是普通的闹鬼撞客，这些道具，包括这里所出现的一切都是有其目的。

就在我们陷入思考之时，周围的雾气变得越来越浓。忽然四周响起了一声声关门又开门的声音。声音凌乱得让人无法集中精神，我心中莫名地慌张起来。而后又是急促的脚步声，这些脚步声断断续续，非常凌乱，同样让我们无法冷静下来。一种恐惧死亡的焦虑在我的心里不停地翻滚。

我拿着手电筒乱晃，在雾气中发现周围车间的门都在不停地重复着开门、关门。我和白翌都没办法继续保持镇定，简直就像被催眠了一样开始被迫地迈开步子跑。而心中那份恐惧和不安越来越浓厚。

同时，这浓雾使我们根本看不见周围的情况，连门号都没有办法看清楚。我们只是感觉自己走过了一扇又一扇门。每经过一扇门，它们就会打开再关上。在开和关的空隙中，我隐约看到里面的布局都是清一色——六个碗和没有遗像的遗照框。每一扇打开的门内都是一个灵堂，但是那六个人已经不见踪影了。

白翌和我两个人不停地奔跑，那些脚步声不停，我们就无法停下。而只要我们一停下来，那些鬼魅般的脚步声就会催促我们继续，折磨着我们的大脑。

在浓雾中，我非常担心和白翌走散，我尽量和他保持并排，他跑我也跑，他停我也停。白翌一直拿着手电筒照着这些车间，他一边跑一边说："先找到工厂浴室，那里是离那扇所谓的后门最近的地方。"

就在这时，忽然冷不丁地从浓雾中又闪出了那些披麻戴孝的人影，可是当我定睛一看的时候，他们又都不见了。

我有些泄气道："我们现在连在哪里都不知道，怎么知道那个浴室在哪里啊？"

白翌看着计算机，他说："不好，第二次后门要开了。"

6

果然不出他所料，在我们的后方又传出了铁门滚轴的声音。只要这声音响起的时候，正是那些脚步声最频繁的时候，我和白翌只能被迫狂奔。但是浓雾中我们根本看不见任何东西，走到面前才发现这只是一间车间。车间内依然是那些场景，其中一个女人又走了出来，不过这一次我发现她的手上捏着一只碗。她走到门口把那只碗给敲碎了。那一刻，我感觉雾气消失了不少，我的大脑一下子变得冷静起来，那个女人伸出手指着远处，而就在那一瞬间，她的身体像发酵似的流出了黑色的血液，浑身上下都是一种无法言明的恶臭。于是我和白翌马上转过头继续朝着那个方向跑。

但是已经来不及了，我们只能徒劳地听着远处传来大门关上的声音。我无力地跪倒在地上，不停地喘着粗气。雾变得更加浓重，我感觉身体被这些白雾包裹起来，呼吸也越来越困难，我捂着胸口使劲喘息。此时，我才注意到我胸口的桃木符中间已经裂开了一条缝隙。这里的怨气居然大到了这种程度。

我咬着牙站了起来，白翌也好不到哪里去。他看着计算机说："只有八分钟了。这是最后一次机会，我们必须要找到出路。"

我扯开脖子上的桃木符朝前面扔了出去，桃木符划了一条弧线，落在不远处。有了它的庇护，前面的雾气终于变得稍微淡了一点儿，给我们开出了一条道。

我们发现我们所在的门号又发生了变化，我们依然在103门的边上，只是这一次车间里已经没有了那些披麻戴孝的人影，也没有那个最后给我们指路的女人，只剩下五只碗以及那些犹如黑洞般的照相框。我们又回到了这里。

"好大的怨念啊！这个工厂怎么会有那么重的怨气？"

我话刚刚说完，那不远处的桃木符就断成了两半，发出了"噼啪"一声脆响，边上的雾气渐渐地向中间靠拢。

白翌说："这里就是由煞气所组成的，我们只是在重复着过去的场景罢了。"

我看着这些浓雾，这样的煞气已经浓烈到形成了白色的雾团，就算我现在有一整棵桃木都没用，依然会被这些煞气折了。而现在的时间也不好确定，但这段时间内的阴气足够使这些浓雾把我们困死。

我此时也明白，为什么就算熬过了夜晚，最后那些人依然会暴毙的缘故。这样的白色雾，就算是我闭气也没用，到时候神经完全被这里控制，最后也会死在这里。

白翌说："最后一次机会，最后八分钟了，我们得赌一把。"

我捂着嘴巴问道："怎么赌？你准备怎么干？"

白翌朝着四周看道："前面两次关门之前，我都感觉这些脚步声中有一个声音实际上不是在混淆我们，而是在引导。"

他看着计算机道："真正混淆我们的是这些车间和位置。我们或多或少都在注意这四周车间的位置，而大脑有意识地避开那些诡异的脚步声。但是那些脚步声中有一个声音非常缓慢，而且很轻微，它和其他那种乱七八糟的脚步声不一样，而且当我们离所谓的后门越近，那缓慢的脚步声就越靠近，我们得闭着眼睛跟着那脚步声跑，我想反而能够找到。如果听错了就又混淆了。"

这个办法很疯狂，我想前面所有的人都不会那么干。他们都在躲避那些声音，而白翌却认为这声音是为了救我们。但是我们的时间真的不多了，最后一次机会，我唯一可以确定的就是即使铁门的声音出现，那么也只有二十多秒的时间够我们折腾。但在这二十多秒里能够在这些浓雾中找到真正的后门吗？我觉得根本就不可能。

我咬着牙看着这些车间道："听你的，赌一把。"

白翌撕开衬衫，他说："我把眼睛遮住，靠听力来判别方向。你来带路。"

如果是别人可能会犹豫，但是想想以前遇到的那么多事情，我反而是越到这种程度，越是信任白翌。我拿过布条，把眼睛蒙了起来，道："我来，辨别声音的能力我比你强，带路就指望你了。"

白翌拉住我的手说："行，我们先都静一静，然后再一起走。"

白翌和我不再说话，都静了下来凝神倾听，没过多久，那些让人焦躁不安的脚步声又传了过来。

我屏气凝神，辨别着那些脚步声，果然在混乱中，我听到了那个非常缓慢又非常轻微的声音。我忙叫道："左边，那声音在左边。"

白翌毫不犹豫，拉着我便往左冲，但那声音太轻，而且断断续续的，所以有的时候我根本听不见。那时我只能停下等它再次响起。

我发现只要那脚步声一出现，那些杂乱的脚步声就会马上靠近，然后我的内心就必定会慌乱起来，那些声音越嘈杂，我就越是无所适从，原本所思考的一切都无法正常继续。我就像进入了一个极大的混乱旋涡，而我则要奋力地往旋涡的中心点跑，那里才是一切的终点。

所以此时我只有咬着牙，压制住内心的那份焦躁和恐惧，越是排斥脚步声，我反而就越是要辨别它们。直到我感觉那正确的脚步声离我们非常非常近了为止。

白翌拉着我一直都在跑，他没有说话，这样我才能全心全意地去感受那些声音。我的耳朵就是我们唯一的保命符，而脚步声则是唯一的救命稻草。

忽然，我感到右边不远处又一次传来了那个脚步声，我连忙拉着白翌飞奔过去。就在跑的时候，我忽然感觉到在我的左边也有人，她拉着我的手往前跑。那双手冷得就像冰一样。

我感觉我仿佛是在一大群人中间，他们互相拥挤、推搡，最后我感觉不到白翌的存在，我几次都想拉开布条。我捏着拳头，只能大喊："白翌！说话！"

白翌回应道："继续跑，不要慌，我在这儿呢。"

此时，从我的右手又传来了热量以及和左手完全不同的力道，我咬着牙，拼命地往前。在我的身边仿佛有许多人，我听到许多脚步声和喘息声，还有哭泣的声音，他们也在拼命地奔跑中，那种恐慌的感觉逼得让人窒息。

这种慌乱的脚步声无形中增加了我对死亡的恐惧。就像当年在河伯殿中一样，我回想起了当年的八苦鬼咒，回想起了那时的一切。那些恐怖的咒语再一次响彻在我的大脑内。

我摇着脑袋奋力想摆脱这种恐慌，这是一种毫无目的但是又无法放弃的恐惧，害怕和绝望交织在一起，我只是想逃出去。但是我连这扇门都出不去。

我感觉到呼吸越来越困难。白翌几乎是架着我在跑，他说："凝神，我在这里，别放弃啊。"

白翌不停地喊，他已经不管这样是否会干扰我听到那些脚步声，从他手心传来的热量让我稍微安心一点儿。但是我左边的手冰冷得像在冷库里一样。

那些脚步声越来越疯狂，它们仿佛感受到了我的恐惧和坚持，像糖渍吸引蚂蚁似的紧紧地跟着我。越来越多的脚步声围绕在我的身边，我几乎听不到白翌的呼喊声，耳朵里充斥着那些鬼魅而又疯狂的脚步声。

但是，门到底在哪里?

忽然我感觉到头顶一阵冰冷，白翌道："这里是浴室，我们到浴室了！"

此时我只能听到水龙头冲刷的声音，这里已经没有了脚步声，但是那种恶臭的浓雾丝毫没有消散。

没有了脚步声，我得到了片刻的安静。我觉得自己像虚脱了一样，整个身体都在往下沉。我开始回想这里的事情，工厂、浓雾、脚步声……还有那间神秘的 103 车间内的事情。但是此刻我根本没有力气去思考它们之间的联系。

水龙头的水一直冲刷着我的脑袋，我的脑袋疼得就像要炸开一样，仿佛任何声音都听不到了，我太累了，累得已经跑不动了。我缓缓地滑了下去，像要晕过去似的。

我还没有来得及喘口气，就听到白翌又喊道："门要开了，快跑！"

而就在这时，那最后的铁门声又开始响起。我心里喊道："二十秒，只有二十秒啊。"

白翌来不及再说什么，他拉着我说："快跑，现在别关心那些脚步声，我看到门了！跑啊！"

我回想着当初看到的那张地图，那浴室的左面应该就是所谓的后门，这是唯一的机会，如果再出现什么幺蛾子，我们会错过最后的机会。

白翌没给我拉开眼罩的时间，他拉着我，两个人犹如短跑运动员一样狂奔。而脚步声也发了疯一样地跟在我们身后，那些声音让人无法辨别方向，我连左右都开始分不清楚。

但是我们不能停下来，停下来就是浪费时间。我咬着牙，捂着耳朵拼命地跑。

那滚轴的声音越来越刺耳，我知道自己近了，门就在前面。

就在此时，我感觉到身后除了脚步

声外还传出了嘶吼和哭泣声。我想回头，白翌拉着我道："别回头，千万别回头。"

就在最后一刻，我感觉自己仿佛从一个非常狭窄的通道内挤了出去，我和白翌两个人都摔倒在地上。我整个人趴在白翌的身上，我颤抖地拉开眼罩，发现这里依然是工厂内部。

当我看到我们居然还在工厂内后，我的心仿佛停止了跳动，我颤抖地说："老白，我们好像还是……没出去。"

白翌也是猛烈地咳嗽，他抬头看着工厂，已没力气回答我的问题。

我闭上眼睛，我明明感觉我从门里挤了出来，怎么会还在工厂？难道我们错过了三次机会。那接下去我们会怎么样？

就在我不停胡思乱想之时，我又听到了大门滚轴的响动声，这声音已经让我大脑神经痛了。我几乎是条件反射般地往大门那里爬。

但是我根本没力气爬，我想到了那孩子最后的死亡方式，他也是想爬出去。

好不容易我伸出手了，这时感觉有人一把拉住我。但是我的眼睛已经模糊了，耳边传来了六子的声音："安子，你别吓我啊！"

等我恢复神志时，我已经在医院了。值班护士见我醒过来，便叫来了医生。六子和白翌也跑了过来，六子刚刚挂断电话，他回头问我："怎么样？安子你之前的样子可吓死我了。"

我捂着额头说："就是脑袋疼。"

白翌替我垫了几个枕头。随后六子说："你们问完我之后，我就下线了，越想越不对，就找了合作方。合作方一开始还支支吾吾，后来我说可能会出人命，到时候货也会出问题，他们才告诉我……"

白翌道："这个工厂曾经发生过事故，对吗？"

六子猛地点头，他反问："你怎么知道？"

白翌说："本来一开始我就在想找后门的理由。为什么非要找后门？最后我才想明白其实就是为了找出口。这个工厂的布局从风水角度来说是一个困阴阵，把本来困在里面的死灵活活地熬成了地缚灵，说白了就是想升天都没有办法。"

我喝了一口水道："所以当工厂一再因为闹鬼事件而不能拆除的时候，里面的地缚灵已经等到了极限，所以他们像被点燃的炸弹一样危险。六子，这工厂到底有几层？"

六子说："就一层。你们说的没错，的确过去发生了事情，不过工厂把这事给瞒了下来。二十多年前这个工厂发生了硫化氢泄漏事故，有六个人最后被困死在里面，六个人居然都死在一个车间里，这也是一件怪事。后来那个工厂就一直都死人，来了一个所谓的高人，把所有的工厂车间都改了，说是可以困住那些死灵。但是没用，工厂里依然死人，最后这才被废了。"

我看着白翌，道："还高人，他等于是在聚集氢气做炸弹呢。"

白翌问道："是不是那个103车间？"

我这才明白那车间内的灵堂布置的用意了。六子不太明白，他继续说："据说是那个车间，当初其中六个人中有一个人有三次机会可以逃出去，是个女的，貌似还是组长。她认为还有人在里面，就主动跑进去找人，进去了三次，最后一次她没有出来，也死在里面。后来六个人都在一个车间内被发现，而这车间其实离出口不远，也就两三米的距离，但是最后他们都没出去。"

六子说完，我们三人便沉默下来。这六个人那么多年来一直都在工厂内寻找着出口，寻找着活路，但是无论他们怎么着都已经成了过去，而他们也只是由灵魂变成了厉鬼，一直徘徊在工厂内，因为有着没逃出去的怨恨，所以便对那些在外头活得好好的活人产生了恨和恶念，想要他们替自己寻找那个渺茫的生机。

忽然，我的脑海中又出现了那个女人的面貌，她紫黑色的嘴唇，眼角的血污，但是她的眼神一点儿也不让人觉得恐怖，她守着其余的五个人，而又给那些误入工厂的人引导出路。就像当初她毅然决定返回再救那五个人一样。我想到了在最后关头，那只牵着我的左手跑的冰冷的手，那双手冰冷刺骨，却又柔软如玉。

我对六子道："六子，找一下关于那六个人的资料，特别是那个女人的……"

六子莫名地问道："你要干啥？"

我看着白翌，笑着说："我要带他们找到真正的门。" 悬疑志

作者的话：

这篇故事是我跳票后的新文，写故事的时候不是非常纠结，纠结的是取文章名。原来的文章名小雅同志说不够给力，那个时候我正好重感冒，在医院打点滴，然后一只手拿着手机给她想了至少有四五个文章名，都被Pass了，最后在我进入半昏迷的状态中，我突然看到手机屏幕闪现小雅的留言：《不存在的门》，就这个名字吧。那一刻，护士看到一个吊着盐水、手捏着手机、老泪纵横的人……终于通过了……擦泪……

Zui Hou Yi Shou Ge

最后一首歌

文/王雨辰　图/苍狼野兽

1

熟悉的旋律响起，那是王雪的手机铃声。她睁开眼拿起手机关掉闹钟，打着哈欠揉着眼睛坐起来，看了看身边。摆着端正的干净枕头根本没有睡过的痕迹，王雪盯着枕头看了一会儿，爬起来脱下睡衣去洗漱。

这个一百五十平方米的房子只有王雪一个活物，她索性半裸着身体走到卫生间，她有点儿应付式地刷着牙。当她看着镜子里的自己，王雪的手慢慢放下来，满嘴的牙膏，牙刷还在嘴里。王雪盯着镜子，慢慢靠近着，用涂着黑色指甲油的手指轻轻抚摸着自己的眼角。

王雪的呼吸急促起来，她洗漱完毕，冲进卧室把自己身边的那个好几天都未曾使用的枕头狠狠地朝墙上甩过去，然后把杯子扔在地毯上使劲地踩着，这种发泄让她过瘾、舒坦。

耗尽了力气的王雪躺在地毯上，漠然地盯着天花板，手机忽然响起。

王雪从地上爬起来，抓过手机一看，原来是短信。

“晚上好好准备一下，去参加马总的酒席，我在饭店外的咖啡厅等你，一起进去。”

冷冰冰的文字，毫无感情可言。王雪冷笑了一下，他发给自己的短信比他在电视上接受采访的致谢辞还要虚假。

王雪把手机扔到一边，脑袋里想着现在几点？自己昨晚干了什么？该穿什么衣服？或者还是干脆再继续睡。

但她不会考虑去还是不去。去是一定要去的，马国盛是公司的大客户，这次的酒席不光是酒席，很可能马国盛还要从几家广告公司里挑选一下，这世上没有十拿九稳的生意，没有永远不变的生意伙伴，就像没有永远相爱的人一样。

先把指甲油抹掉吧，看着太不像样了，和自己平时在公众场合的形象差距太大了，王雪甚至偷笑，如果自己的朋友、同事、下属和那个男人知道自己昨晚干了什么，会不会吓得张大嘴巴？

手机又响了起来，王雪不耐烦地拿过来。

不是刚发了短信吗？还要再提醒一遍？是不是以为自己睡着了？这个男人永远如此，总觉得自己被忽视了似的，总觉得所有人都要以他为中心。

王雪刚想开骂，发现号码显示却是未知来电。

但手已经按下去了，王雪好奇地听着。

电话那头在沉默，奇怪的是好像还有些哽咽，仿佛刚刚哭过似的。

“谁啊，说话啊！”王雪没好气地问。

“你右边大腿的蝴蝶文身……”电话里的那头，声音断断续续，犹如没有调好的广播，只能听到模糊的几个字。但就这没头没脑的一句让王雪吓了一跳，她差点儿叫了出来。

卧室里有面大镜子，王雪下意识地朝着镜子望过去。镜子里的苗条女人，右边大腿靠近盆骨的位置，有一只栩栩如生，仿佛随时都会飞走的蝴蝶。

“有病啊你！”王雪骂了一句。

“我记得你最喜欢吃学校老街口的生煎和豆浆。”对方又说了一句，王雪生气了。

“你谁啊？想干什么？”王雪愣了一下，追问道。

“我……真的……”对方的声音模糊起来，最后听不到了。王雪感觉莫名其妙，只好把电话挂断，后来想了一下干脆关了机。

放下手机，王雪穿好衣服走到客厅，她一眼看到餐桌上摆放着牛奶、面包和煎蛋，牛奶下面压了张字条，字迹很重，力透纸背，是他的风格。

“走的时候你还没醒，顺便做了你的早餐，如果凉了自己热一下，不想吃就倒掉。”

王雪冷笑了一下，把字条揉成团，自己还记着他喜欢喝加了四块方糖的咖啡，一块不能多一块不能少，结果对方却如此敷衍自己。王雪拿起那些还温热的早点一股脑全部倒在垃圾桶里，牛奶喝了两口也倒了。

现在是早上九点半，对一个深夜两点多睡的人醒得好像有点儿早了，昨天喝了太多酒，仿佛全部从胃里流到了脑袋中，走起路来人都是晃着的。王雪选了十几分钟衣服，穿了件黄色外套和热裤就出门了。她约好了和好闺蜜李晓曼逛街，顺便吃午饭，至于晚上的事晚上再说吧。

王雪走出门发动汽车，车子是去年生日他送的，当时自己还很开心，因为只是顺口一说喜欢这一款，但当时国内还没上市，对方就放在心里了，后来他费尽周折赶在生日前弄到车。王雪高兴坏了，不是因为喜欢这车，而是对方心里有自己。

才一年而已。王雪坐在驾驶室里忍不住冷笑起来。

啪啪，车窗被拍，王雪吓了一跳，刚才自己陷入了沉思没注意有人靠过来，摇下来一看居然是刘叔，弯着腰手里提着鸟笼看着自己。

“小雪，出去啊，看到我也不打个招呼。”老头笑嘻嘻地，王雪很不好意思，自己是人家看着长大的，以前父母工作忙还是刘叔一家人帮着照顾。

“说哪呢，我这不急着出去吗，刘叔下次我带您去买只好鸟笼，您这个都旧了。当心鸟笼坏了，您宠着的这只画眉可就飞了哦。”王雪看着笼子里欢快地蹦来蹦去的画眉，开着玩笑，老头除了听戏就这点儿嗜好。

老人拿起鸟笼，眯起眼睛仔细瞧了瞧，然后放下来。

“孩子啊，其实鸟笼也就是个摆设，真是养熟了，就是不关门它也不会飞，就算飞出去了它也会飞回来。鸟这样，人也这样。”

王雪心中苦笑，果然瞒不过老头儿，别看平时就知道散步听戏，自己那点儿事他都知道。

“叔，我懂，我也不是那种死气白赖拖着不放的人。”王雪手握着方向盘，低着头。

“你不懂，你爸妈把这房子留给你，就是希望你在这房子里好好生活。可惜了，两个好人走得那么早。你爸临死前攥着我的手说不出话，我知道，他念着你，我不看着你的话，我以后怎么有脸见他？”

刘叔说着说着忽然脸色变了。王雪吓着了，连忙下车安慰了几句。老人叮嘱好久才慢慢走远。

“记得扣上安全带，你老是不注意啊。”刘叔唠叨着，王雪连忙点头。

王雪松了口气才回到车上。

自己在这个世上真的是没有一个亲人了。

王雪将头靠在方向盘上，如果是以前想着还会哭两下，现在不会了。越是难过，自己越要好好活着，不仅活给自己看，也活给别人看。

2

车子开了十几分钟，停在一家咖啡厅前的超市停车位，王雪下了车，迎面看到李晓曼皱着眉头走过来。

是不是女人不结婚会年轻些？王雪看着李晓曼总有这种感觉，都说女人结婚会更有风韵更成熟更有气质。扯淡！都他妈的是编出来自我安慰的吧？男人说白了还不是喜欢年轻漂亮的？自己虽然在结过婚的人里算看着不错的，但和李晓曼站一起总觉得矮了半分，因为自己是少妇，而人家厚着脸皮还能说是少女，仿佛是两个不同物种了。

李晓曼说自己是少女还真不是吹的，从脸到脑子整个都是少女。记得去年有个男人拼命说要娶她，李晓曼的回答是我真的爱你，结果对方以为成事了，高兴坏了，但跪着的膝盖刚起来，脚还是弯曲的姿势，李晓曼又说了句，我还爱好几个人呢，结婚以后再说吧。

王雪亲眼看到那个男人脸都扭曲了，至于以后如何，王雪不知道。王雪也劝过李晓曼别这么不靠谱了。虽然说你李晓曼跟妖精一样不显老，但就算是女妖精也怕老啊，否则要吃唐僧肉干吗？了解李晓曼的王雪知道，李晓曼真的还不是那种脚踩几只船的，她交往的每个男人都是真心实爱。该怎么说呢，基因的问题吧，她就这么招男人，她就这么博爱。离开她的男人没一个恨她的，都只恨自己不够优秀。王雪算是彻底服了。

“你干吗啊，等你半小时了，便秘啊？”

只有在王雪面前李晓曼才更真实些，王雪总是没法接受李晓曼这种陡然的转变，老是措手不及。大学的时候王雪和其他女孩一样挺烦李晓曼，其实那就是女人的嫉妒天性，可是她没想到李晓曼就爱黏着她，而且在她面前放得很开，很真实，王雪也就知道了李晓曼的另一面，爱哭爱笑感情波动快，而且其实也是很率真的女孩，两人就一下子成了死党。

“还真不是，我早上就喝了两口牛奶。”王雪摇着头。李晓曼走过来挽着王雪的胳膊，柔顺的长头发挤在王雪脖子边上。

“行，姐姐我请你吃点心，饿坏了女强人，你公司的员工就倒霉了。”

“别，我哪里是什么女强人，就一没本事富二代，公司的事我只是按我爸妈吩咐的模式运作而已，别搞砸我就求神拜佛了。”王雪苦笑着摇头。

李晓曼对王雪其实很崇拜，因为家里富裕的王雪生活一直都很俭朴，特别是王雪父母过世后，她独自一人撑着家族企业，更是佩服得五体投地。

“真羡慕你，要是我可应付不来那一百多人的公司。”

“术业有专攻，你不是能应付一百多男人吗？”

说到这里，两人就又像大学时候打闹起来。王雪很高兴，和她在一起，有回到学生时代的感觉。这世界最宝贵的就是时间，既然一个人可以给你回到过去的感觉，那就好好珍惜吧。

当然，王雪也怕李晓曼，王雪尽量不把与自己熟的男孩子让李晓曼认识，少祸害一个自己也省得内疚。这里自然也包括王雪老公，从男朋友开始王雪就从不让两人见面，结婚后没办法，王雪坐在旁边死死盯着，就像护食的狗，结果李晓曼出现的时候那男人眼神都没有变过，王雪这才松了口气，所有的男人，几乎所有的，第一次看到李晓曼那真的叫做“眼前一亮”。所以王雪还是很骄傲的，自己没挑错人，这个男人不是那种下半身思考的动物。

但现在王雪发现自己错了，自己挑的是极品，不仅对李晓曼这种尤物没感觉，好像压根就对女人没兴趣。这男人心里只有权力和事业。

想到这里王雪又生气了，使劲晃了晃头，努力把他从自己脑子里赶出去。

“走，吃点心去！”王雪挥了挥手，李晓曼也笑起来。两个美女走在街上，吸引了很多目光。她们点了很多甜食，要在以前王雪不敢多吃，她怕老公说她胖，现在管他呢。

“对了，昨晚好玩吧，我看你疯成那样，我都吓着了，和以前大学时相比简直是两个人。”李晓曼喝着茶，姿势优雅。

王雪有些不好意思。

“还是别去了，有些东西试试了解就行了。”王雪盯着自己的手指甲，因为匆忙还没整理，她赶紧把手指头缩了回去。

“随便你，如果你还想去和我说一下就行，那里负责人我熟悉，你别一个人去，有时候还是挺乱的，免不了打架卖粉下药的人，你要真出了事，我怕你男人要拿我是问。”李晓曼晃着身体，细长如葱白的手指头点着桌子。

“别提他了。”王雪厌烦地转过头。

“怎么了？又吵架啊？还是为那

事？”李晓曼很八卦地笑嘻嘻凑过来，王雪刚想解释，电话响了起来。

“喂，谁啊？”

“大二开学，有一次你去拿资料，大暴雨，浑身湿成那样，就像无助的小鸟，看着让人心疼。”

王雪哆嗦一下，这事是谁说的？

“别乱开玩笑？你到底是谁？当心我告你骚扰！”虽然嘴里威胁，但王雪却没挂断。她放下来看了下，依旧是未知来电。

“有一次归校太晚，你抄近路，被人抢劫，吓坏了，还好对方只是拿钱没乱来。”

王雪死死咬着下嘴唇，这事她想起来了，她除了告诉过李晓曼，谁也不知道，甚至父母也没说过。

“神经病。”王雪气得挂断了电话，扔在桌上。李晓曼吓了一跳。

“怎么了，你骂人干吗？是他打来的？怎么把你气成这样。”

“大学被抢劫的事你告诉过别人？”王雪质问道。李晓曼立即摇头。

“你不提我都忘了，当时是你叮嘱别告诉任何人啊。”

王雪没继续问，李晓曼虽然有时候疯疯癫癫的，但在自己面前从来不撒谎。但王雪不明白到底是谁在耍自己，这么做又为什么。

“算了，骚扰电话嘛，我每个星期不都接十几二十个，要生气的话你早看不到我了。待会儿吃完我们去天虹转转，晚上再去我家，我炖点补汤给你，然后去做做瑜伽，我告诉你真的很有用的。”李晓曼擦着手指头。

“不行，我晚上有个重要的宴会，明天，明天我来。”王雪推辞道。李晓曼有些不悦，但也只是几秒钟，之后又和没事人一样。

3

两人随便聊了起来，时间一晃就过了三小时，王雪觉得又有些困意，李晓曼也要回去养颜，于是就此离开。开着车的王雪心情好了许多，但总觉得哪里不对劲，莫名其妙的电话让她有些心烦起来。

到底是谁打来的？为什么会知道那些很隐私的事？这些事大多数只有与自己最近的人才了解。父母过世了，那个男人也不会做这么无聊的事，李晓曼更没必要。

除非，除非有人用私家侦探调查自己。但也不会连这些陈年旧事也知道啊！

越想越烦躁的王雪分了神，迎面一辆汽车开过来快撞上她才意识到，还好对方技术高超没有出事。

“死三八找死啊！”汽车里伸出个打扮时尚戴着墨镜挑染了几缕头发的女人。

你自己不也是吗？王雪嘀咕道。

王雪开车回了公司，她已经三天没出现过了。虽然交代过秘书有重要的事通知自己，但王雪总觉得自己还是太任性。如果是父亲、母亲绝对不会这么做的，王雪有些自责，下意识地想找点儿事做。

但公司好像太平静了，仿佛什么事也没有。王雪找人问话，大多数也是例行公事的回答。回到自己的办公室，王雪只好叫秘书把这几天的会议记录给自己看看。

小女孩好像有些犹豫，王雪察觉到了。

“是不是他吩咐的？”

秘书摇了摇头，又点了点头，不知所措。

“王总您别为难我了，我找份工作不容易。”女孩仿佛要哭出来似的。王雪不耐烦地挥了挥手。

脑袋斜靠在真皮椅上，王雪心里想着那个男人到底有没有爱过自己。其实她无数次问过自己这个问题，但今天遇见刘叔叔，王雪忽然意识到了另一个问题。

那就是自己是不是真心爱自己的丈夫。

确实两人在大学就相恋，可毕业就分手。这种事很正常。如果王雪不是因为父母双亡继承公司，如果不是自己觉得太辛苦无法面对的时候遇见了前男友，如果不是王雪夹带着一些私心希望找个男人来帮自己，太多的如果把王雪和丈夫连在了一起。

话说到底，当初两人是为什么分手的？王雪不太记得了，总之这个男人对女朋友也好妻子也好似乎总有着距离感，不管做什么都是例行公事一般，以至于明明是在被照顾，让人却感觉不到温暖，仿佛是用钱雇来的。

“王总，李经理有电话找您。”

桌子上的电话突然响了起来，王雪说接进来吧。

电话响了一声，接着突然出现了一阵杂音。

“王总啊，上次的那个广告创意我很喜欢，我想一起再详谈下细节好吗？”

王雪从厚重的鼻音听出来这是一个客户，她刚想回答，但杂音更加重了，对方似乎接收不太好。

“你还记得吗，你最喜欢的那首歌。”

这已经完全不是杂音或者接收不好的问题了，电话里传来了一个完全不同的男人声音。

王雪吓了一跳，但这个声音不陌生，因为之前的未知来电就是他，只不过声

音突然清晰了许多，王雪很确定这个声音她一点儿也不熟悉。

“你到底是谁？我不认识你！”王雪喊道。

“那是一首老歌，每次去KTV你是必点的，你说你喜欢的事，就是和自己最爱的人躺在山上的草地上，看着漫天的星星，一起唱这首歌。”

王雪听着，居然忘记挂断了电话。如果只是普通的骚扰者，比如李晓曼说的那种直接挂断就行了，但对方所说的确实让王雪太好奇了。

“你怎么知道？”

“那首歌很好听，你有一次在聊天室里唱这首歌，很多人都听到了，虽然是清唱，却很吸引人。”

王雪想起来了，虽然久远，但就仿佛是冬天沾满雾气的窗户，只需要用手轻轻一擦就清晰起来。

那是大二，王雪那时候很喜欢进聊天室和人聊天，后来还加装了语音系统。有一次心情好禁不住朋友的撺掇，其实就是李晓曼，这家伙在旁边一个劲儿夸王雪唱歌好听，展示一下足以震撼网络那头的家伙。所以王雪就清唱起来，结果没想到歌唱完了，第二天就被一伙人拼命骚扰追捧，其中追求者里就有自己现在的丈夫。

“你的歌，你的声音让我想家。”

王雪记得自己是看到他的这样一句朴实的话才注意到这个男人。那之后王雪反而很少唱歌，而丈夫在成为恋人、分手、再度相识结婚后也不再提起这件事，甚至连王雪自己都快不记得了。

是他？是他打来的？为什么要做这种事？看来声音并不像，是为了挽回感情？还是想玩什么惊喜？王雪觉得两者都不像，一来婚姻还没到那种地步，王雪不是那种小鸟依人的类型，丈夫也没有出轨，两人只是好像无法找到交集，但既然想打感情牌，干吗不自己说？

王雪拿出手机想打过去问个清楚，忽然又醒悟过来。

说不定对方就等着自己打过去？他葫芦里到底卖的什么药？

王雪啊王雪，还是这么冲动，明明我们在冷战，你这样打过去他完全可以不承认是自己打的匿名电话，说不定用了变声软件也行，为什么我要先低头打电话示弱？

两个星期前吵成那个样子，拖得时间越长越难弥补感情裂缝了。

王雪扔掉手机，忽然有些自责起来。

是不是自己的话说得太重了？她闭上眼睛，耳边似乎又听到丈夫那种慢条斯理完全是上下级般谈话的强调。

“我想重组公司，改变一下，要有针对性地做一类产品的单子。”

王雪很不高兴，虽然在他的努力下，父母亲的一个小公司做得有声有色甚至被视做业界新秀，但王雪不喜欢他这种带有命令般的建议。

总之吵了起来，王雪不同意改组，更不希望把自己的公司和一些航母级公司捆绑起来失去自我，结果一边高喊嘶叫，一边仿佛一个人和镜子聊天般语气冰冷，终于王雪受不了了。

“你别痴心妄想了！只要那东西还在我手上，公司我说了算！”

王雪不知道怎么喊出来的，虽然说出来有些后悔，但她还是硬挺着。果然，丈夫愣了一下，这是王雪第一次看到他有些不知所措，王雪甚至感到有些报复的快感，咬着嘴唇冷笑了一下。

“对不起，我不再提这事了。”他点了点头，走出了房间。那之后半个月内，两个人没在一张床上待过，甚至很少出现在对方视野里。

就这样，王雪发现自己原来从来都不懂这个男人。

电话那头还在慢慢叙述着，仿佛将王雪带到自己青涩的学生时代。王雪甚至忘记了按下挂断键，呆呆地听着对方讲述着自己的过去。

“你小时候父亲忙于工作，母亲身体不好对你照顾不是很周到，但你很强势，连男孩子都怕你。你小学二年级的时候，爸妈都太忙没给你留饭，只放了些钱，你拿着钱去外面买吃的被小流氓盯上了，结果等老师赶来，你被揍得鼻青脸肿仍然死死拖住其中一个人不放。爸妈自责死了，那以后也深深体会到了你的倔犟。”

王雪伸出手抚摸着自己的额头，发际里面的那点儿疤痕还依稀可辨，她有些感伤起来。

“还有一次……”

声音突然中断了，王雪下意识地伸过手去，忽然感到胳膊上一阵刺痛，不知道怎么回事，仔细一看却看不到伤口。

“喂，喂喂！”王雪对着电话喊着，但对方已经没有声音了。王雪叹了一口气，坐在椅子上想了很多很多。

还是和他好好过日子吧，要个孩子，果然自己就算再如何坚强，从心底里也是想要一个家。

王雪玩弄着手机，思索再三决定还是先别打，等两人晚上见面再说，和他开诚布公地谈谈，如果他真心对自己好，公司就给他，让他大展拳脚没有束缚地放手去做吧。

打定主意的王雪感到一阵轻松，看了看时间已经下午一点半了。

不管打电话的人是谁，有什么动机，至少王雪得到了自己需要的答案。她站起身来给律师打了个电话，离开公司的时候，王雪特意关上了电话，她已经不想再被任何人打扰，好好放松一下。

4

开着车，王雪来到了公寓。那里父母的房间她一直保留着原样不动，但打扫的任务交给过丈夫，后来大家忙就给了钟点工做。王雪其实很脆弱，她害怕走进那个房间回想起和父母在一起的日子。

为什么幸福总这么吝啬，明明一家人的日子刚刚有了好转，自己交到了男朋友准备组成家庭，飞来横祸不仅夺走双亲，还将家族企业的担子压在自己头上，让她不得不远离自己的朋友、所爱的职业以及自己的爱人。

站在门前，王雪深吸了一口气，她走进了将近五年没有进过的房间。

一瞬间她差点儿哭了出来，原来即使过了这么久，一看到如此熟悉的地方还是让人无法控制，她原以为多少会因为时间的关系有点儿变化，没想到一丁点儿都未曾改变。她有些感谢那个男人，一定是他如此细心记下了各种东西的位置。

王雪抚摸着书桌、床、书柜。她还打开了书柜，找到了那张老唱片。其实王雪喜欢那首歌也是因为父亲经常听，从小王雪就对这首歌熟得很。王雪拿着唱片，突然有了想听一听的冲动。

她带着试试看的想法把唱片机弄好，王雪对机器是否能运作毫无信心，当她放好唱片，房间里顿时响起了悠扬浑厚的歌声。

王雪双手环抱在胸前，坐在床上听得出神。她想起自己儿时和父母一起坐在这里听唱片的日子，那时候他们刚刚创业，非常艰辛，甚至一度到了破产资不抵债的局面。万幸父亲靠着毅力和胆识，硬是从一个强而有力的竞争对手那里抢到了一单大生意，这才一举扭转了局面，让公司上了轨道。

随着唱片慢慢播放，王雪对过去的回忆也慢慢终止，她站起身想取下唱片，可是手机的铃声突然响起来了。

明明是关上的，为什么自己打开了?

不仅是自己打开，甚至手机自动被接通，而且使用了免提，依旧是那个略带磁性的男人声音。

“真想再听你唱一下那首歌，真想再回到那个时间，我听着你的歌，看着星空。”

最后一个字的尾音被拖得很长，然后声音扭曲起来。

王雪吓了一跳，将手机扔在床上，她转过身把唱片拿出来想放回去，但不知道为什么手忙脚乱总是弄不好，唱片掉在地上，保存唱片的盒子也摔破了。王雪一阵心疼，这唱片父亲在世的时候一直很爱惜，不过还好唱片没事。

王雪想捡起盒子看看能不能修复，看到里面掉出一张发黄的老照片。王雪疑惑地捡起来，看到照片上是一对年青男女的合影，照片的后面还有一行娟秀的字。

“最喜欢你的人送你最喜欢的歌。”

王雪愣了，因为男的正是父亲，可是那女人绝对不是自己的母亲。

王雪心情复杂地收好唱片，虽然双亲已逝，但她还是无法接受父亲背叛婚姻的事实。这唱片王雪记得是自己出生以后父亲才拿回来的，恐怕他自己也不知道里面有张照片吧。

算了，王雪不打算再去想那个女人是谁，仔细看上去确实是个很漂亮的女人，母亲远不及她。女人的右眉上还有一颗痣，但王雪想不起来父母的哪个朋友是这个样子。

手机已经安静下来，王雪想了好久还是带在身上。她又花了一小时找好晚礼服，然后抓紧时间休息了会儿，等到醒过来，外面已经快天黑了。

临出门前，王雪打开保险柜，拿出了那份重要的文件。王雪不知道自己这么做对不对，但至少要去尝试一下保住自己的幸福。

穿好衣服的王雪自己开车去了和他约好的地点，时间越来越近，丈夫却始终没出现。

一个人待在车子里，王雪烦闷地抽起烟，低头抽了几口，原本热闹的街道上突然像被按了静音键似的，不知道什么时候一个人也没有了。王雪打开车门，四处望去，到处都很寂静。这时候手机再次响起来。

王雪没有去接，而是关闭了，几乎同时，车内的广播自动打开了。

“在南湾道，一辆白色本田刚刚遭遇车祸，车内一男一女遭受重伤，现已送往市第一医院抢救，伤者身份尚未确定，请司机朋友绕路避免交通堵塞。”

王雪的心抽了一下，他的汽车就是白色本田，南湾道是他从公司来这里的必经之路。

为什么，一男一女？真的是他吗？他带的是谁？难道今天晚上是打算谈完公事就和自己摊牌吗？王雪看了看汽车里的黄色文件袋，心里犹豫起来，自己这么做值得吗？

不管这么多，王雪掐灭烟，开着车朝市第一医院赶去。

刚停好车，王雪冲进医院。她找到一个护士询问之前伤者在哪里，护士指明了房间，说刚刚脱离危险。

王雪小跑着朝那房间奔去，她有

些担心，到底是不是他？也许这只是个巧合。

越来越接近了，手机再次高亢地响起。王雪不敢接，四周却出现了那个男人的声音。

“为我再唱一首歌吧，我想听你唱那首歌。”

这句话不停地回荡着，王雪捂着耳朵走到房间前，伸出手去握着冰冷的门把手，刚刚扭开，里面就射出一阵强光。

“我真的很想再听听你唱那首《忘不了》，王雪，求你了。”

这次，是他的声音，王雪想回答，却发现什么都说不了，眼前什么也看不到，只有一片空白。耳边响彻着那首委婉悠扬的“忘不了，忘不了，忘不了你的好”。

5

陈亮已经在王雪身边待了整整四天了，他的喉咙虽然好了些，但说话声音还是很嘶哑，所以他让一位心理医生代替自己。那位医生的声音很不错，不愧是专业和人聊天的。

病房里放着王雪最喜欢的老歌，陈亮也不明白，为什么从认识妻子开始她就喜欢这首歌，王雪也太怀旧了。

“这不是简单的和昏迷者叙述，有时候大脑受到重创会本能地保护自己，原本的意识被潜意识压制着，大脑认为沉睡减少消耗，体能利于恢复，但这种沉睡并不见得会在身体真正恢复后就会醒过来，所以我们需要唤醒她。”

医生在旁边解释。

“这和以前坐在旁边喊魂有什么区别？”陈亮笑了笑。

“实际上伤者进入了一个可能是无限循环或者没有结局的长梦，她的感官还是可以接收现实世界的信息，所以我们连接好仪器，配合你们的叙述适当地给予其他刺激，可以让她慢慢接受这个世界。不过有时候，她的意识会拒绝这种谈话信息的植入，所以我们还需要时间。”

“我倒是听过这么一句话，疯子认为世界就是自己，自闭症患者认为自己就是世界。”陈亮说。

“差不多吧，这种技术刚刚出现，我们也在研究虚拟感官可否代替现实。不过刚才感觉她差点儿就醒过来了，也许还要多来几次，毕竟车祸太严重了。”

陈亮点点头，带着疲惫走出了房间。

身后的医生和护士都在议论，说他是个痴情的丈夫。走出医院，陈亮没有上车，而是步行住院大楼正对面的咖啡厅，那里已经有人定好位子了。

陈亮很容易就找到了对方。刚坐下，

对面的女人将一杯咖啡推过来。

“加了四块糖，不多不少。”李晓曼笑起来，特别迷人。

“你还记得呢。”陈亮端起咖啡喝了一口，发出了一声感叹。

“那当然了，小时候你来我家，你总是这样叮嘱呢。”

“现在见面好像不是太好，还是注意一下吧。”陈亮警觉地朝四周看了看。

“你是不是当痴情丈夫上瘾了？如果不是你在车上做手脚……”李晓曼撇了撇嘴。

“呵呵，警察肯定想不到，凶手也会在做了手脚的车上，受害者自然第一时间会被排除出去。所谓破案，有时候警察更相信直觉和理性逻辑。否则我一定是第一个被怀疑的对象。”陈亮摸了摸额头的疤痕，很得意地说。

“那当然，他们不会知道你不仅在刹车上做手脚，还利用了王雪不爱用安全带的习惯。像这种高档车本来安全措施应该很好的。”李晓曼冷笑道。

“我本来不想这么做，如果不是她父亲做了那种让人无法原谅的事，光是让那对忘恩负义的人死还不足以泄恨，我得抢走他们的公司——那本来就是我们陈家的！”陈亮目露凶光，死死地握着拳头。

“其实你没必要这么对王雪，她是无辜的，而且她已经打算将自己在公司的股份全都转让给你。”李晓曼低着头叹了口气。

陈亮没说话。

“所以，我希望她能醒过来，我良心上好受些。”

“她能醒过来吗？”

“不知道，尽力而为吧，我也不清楚那些医生是不是神棍，对了，来我家听听老歌吧。”陈亮把手放在李晓曼手背上，李晓曼苦笑了一下，抽回了手。

“如果她醒过来，你该如何面对？像上次那样，看着我无动于衷如同路人？我还得等你多少年，还得用多少个男朋友来演给别人看？”

陈亮站起来，走到李晓曼身边，把她拉起来死死抱着。

“我不会忘了你，也不会让你等下去。无论王雪醒不醒，只要我顺利接手公司后，我就会和你永远在一起。”

“就算这是谎言，我也高兴，我也愿意相信。”李晓曼闭着眼睛抱着陈亮。

两人先后走出咖啡厅，陈亮在门口吻了一下李晓曼。

在阳光下，陈亮看到对面医院大楼的王雪病房的窗户前好像站着一个女人——披散着头发，穿着白色的病号服。

陈亮吓了一跳，又仔细看了看，发现那女人不见了。和李晓曼分开后，他立即赶到王雪所在的病房。王雪依然躺在床上，根本没醒过来。

此时，一位护士正在给王雪打针。每天下午一点半，王雪都得接受这种精神类药物注射。陈亮见状，不由得松了口气。

负责聊天的心理医生已经离开，下午他还会再来。陈亮已经慢慢失去信心，也许只要再装模作样地治疗几天，就不会有人再关心这件事了。

他慢慢带上门，陈亮并没有看到，躺在床上的王雪眼角流下了眼泪。

在病房不远处的医生办公室里，主治大夫依旧在和另一个医生聊天。

"你说这套技术能行吗，就是唤醒昏迷伤者的那个。"

"病人一定还会醒过来，只不过无法确定时间，先前苏醒的她十分脆弱，所以又昏过去了。但是呢，如果精神上再遭受打击的话，恐怕她就再也无法接受现实世界，选择永远回到自己的精神世界里，这几天一定要多注意。"

主治大夫肯定地回答着。悬疑志

作者的话：

科学证实，人在睡梦的时候，外界的一些刺激也会通过变形传达到梦境里。一直以来，我都在想，如果是一个昏迷的人，是否也会产生同样的效果，而如果这个时间够长，会不会形成一个故事，很多真实案例曾证实过，因为亲人的呼唤而将昏迷中的植物人唤醒。针对以上几点，我写了这么一个故事。

纸上怪谈

Gui Tian

诡田

文/苏醒　图/一只眼睛

引　子

不知道何时下雾了，雾蒙蒙的街灯下一切都朦朦胧胧，看得很不真切。薛思雪路过步行街的一个围墙时，居然看到有个人无聊地坐在三轮车上卖菜。薛思雪摸了摸自己的头发，觉得那个卖菜的有些搞笑。有谁跑步行街招揽生意的，而且还是夜里十点半?

卖菜的人是个男性，由于坐在阴影下，所以看不清脸。薛思雪凑上去看了看菜品，都是一些时令蔬菜，品种虽少，但看起来水灵灵的很诱人。于是她问了价格，买了些萝卜和大白菜当做明天的晚餐。

卖菜人的声音很苍老，语气干涩，像锉刀在磨指尖一般难听。薛思雪好奇地问："老伯，你家在哪儿？这么晚了还不回去？"

老伯指了指围墙后。

薛思雪看着身旁的围墙挠了挠头，似乎这栋围墙从她搬来前就一直围着，里边没有高楼，似乎是一块荒地，这在寸土寸金的城市中心实在很难得。原来里面还有人居住啊?！

没想太多，她提着菜乐呵呵地回家了。老伯卖的蔬菜出奇地便宜，这让薛思雪本来不太好的心情舒爽了许多。人类就是这样的生物，遇到大事经常脑袋一晕就作了决定。可在小事上总会磨磨蹭蹭，占了一点儿小便宜就仿佛遇到天大的好事，莫名其妙。

薛思雪回家后，先将蔬菜放进冰箱，然后洗了个热水澡。等她围着浴巾走出洗漱间时，突然看到冰箱的门敞开着，刚买来的蔬果掉落了一地。

她眨了眨眼睛，咕哝道："房东买的二手家电真不是东西，连冰箱门的磁铁都快失效了。"

薛思雪将地上的蔬菜重新放好，躺到床上用手机看小说。明天是星期六，可以稍微睡个懒觉，薛思雪一边为自己的晚睡找借口，一边为手机上文章的搞笑而笑个不停。关掉灯后房间一片黑暗，整个房中就只有她手机里幽绿的光以及不时传来的笑。

窗外的灯红酒绿被厚厚的窗帘牢牢隔开，窗户阻挡了声音的传入，房里显得无比寂静。就在这时，冰箱那突然传来了"哗啦啦"的响声。薛思雪吓了一跳，等她坐起来，抬头望去，发现冰箱里的门再次开了，蔬菜瓜果又一次掉了一地。

"这是怎么搞的?！"薛思雪郁闷地走过去将东西装好，她百思不得其解。虽然冰箱确实是二手货，可出现这种问题，还真是第一次。她找来一把凳子放在冰箱前，又在凳子上摆放了一个旅行箱将门堵住，然后拍了拍手，"小样，我看你这次还怎么蹦出来！"

拿起电话，将这番琐碎的怪事给闺蜜白心语说了一番，煲了一阵电话粥，不经意地一仰头，挂在墙上的时钟居然快要越过十二点。薛思雪大叫糟糕，专家说过，超过十二点睡眠，对女性的皮肤是绝对致命的。她不漂亮，只能靠后天培养。薛思雪准备走回自己的床，可不知为何，房间里突然冷起来，刺骨的寒意冻得她不停地发抖。薛思雪用手抱住自己的胳膊，整个娇躯都在颤抖，而且不断地滋生出大量的鸡皮疙瘩。

猛地，身后传来"吱呀"一声，然后便是旅行箱掉落地上以及凳子倒下的声音。薛思雪整个人都愣住了，她总算发现那个冰箱有些不对劲儿，绝对不是门坏掉那么简单。

莫名的恐怖感卷席了她的感官神经，她通体发麻，感到房间里充斥着一股诡异的气息。薛思雪拼命压抑着恐惧，回过头去看了一眼。

只见地上一片狼藉，冰箱里的东西全都掉了出来，仿佛有一双无形的手将其拿出来故意丢在地上似的。今天晚上买来的大白菜和萝卜甚至滚到了她的脚边。

灵光一闪，薛思雪突然明白了不对劲儿的来源究竟是什么。

正是那些白菜和萝卜，从那个有着难听声音的老伯车上买来的蔬菜。

可惜她知道得已经太晚了。

第二天她的闺蜜白心语来找薛思雪的时候，才发现薛思雪神秘地死在了租住屋中，全身的血肉像是被吸血鬼吸食得一干二净似的，只剩下了空壳。

1

张子洲曾经生活在乡下，这是他从前的记忆。

但是自从小时候跟着父亲来到了城市后，钢筋水泥的建筑充斥了眼眸，再也见不到大片的绿色植物，也没有了小伙伴间天真无邪的生活。他在这个带着腐朽味的社会中成长，初中、高中、大学，就业，然后失业。走投无路的他，正准备在小公园里上吊自杀时，命运却并没有抛弃他。一个富有磁性的声音突然在他身后响起："你是张子洲先生吗？"

张子洲愕然了片刻，这才暂时放弃将头继续朝绳节里套，回头看了那个声音的主人一眼。这个男人大约四十岁，穿着笔直的黑西装，这种人如果不是看电影中毒的黑帮角色扮演者，那就是个律师。

很显然，这个人是后者。

"我姓周，是你姑父的律师。他临死前有一份产业赠给了你。麻烦你跟我办理相关手续。"周姓律师说。

张子洲愣了愣，总算彻底放弃了自杀，略有些激动地问道："那老家伙留给了我什么？"

"是一亩田，一亩还算不错的田。"

他听到这里顿时黯然了，一亩田？自己拿来干吗？可是那时候的张子洲根本就没有想到，正是姑父留给他的那亩田彻底地改变了他的人生，诡异的事件，也就是伴随着他接收了那亩田后，逐渐在他身边发生。

姑父是姑姑的老公，姑姑是父亲的妹妹。本来不太复杂的亲戚关系，在张子洲的脑子里却显得复杂无比。姑姑这个词已经很久远没有听到过，自从他们家搬出那个村子后，跟姑姑家就再也没有了联系。

没有想到姑父死后竟然会想到留东西给他，这让张子洲百思不得其解。但是在城市早已经没有容身之地的他并没有任何选择，回到了生他却没有养他的土地，回到了父母们的老家。关于那片土地的记忆，张子洲早已经忘却得一干二净、不留痕迹。所以当他下了车后，看着眼前的景象时，本来已经彻底死心的他，顿时活了过来，眼前一亮。

高楼大厦密密麻麻地耸立在视线中，从前的村庄俨然进化成了这座城市的中心。姑父留给他的那亩田就在高楼大厦的脚底下，被围墙围着，四周密不透风。墙外是穿梭不停的汽车和人潮如织的购物街。张子洲做梦都想不到，白得的那亩田所在的位置居然如此的好。

在城市中心位置有一亩田，应该很值钱吧。只要将其卖出去，他落魄的生活立刻就能得到改善，买房买车，甚至还有余钱东山再起。

站在那高耸的围墙前，想象着美好生活，张子洲几乎快笑傻了。

周律师给他的一堆文件中还附带着自己产业的简易地图。张子洲顺着步行街的围墙绕了许久，终于在一个小巷子的尽头找到了一扇斑驳而长满铁锈的门。用钥匙将门打开，他犹如钻隧道般在漆黑的通道里走了两分钟，眼前才豁然一亮。

一亩方方正正的田呈现在视网膜里，田地的四面八方耸立着密不透风的高楼，每一栋楼都足足有三十多层。这一亩田被大厦的围墙紧紧地围了起来，终年不见阳光。田地很荒凉，黑色的土地，被阴暗笼罩着，显得稍微有些诡异。

张子洲环顾了四周一眼，田地右侧堆放着一些杂物，视线可及的远处还有用木板和砖块修建的几间简陋肮脏的小平房。这个平房很不协调，不在靠近出口最近的地方，却修得不偏不正，既占了开垦地，又给人一种不舒服的感觉。他进了屋里到处看，里面满是老旧的家具，墙上还贴有姑父和姑姑的泛黄照片。

稍微收拾了一番，张子洲将带来的行李放好，满意地点点头。

房子虽然不怎么样，可也比自己从前的生活好太多了。这可是市中心，在市中心有这么大一块地，怎么说也能卖个几百万吧。他张子洲现在已经是百万富翁了。躺在硬邦邦的木板床上，张子洲笑得合不拢嘴，他一整夜都在幻想。

夜开始弥漫在这亩田地之上，窗外高楼大厦的灯光似乎无法照射进来，这块田地像是被光明抛弃了。时间在黑暗中缓缓流逝，快到十二点的时候，张子洲突然听到门外传来一阵古怪的声音。

像是咀嚼声，又像什么在蠕动。

他打开电灯朝外边望，奇怪的声音立刻便消失了。电灯的光很艰难地刺破了黑暗，外边黑黢黢的，带着一股让人毛骨悚然的神秘感。黑土依然是黑土，荒凉的地上什么都没有种植。一目了然的视线范围里，虽然什么也没有，可张子洲总觉得晚上的田地跟白天看到的有些不一样。

错觉吧！人类是向光性的生物，晚上本来就会给一切东西铺上一层神秘，又是初来乍到，不适应是很正常的。张子洲揉了揉乱糟糟的头发，继续睡觉。

田中的黑土，在人眼看不见的地方静悄悄地聚集，仿佛白蚁堆般高耸了起来。可没多久后土堆便轰然倒塌，每一粒跌下去的黑土都犹如拥有生命般爬回了原地。土地恢复了原样，再也看出任何不同之处。

而这一切，张子洲都毫无察觉。第二天他一大早就起了床，翻出毕业参加工作前买的二手西装，到房产中介那里将田地的售卖信息登了上去，挂牌价五百万。一亩地足足有 667 平方米，卖个五百万不算贵吧？张子洲坏笑着回到属于自己的宝贵田地前，等待着蜂拥而至的买家。

可是这一等就足足等了半个月，仿佛自己的田根本就没有人感兴趣。张子洲几乎每天都往中介那里跑，田的售卖价格也是一降再降，可是依然招揽不来买主。

中介的小妹有些忍不住了，建议道："你那块田位置虽然不错，但四周都是高楼，面积也不大。单独卖的话估计有些困难，只能等政府拆迁了。"

这一番话将张子洲的心打到了谷底，他有些郁闷。身上的钱基本上已经没有了，幸好姑父死前准备了许多晒干的蔬菜，不然吃饭都成问题。既然田一时间卖不出去，还不如种些什么。这里是城市中心，种出来的蔬菜不论是自己吃还是拿出去卖都不错。无论如何，总比自己从前的日子要好得多。

说干就干，张子洲买来种子，按照说明种了半亩萝卜。他累得腰酸背痛，早早地吃了晚饭爬上床睡觉去了。

夜色再次笼罩着这块不大的黑土地，地上种植过的位置，黑土再一次神秘蠕动起来。

等到张子洲清早起床，吃了早饭准备给萝卜浇水时，他整个人都惊呆了。只见半亩地的萝卜种子，居然在一夜之间生根发芽，长出了肥硕的绿油油的叶子。他只感觉自己全身都在颤抖，事情诡异到难以置信。张子洲用发抖的手扯出萝卜，白生生的充满水分的根茎立刻呈现在他眼前。

他揉了揉眼睛，又狠狠地打了自己几巴掌后，这才意识到自己确实没有在做梦。

这是怎么回事?

到底是怎么回事?

张子洲觉得自己的脑子完全不够用了!

2

李艳逛步行街的时候，顺手买回了一些很便宜的萝卜。这些萝卜看上去肥美多汁，十分可口。作为一个合格的家庭主妇，她一边往回家的路上走，一边思忖着用这些萝卜做什么菜品。

用来炖羊肉吧，虽然不是冬天，可今年的秋天特别冷。喝下一碗热腾腾的羊肉汤，孩子和老公肯定心情会很好。

李艳将买来的萝卜去皮切好，然后把用剩下的放到阳台上。

“这萝卜好鲜啊!”餐桌上，老公夹起一块萝卜放入嘴里，顿时赞不绝口。

儿子也点头认同:“是啊，老妈，我从来都没吃过这么好吃的萝卜。入口即化，而且明明是萝卜，居然那么鲜。”

“好吃就多吃点儿。”见大家都喜欢，李艳笑呵呵的，充满幸福感。她决定明天再去那个年轻人那里买点儿萝卜。一边想一边夹了块萝卜吃起来，萝卜一进嘴，她就眯起了眼睛。天哪，自己从来没有吃过这么鲜这么爽口的萝卜，甚至好吃到她觉得有些诧异。

这真的是萝卜吗? 会不会是什么新品种?

吃完饭，李艳收拾好碗筷，抬头时才发现天色早已经黑尽了。夜色弥漫在窗外，带着一种难言的朦胧感。晚上 7 点半，玻璃窗外霓虹灯的光射了进来，将家里照射得光怪陆离。

李艳打开客厅的灯，儿子回房间做作业了，老公在书房里整理文案，只剩下她一个人待在客厅看八卦连续剧。正沉溺在剧情中的她突然打了个寒战，不知为何，她总是觉得有一股扎人的视线若有若无地偷窥着她。

那股视线，貌似是从阳台上射过来的。

李艳走过去隔着落地玻璃往外望，自家的阳台很小，只有四平方米，方方正正一目了然。除了些花瓶就只剩下些杂物以及她准备用来晾晒的蔬菜，并没有任何可疑的东西！

她巡视了片刻，摸了摸头，疑惑不已。刚才的窥视感，现在想来似乎只是错觉而已。李艳回到沙发继续看电视，这一次偷窥的视线再也没有出现。直到她十点半上床睡觉，一切都很正常。

当她被一阵突如其来的尿意惊醒时，已经十二点半了，李艳从卧室出来穿过客厅去卫生间。猛地，一股强烈的窥视感暴露在她身上。这股视线带着恍如实质般可怕的冰冷，犹如寒冬腊月的暴雪天气，让她冷得发抖。

有小偷？李艳下意识地想着，立刻尖叫着叫醒了自己的老公。睡意蒙眬的老公和儿子都被吵醒了，两个男子汉，一个提着菜刀，一个拿着不知从哪弄来的棒子凑近阳台。

两人隔着落地窗，往外看了看，依然只看到杂物和花盆，紧张的神经不由得松懈下来。儿子失望道："老妈，哪里有小偷！"

"老婆，你最近是不是八卦侦探剧看多了？我早就说少看一点儿，对身体没好处。"老公拍了拍妻子的肩膀。

"可我到现在都有种感觉，似乎有什么东西在看着我们。"李艳委屈地说。

"说起来，我似乎也有这种错觉。"老公仔细感觉了一下，点了点头，"貌似从阳台上传过来的视线。"

"我就说吧，不管有没有小偷，总之这件事有些古怪。"李艳皱着眉头，她心里发憷，总觉得会有不好的事发生。女性的第六感通常很灵。

大家正准备回房间继续睡觉时，儿子突然捂住自己的肚子大叫起来："爸妈，我的胃好痛啊。"

"快打急救电话，是不是食物中毒了？"只不过几秒钟，儿子的脸就从红润变得惨白，密密麻麻的汗水爬满了他的全身所有皮肤，他紧抓着胸口，恨不得将手指伸进肉里去，把痛苦的部位挖出来。

父母被吓得六神无主，爸爸拿起电话的手都在发抖，好不容易打了电话，自己的儿子已经开始呕吐了。先开始是酸水，然后一团黑色的东西就从儿子喉咙里流了出来。那股黑色的玩意儿散发出刺鼻的气味，十分恶心。

母亲定睛一看，那东西居然是土，黑色的土。

黑土仿佛有生命般，掉在木地板上后不断地蠕动起来，尾部还跟儿子的嘴连接在一起，仿佛一条黑色的虫子。儿子的身体支撑不住猛地倒在了地上，他的瞳孔涣散，似乎那些黑土在他身上吸取着什么。

渐渐地，儿子的脸完全没有了血色，也不再动弹。他的皮肤变得不再光滑，皮下的肌肉也开始萎缩变形。儿子的生命力在渐渐消失！

“这是怎么回事?！”李艳夫妻完全惊呆了，他们脑子呆滞，像化石般站在原地。那股窥视感更加强烈了，房间里流淌着一股诡异的压抑，仿佛周围的空气也凝固了似的。他们如同离开了水的鱼，连呼吸也逐渐变得困难起来。

像是有东西在感染他们，没多久，夫妻俩也开始觉得胃部变得不舒服。有股恶心感凝而不散，充斥在肚子里，异物似的蠕动着。他们恐惧得要命，拼命地用手抓挠着自己肚子上的皮肤。身体里的东西动作变得越来越大，想要咬破他俩的皮肉从胃部钻出来。

李艳夫妻不久后也失去了力气，坐倒在地上，生命力果然在流逝。麻痹的思维已经支持不了复杂的思考。他们用涣散的眼睛看着模糊的屋子——这间住了十多年的房子原本无比熟悉，现在却显得十分陌生。

肚子中黑色的土在吸食他们的血肉，他们甚至能听到那些可怕的东西吸食时的声音。黑土终于咬破了他们的胃，从身体里蠕了出来。迷糊中李艳恍惚看到，从阳台上滚进来了一些萝卜，自己买回来用剩下的萝卜。

这时，李艳在临死前猛地明白了过来。是自己贪图小便宜顺手买回来的萝卜害死了全家。不论自己买回了什么，总之，那些可怕的东西，都绝对不是萝卜！

只是知晓这一切时，早已经晚了。

3

早晨一起床，张子洲就听到了大门口传来了敲门声。声音很响亮刺耳。他打开门一看，居然是个年轻貌美的女孩，大约二十多岁，长头发，穿着时髦，有一双笔直修长的腿。

“我叫白心语，《都市报》的实习记者。”女孩递给他一张名片自我介绍道。

张子洲有些疑惑，一个漂亮的记者找自己干吗？

“能够参观一下里边吗？”白心语自顾自地发问。

他愣愣地点头，让了让身，女孩迫不及待地走了进去。这一亩被阳光抛弃，终年掩盖在阴影中的黑色田地展露在白心语眼中。比想象中更普通，简陋的平房，翻过的土，以及拔出来堆积得如小山似的萝卜。

“美女，你是看了我的售卖信息，准备来买这块地的？”张子洲想来想去也搞不清楚女孩的来意，于是试探着问。

“不是。”白心语看也没看他一眼。

“那就是看了我的网站，想买我的绿色蔬菜。”张子洲拍了拍手表示自己理解。虽然不明白为什么种植在田里的蔬菜种子会一夜间成熟，但是并不妨碍他的赚钱计划。最近不是流行绿色蔬菜吗？自己种的绝对绿色，就连浇水和施肥都来不及，哪里还用得着打农药。前几天，张子洲在网吧里申请了一个主页，准备弄个绿色蔬菜基地出来。

“绿色蔬菜？”白心语一愣，若有所悟地看了那堆肥美多汁的萝卜一眼，“卖相确实不错。”

“要买点儿吗？”张子洲拿出一个口袋，“我最近都在附近卖，口碑不错哦。”

“有回头客吗？”白心语眯着眼睛问。

“当，当然有。”张子洲结巴地回答，他只管赚钱，回头客什么的哪有心思注意。

女孩似乎有某些目的，她到处打量一番后，径直在田边的木凳上坐下，探头环顾高耸在四面八方的高楼大厦一眼，没有再拐弯抹角：“你叫张子洲吧？”

“嗯。”他点头。

“知道这块田的上一个主人，也就是你姑父是怎么死的吗？”她用审犯人的语气问。

“律师说是中风。”张子洲突然反应了过来，“喂，我干吗要回答你？说，你究竟是跑来干吗的？”

这女孩虽然漂亮，但是太傲气了，令本来就有些自卑的张子洲很不爽。

白心语撇撇嘴，抽出一份资料念道：“张裕，男，53 岁。根据目击者反映，他是在两个月前突然猝死的。由于独居，一直都没有人发现他。直到他的律师来找他核对资料的时候才知道他已经死了。警方的报告显示，他死前尸体就已经脱水萎缩，像是被什么东西吸去了所有的血液，甚至挖空了他的肉。诡异的是死了半个多月，尸体居然没有发臭。更奇怪的是，苍蝇不在他身上繁殖，连细菌都远离他的身体。”

“停，我说，你究竟是来干吗的？”张子洲大声打断了她的话。

女孩眼睛一眨不眨到地望着他，挑明道：“我觉得这块田有问题！”

“啥？”张子洲脑袋没反应过来，下意识地以为田里蔬菜快熟的秘密已经暴露了。

可女孩的下一番话却揭露了其他不为他所知的秘密：“我认为，吃过这田里种植的蔬果的人，都没有好下场，全惨死了。死状跟你的姑父一模一样！”

“你看恐怖小说看多了吧！”张子洲憋出了这么一句话。不知为何，脑袋里突然又盘旋起蔬菜快熟的事情，听了女孩的言语后，他也有了些疑惑。虽然，他对自己姑父的死活并不在意。

“我是记者，虽然是实习生，但还是能接触到些许平常人触摸不到的东西。例如警方的档案。我们这座城市看起来似乎已经有很长一段时间了，实际上建起来也不过才十多年而已。你应该很清楚才对。”白心语眼神飘忽在阴暗潮湿的黑土地上，“你离开这里十多年了，所以肯定没有听过流传在这座城市中的那个都市传说。”

“你似乎很了解我，难道特意调查过？”张子洲问。

“当然，最近半年我一直都在调查那个都市传说，然后找到了这里。”白心语似乎很不高兴他打断了自己的话，“继续说都市传说的事。这十年来，城里经常有人莫名其妙地猝死，有的人是独居，有的人是整个家庭。他们死后无一例外的特征都是尸体干瘪、血肉消失、苍蝇和细菌都不理睬，所以不论死了多久尸体都不会腐烂。就跟你的姑父一样。”

女孩顿了顿，接着说：“因此不知从什么时候起，就流传着这么一个都市传说。说是在一个雾蒙蒙的天气，如果遇到一个骑着三轮车的老人，千万不能买他的蔬果。因为他卖的都是怪物，只要吃进肚子里的人，全都会死。”

“不过是都市传说而已，每个城市都有一箩筐，这你都信。”张子洲嗤之以鼻。

白心语冷哼了一声：“自从见到我的闺蜜死得跟那个都市传说一模一样时，我就确信传说绝对不是空穴来风！”

“你的闺蜜死在那个都市传说手里？”张子洲吃了一惊。

“可以这么理解。她临死前给我打过电话，说是回去时路过步行街，居然少有地起了浓雾。她刚好碰到有个老头在卖蔬菜，于是买了些回家。等我第二天去找她逛街时，她已经死了。”

“这能说明什么？根本不能证明我家的田有问题！”张子洲犹自辩解着。他已经一无所有了，这块田是他最后的希望。如果最后的希望也变得有问题的话，那他估计还得去找根绳子上吊自杀。

白心语懒得跟他多浪费口舌，只是道：“你觉得，你的姑父从前对你怎么样？”

张子洲哑然，许久后才问：“你什么意思？”

“很简单。我前不久给一个叫做纸亦声的作家去了一封信，那个作家很有意思，经常写一些奇怪恐怖的东西，对神秘事件有些研究。他很快给我回了信，说如果这块田真的有问题的话，那么你的姑父肯定十分清楚。只有最恨的人，才会留最毒的东西给对方。所以，你仔细想想，你的姑父生前对你怎样？”

张子洲浑身一抖，记忆的潮水疯狂地涌了过来，立刻便将他淹没。姑父的记忆逐渐浮现，甚至连接到遗嘱后没有去深究的疑惑也一同浮出水面。对啊，自己的姑父，为什么会将这块田留给自己？

4

张子洲对姑父的记忆并不多，但是隐隐听父母讲过，自己家为何会从村子搬出去，似乎里边就有着姑父的影子。甚至可以说，搬走，正是为了躲避姑父。父亲不爱提自己的妹妹，甚至不愿意回老家。可对妹妹，父亲还是很想念的，只是一提到姑父，就会咬牙切齿。

仔细想想，在他小时候甚至有几次姑父还想杀了自己。例如有次他在小河边玩，姑父就满脸阴郁地悄悄走过来，如果不是邻居路过，估计他早就把张子洲推下去了。

父母以及姑父的恩怨，张子洲不清不楚，而且随着双方当事人的逝去，这已经成为了永久的谜。但姑父肯定是恨自己的。对一个恨不得杀死的人，为什么会将其立为财产受益人呢？而且还找律师特意去立的遗嘱。

这令张子洲有些恐惧起来。恐怕姑父的目的一直都抱着恶意。但嘴上，他还是没松口：“姑父从小就对我特好，他们夫妻俩无儿无女，只剩下我这个亲戚了。”

“你这个人不擅长说谎。”白心语盯着他，被一个美女这么看着，弄得张子洲不由得低下了头。

“总之我调查了这里很久，越调查就越觉得有问题。你的姑父恐怕早就知道这亩田不简单，所以在拆迁的时候第一个举手赞同，就算赔偿少一点儿都无所谓。”白心语撇撇嘴。

“姑父居然不是钉子户？”张子洲有些愕然，一亩田被高楼大厦圈起来，围墙外就是步行街，不论怎么看都会觉得如此好的地段没能拆迁，肯定是主人要求太高，高到开发商只能放弃。没想到实际情况居然相反。

“当然，拆迁协议很快就签订了。只不过在施工过程中，这亩田上的工人不断发生意外。据说死了许多人，最后开发商只好将这亩地给围起来弃用。而承诺给你姑父的补偿款自然没有给。”白心语又道，“不过那些开发商也在不久后死得一干二净，跟都市传说中的死法一模一样。你的姑父没钱没房，只好住回了这亩田上，一直到死。”

“所以你就认为这块田有问题？”张子洲已经信了一大半，可还是使劲地摇头。离开这里，他还能去哪儿？

白心语见眼前的人榆木疙瘩般很难说通，气恼道：“我还有个决定性的东西。不知道你对这亩田的环境了解得怎样？”

“了如指掌！”张子洲扬扬头，他一个多星期每天都在田地间工作，当然是很熟悉。

“那你跟我来。”白心语冲他勾了勾手指，带他走到田地尽头的围墙边上。这道被砖头牢固修葺的围墙很高，足足有四米之多，而且有两层厚。女孩用靴子随意踢了踢土块，立刻一张黄色的残破纸张若隐若现。黄纸约半掌宽，大部分都埋进了黑土中。

“挖开看看！”女孩命令道。

张子洲默不做声地顺着她的话将黄纸挖了出来，顿时，他整个人如同触电般惊呆了。只见挖开的地方，密密麻麻地贴满了纸符，符上歪歪扭扭地写着玄妙的文字，很像电视里经常演的鬼画符。

残旧的纸符衬着黑色的土地，有股说不出来的诡异。

他感觉头皮发麻，又顺着墙角挖了一段。纸符一直沿着围墙，被半埋进土里，绵延了一整圈。这可怕的景象令张子洲手脚冰冷，浑身发抖。

“你说，如果这块地很正常的话，谁脑袋发晕了才会去贴镇鬼的神符。”白心语也有些害怕，她挖掘了这件事很久，可是亲眼看到，心脏还是止不住地狂跳。

“可为什么我都待了一个多星期了，还活着，屁事都没有？”张子洲慌乱地说。

“你姑父不也待了几十年吗？”女孩瞧了他一眼，“对了，你吃过这块地种出来的蔬菜没？”

“没有！”张子洲斩钉截铁地摇头。他把种出来的蔬菜当商品看，只想卖出去赚钱，还没来得及尝一口。现在看来，这样的财迷举动说不定救了自己一命。现在的他，完全相信了白心语的话。不但感觉这块黑土有问题，就连在这块土地上多待一会儿，都浑身不自在。

“那些萝卜，你卖出去了多少？”白心语问。

“没多少，几十斤吧，都在附近卖的。”他回答。这家伙自从想到了绿色蔬菜的概念就惜售了，一心想弄养殖基地。可惜，仍然是竹篮打水一场空。难道他张子洲生来就是贫穷命？想到这，他就十分沮丧。

“难怪最近又开始死人了。好几家全军覆没，死得都很惨。前天一家三口，警方收尸的时候我就在一旁照相。女主人叫李艳，夫妻俩的肠胃都被不知什么东西给钻穿了。”白心语再次环顾四周，用坚定的语气说，“今晚，我要住在这里。”

“啥？！”他愣了愣，然后惊呼出声音来，“住这里？你不是说这块田有问题吗？你不想要命了？我可不奉陪，老子还没活够呢！”

张子洲的小民意识很强，落魄的时候一天到晚闹着要自杀，可真的遇到恐怖事情，自杀的勇气没了，只留下逃跑的念头了。

白心语坚定地点着头说：“这块田我虽然认定有问题，可除了资料外就剩下猜测了。住几个晚上看看会不会发生古怪的事情。这可是记者天生的觉悟！何况，你不也还没死掉吗？”

这叫什么话！张子洲十分郁闷。他打好包走也不是，留也不是。看着眼前柔弱而坚强的漂亮女孩利索地收拾着自己的卧室，他终究还是叹了口气，一咬牙留了下来。

都说英雄难过美人关，他这小人物估计更难过美女关吧。要命就要命，死活也可以单独跟如此等级的美女待一晚上，要放以前根本是难以想象的。

这时候的白心语和张子洲还根本没有意识到，今后究竟有怎样恐怖的状况在等着他俩。他们想不到，或许隐隐的不安若有若无地在提醒着他们，可谁又能预见将来呢？

真能预见今后的话，就不会有“枉死”这个词以及“好奇心害死猫”这句谚语了！

5

夜色弥漫在这块小小的黑土地上，一亩田在城市里，真的很小。这亩田是被城市，甚至所有人都遗忘的角落。围墙外人潮如织，每一个路过步行街的人，或许百分之九十九都不知道只不过一墙之隔的地方，还存在着能够种植的一小块地。这块田地终年不见阳光，一直都在阴影中，它仿佛生长在城市的缝隙里。研究了它半年的白心语，至今没有弄明白为什么吃了这亩田中种植出来的蔬菜的人会横死，而且死后的状态还那么恐怖。

张子洲同样也想不通，只不过他这个人很简单，所以连思想也简单起来。一整夜都在他的辗转中流逝着，他躺在狭小客厅的破旧沙发上。卧室里的白心语同样也难以入眠，她喝了许多咖啡，手里紧紧拽着红外摄像机，睁大漂亮的双眼。

可令她沮丧和失望的是，一整晚过去，当天边泄漏出朝阳的光彩时，却什么异状都没有发生。

“今晚我会再过来。”女孩咬牙切齿地丢下这句话回家补觉去了，张子洲无奈地泡了方便面吃起来，思考着何去何从以及今后的打算。忙碌规划了一个多星期，虽然似乎竹篮打水一场空了，但忙碌的感觉还不错。他寻思着不能再这样颓废下去，是时候找一份哪怕低微的工作了。

第二天傍晚，白心语踩着晚霞按时到来。她一声不吭地看了张子洲一眼，然后调试着手里的摄像机。那晚，依然屁事都没发生。接连几天都是如此，不过白心语并没有气馁，依然每天都来，这般坚持，不由得令张子洲佩服万分。

不知不觉就过了一个星期，放在黑土地一角的萝卜诡异地没有腐烂也没有风干的迹象，依旧白白嫩嫩的，看得人直皱眉头。

夜再一次来临，两人隔着一道薄薄的门板各有心事地有一搭没一搭说着话。张子洲总觉得自己跟这位美女渐入佳境，当然，这纯粹是他的错觉而已。白心语对他这位“废柴”完全无感。

就在这个晚上，一声刺耳的尖叫划破了夜的宁静。那叫声仿佛不属于人类，凄厉而又痛苦，传入耳中甚至还带给人绝望的感觉。两人同时一惊，一个手拿摄像机，一个不知从哪儿找来一根木棒死死地握在手心里。当他们走出小平房时，叫声已经完全停歇了。

白心语环顾四周，打了个寒战：“什么东西在叫？”

“不像是人。”张子洲缩了缩脖子。

“不是人在叫，那还能是什么！”白心语皱眉。

“鬼，鬼吧。”

“鬼你个大头鬼！我说你也是大学本科生，废柴是废柴一点，没想到鬼鬼神神的迷信思想也会有。”白心语狠狠瞪了他一眼，说话十分刻薄。

张子洲没办法反驳。女孩指了指土地的右边：“声音像是从那边传来的，我们过去看看。”

“不要了吧，挺可怕的。”他觉得全身都发冷，从屋里射出来的光芒将两人的影子拉扯得很长，像异形般。投射到黑土上的影子怎么看都觉得带着危险恐怖的气息。

“切，你不但人废柴，胆子还比芝麻小。真是！”白心语不再理他，径直一步一步地朝着喊声消失前的方向走去。

“小，小心一点儿。”张子洲踌躇了几秒，还是抄起电筒跟着女孩过去了。手电的光芒很暗淡，光圈在黑暗中显得虚弱无力。不过是晚上十一点而已，明明抬头就能看到高楼大厦晚睡人家的灯火，可那些光芒却没有一丝能够照射到这亩田地上，仿佛头顶上空有着吸食光芒的透明怪物。这一点，更加重了他的恐惧感。

小心翼翼地走了两分钟，前边的白心语突然停下了脚步。张子洲不小心撞在了她的背上，还来不及感受女孩的柔软，他手上电筒的光芒已经照射在了一个物体上。只一刹那，张子洲已经吓得大叫一声，极为狼狈地一屁股坐倒在地上。

只见手电光圈赫然圈住了一个横躺着的人，不，现在那人已经变成了尸体。张子洲清清楚楚地看到尸体从衣服中裸露出的部分干瘪不堪，皮骨之间的血和肉像是被什么东西吸食干净了似的，已经明显塌陷了。

这是怎么回事？这个人是从什么地方跑出来的？他怎么会死在了自己家？

无数的疑惑疯了似的涌入大脑，张子洲又惊又怕，声音被喉咙堵住，难受得什么话都说不出。白心语明显也在害怕，不过她的神经显然粗壮得多。发了一会儿呆后，女孩竟然做出了一个惊人的举动。她找来一块手帕，隔着帕子在尸体身上摸索了一番，最后从裤兜里掏出了死人的钱包。

看了这个莫名其妙出现的死者的身份证，白心语惊讶地道：“这个人我好像认识。”

“你认识？”张子洲努力站起来，可双脚还是止不住地发抖，“你朋友？”

“不是朋友，他应该是个小偷。”女孩稍微回忆了片刻，“今天下午我见他在公车上偷东西，就阻止了他。没想到这家伙贼心不死，居然跟踪我。估计以为这里是我家吧。没报复上我，反倒把命搭上了。奇怪，他究竟是怎么死的？”

白心语很疑惑。这个小偷死得跟都市传说中一模一样，到底是什么杀死了他？难道，这个地方真的有危险？

张子洲同样也想到了这个问题。他俩不约而同地望向对方，对视一眼后，同时看到了对方脸上逐渐浮现的恐惧。

可危险究竟是来自哪里？张子洲在这儿住了一个多星期，直到今夜才遇到古怪状况。白心语将摄像机的灯打开，一边摄像一边到处张望。猛地，她似乎发现了什么，突然问：“喂，废柴。这块地方，应该是你用来堆萝卜的吧？”

“嗯，我的萝卜就放在这里不远。”张子洲将手电光芒扫过去，顿时吓了一跳。本来该是堆积得如小山似的萝卜，竟然全部失踪了。白生生的萝卜仿佛从来没有出现过似的，那块地空荡荡的，在手电光芒中染上了一股莫名的躁动。

“有些不对劲儿。”白心语又道。

“要不，我们赶紧离开这里。”张子洲也觉得四周的气氛极为诡异，空气中流淌的风都充满了压抑感。

“行，战略性撤退是必要的。”这一次女孩毫不犹豫地同意了张子洲的建议。他俩刚准备开溜，突然，整个地面都躁动起来。黑色的土地扭曲了似的，不断向上涌，想要缠住他们的腿。

“快跑！”白心语尖叫一声，没命地拔腿就逃。张子洲也恨不得多长几条腿，他跑出了有生以来最快的速度。黑土不断地翻涌着，消失的白萝卜从土里冒了出来。肥美可口的萝卜们仿佛长了腿，从植物进化成了动物，它们以可怕的速度追着两人。白心语和张子洲总算搞清楚究竟是谁杀掉那个小偷了。

翻滚的黑土长出了无数条黑糊糊的触手，融在黑暗中很难躲避。那些萝卜也悄然无声地在追捕着他俩。张子洲险之又险地不断往前逃，他不知道哪里才是安全的地方。

“我们朝哪儿逃？”他喘着粗气大声问，体力在不断消耗，恐怕用不了多久，他便会支持不下去了。

“去你的小平房。”白心语灵机一动，“在那个屋子里待了一个星期都没出事，恐怕只有那里才安全。”

张子洲不知道她是对还是错，可他俩根本就没有任何选择，只能赌。还好，他们赌对了。当身体开始变重，腿已经快要迈不动的时候，筋疲力尽的两人才总算找到了一个空隙，踩进了平房的屋檐下。

他俩连忙死死堵住门，在客厅里面面相觑地就地坐着，不断喘着粗气。心脏和肺部仿佛要爆炸了似的难受。屋外，黑土和萝卜在近在咫尺的地方退缩了，它们躁动了一番，围着小平房一圈又一圈后，这才缓缓地退回那亩田地中，悄无声息。

城市中的这亩田再次回归寂静，静悄悄的，像什么事情都没发生过。安静的气氛令白心语和张子洲觉得自己刚刚只是做了一场噩梦。

可那真实的感觉，还有不远处摆着的小偷尸体证实了这绝对不会是梦。

两人就这么坐着，就算再疲倦也不敢睡觉。一整夜在难熬中缓缓流逝，时间仿佛被打了凝固剂，每一秒都显得如此凝重而迟缓。终于，等到天边的一缕阳光照亮了大地时，他们才狠狠地松了一口气。

有股劫后余生的幸福感，顺着阳光，冲破了内心的阴郁和恐惧。

6

坐在咖啡厅里，白心语拿着平板电脑不知在给谁写 E-mail。她不时抬起头看着依旧恐慌不已的张子洲，微微摇头。

张子洲用手端着杯子，他的手抖得厉害。阳光从身侧的落地窗照射进来，明亮而又温柔，可这丝阳光却无法给他带来任何的温暖。一想到昨晚的要命经历，他的心就冷得厉害。

白心语放下平板电脑，端起面前的咖啡小口小口地酌着。许久后才道："你没事吧？"

"没，就是惊吓过度而已。"他苦笑。

"真没用。"女孩撇撇嘴，"你家是回不去了，今后你准备怎么办？"

经过一个星期的了解，白心语对张子洲的现状比较清楚，所以才将他定义为废柴。

"还能怎样，走一步算一步呗。"张子洲现在是打死都不敢回那亩诡异的田里了。

"说起来，为什么那些怪物会停留在小平房外？"白心语有些疑惑。而对那亩诡异的田，她也找不到其他的形容词，只能用"怪物"代替。

“或许是它们离不开那块黑土吧。”张子洲不愿多想。

“不可能，它既然能借着别人买回去的蔬果将人杀死，怎么可能不能远离那里？不过，我现在能百分之百地肯定，这个城市的都市传说，以及死于都市传说的人，都跟你的田有关系。”白心语沉吟片刻，“真是棘手，本来以前想写成新闻报告出来，不但能找出闺蜜的横死真相，运气好还能转成正式记者，得个奖什么的。现在真相是有了，但写出来肯定没人会信。”

张子洲心不在焉地喝咖啡，眨巴着眼睛：“现在你想干吗？”

“等。”白心语吐出一个字。

“等什么？”他有些诧异。

“等人给我回信。”女孩用手敲着桌面，“我前段时间不是给你提到过一个叫做纸亦声的作家吗？我一直都在向他求助，说不定他能够给我一些独特的建议。”

“切。”张子洲嗤之以鼻，“作家都是些空想家，他们能给好意见，母猪都能上树。”

这句话刚说完，白心语的平板电脑中就传来了“有新邮件”的语音提示。

“来了。”女孩激动地打开屏幕，张子洲也好奇地凑过头去看。只见回信不长，但是字字都掐中了要害。

那位叫做纸亦声的恐怖小说作家写了这么几句话：田的定义是什么？很简单，只是一块蕴藏、出产或生产一种自然资源的土地。人类利用它们获取生存繁殖的养分。既然田地变异了，肯定有变异的理由。真相，应该埋藏在很久以前的历史中。查一查那块怪田的过往，或者在觉得奇怪的地方使劲地挖掘一番，说不定能找到真相。

你提到那块田终年不见阳光，可种植需要阳光、水分、土壤，缺一不可。会不会就是在这个环节出现了问题呢？

白心语和张子洲一时间都陷入了沉思中。

过了很久，张子洲才像想起了什么，说道：“这么一想，似乎有些道理。姑父留给我的那块田属于自开垦的，从前在河道边上。四周种满了树木，那些树属于集体，个人是不准砍伐的。所以一直都很难见到太阳。可就算是饥荒年代，姑父也能在那块地里种出肥美多汁的蔬菜。似乎他的菜一直都不在本村卖，自己也不吃。说不定，那时候就已经知道这块地有问题了！”

“那，问题出在哪里呢？”白心语依旧不解，“吃了那块田中种出的东西的人，都会惨死，血肉被吸食干净……”

突然，有个可怕的念头涌上了心头，她不由得打了个寒战，连脸色都煞白起来。

“你想到了什么？”张子洲见她神情不对，问道。

“你说，那块地缺少阳光，养分也很少，却能种植出不错的蔬菜。会不会是因为，那块地从死去的人身上吸收了养分，然后再次以某种渠道回到了田里？毕竟田被高楼大厦和围墙紧紧地围着，很少见到阳光。因为没有阳光，田需要其他的养分，那就是人类的血肉。”白心语缓缓地将这个疯狂的想法说了出来。

“这，怎么可能！”张子洲浑身发抖起来。嘴里说着不可能，可心里却渐渐觉得这个想法或许更接近真相。

“那个作家不是让我们尝试着在奇怪的地方挖挖吗？”白心语接着说，“我仔细想，越想越觉得那块地里似乎只有小平房的位置最奇怪。不在靠近出口最近的地方，却修得不偏不中。而且，黑土里的怪物都不敢靠近它。你看，很奇怪，对吧？”

“就算是这样，可我们两人该怎么挖？小平房虽然小，可也不是我俩挖得动的。”张子洲耸了耸肩膀。

“我有办法。”白心语狡猾地笑道，“只要你这个主人同意，我就能找人去挖。”

张子洲叹了口气，点头：“随便你怎么折腾，总之我是死都不会回那块地了。”

确实，他不准备再回去。经过这件事后，他突然觉得自己的人生也没那么糟糕。至少，他还活着。

正午的阳光很悠闲，也很温暖，透过玻璃洒在地上、桌子上，透过盛水的玻璃杯，很美。他抬头，正好看着捧着平板电脑的白心语，觉得这个女人虽然刻薄，但却真的很美。

如果自己要追求她的话，会不会有机会呢？

或许，有吧！

尾　声

白心语真的找来人在那一亩田上挖掘起来。挖掘队带着一辆挖掘机和三个人，挖了两天，却一无所获。他俩很失望。其后，身为实习记者的白心语继续着自己的实习生活，寻找着转正的机会。而张子洲，他想要追求白心语，却因为种种原因，两人越行越远，最终失去了交集。

但是被挖掘过的田地，却彻底失去了诡异的能力。种子不再一夜之间长出成熟的蔬果，甚至黑土也不再那么黑了，像是失去了营养，灰蒙蒙的，很难看。

这一点让白心语和张子洲大惑不解，田中的怪物究竟去了哪里？只不过他们注定要永远迷惑下去。因为两人不知道，在挖掘的第一天，因为监管不力的原因，请来的工人中的其中一个将平房下边偶然挖出来的一小块黄金般材质的金属片揣进了自己的口袋。

时间缓慢地流逝，一年又一年。突然间有一天，田地不知为何开始了奇怪的变异。仿佛传染了似的，一块接着一块，以迅雷不及掩耳的速度传播着。土里种植出来的东西全都不能再食用。蔬果们被采摘后犹如动物般长出了手脚，咧着尖锐的牙，追着人类，追讨人类几千年来从它们身上掠夺去的养分！

没人知道为什么。

因为隐隐能猜测到原因的白心语和张子洲，以及造成恐怖灾难的那块金属片，已经永远掩埋在了历史的长河中…… 悬疑志

作者的话：

我在德国留学的时候，我的经济学老师曾说过："一个国家的经济发展是和城市扩张速度成正比的。"我想，确实如此。国内的城市化进展得很迅速，造就了一个又一个的城中村。每每我路过被或华丽或简陋的围墙围起来的一片片本来是良田，而被开发商放弃又或者不知哪年才修成房子的荒芜土地时，都会感慨。

这些被高楼大厦包裹的土地，总是有人在围墙隐蔽处敲个洞，种植一些时令蔬果，然后自己吃或者就近卖掉。我家不远处就有这么一块地，它终年不见阳光，常常看到种植者在蔬果上洒一些可疑的液体，而那些蔬菜涨势居然都还不错。

看着这些蔬菜，我一直在想，阴暗处种出来的东西，真的能吃吗？是你在吃它们，还是它们在吞噬你的寿命？总之，我是绝对不会吃那些可疑液体浇灌出来的玩意儿的！

秘录社

Tian Cai Feng Yin

天才封印

文/漆雕醒　图/一只眼睛

1

战车趴在方向盘上，昏昏欲睡。

驾驶舱里弥漫着咖啡和比萨的味道，同时夹杂着那个特别需要洗澡的家伙的体味。

我将车窗摇下一丝缝隙，放入一丝刚从晨雾里孕育出来的新鲜空气，把鼻子凑上去贪婪地吸食。

这微小的震动惊醒了战车，他立刻警觉地绷紧脸上的肌肉："有情况？！"

"没有啦，什么都没有！"我把手腕平举到他眼下，好让他的视线转移到表上，"还差半小时才到六点，早着呢！再睡会儿吧？"

"不睡了！"战车在狭窄的空间里勉强伸了个懒腰，活动了几下脖子，"免得夜长梦多。"

他的眼睛很亮，是我见过的人眼里最亮的一双，几乎接近于猫眼，以至于我总是忍不住会想象它们在暗室里发光的样子，当然这情景从未发生过。

战车很快恢复了状态，精力充沛到几乎能听见他身上的肌肉在啪啪作响，完全

不像是一个在二十四小时内只睡了两小时的家伙，如果不是他有着常人远不及的自恋倾向和倔犟性格，我会坚定不移地相信他是秘录社最新研制出来的机器人，一辆货真价实的人形战车。

“你干吗用这种眼神看我？”战车敏感而狐疑地问。

“有好东西要分享，我们可是搭档。”我向他伸出手，“拿来！”

“什么？”战车诧异。

“兴奋剂，能量补充剂，叫什么名字都好，就是让你一天到晚像打了鸡血一样的那东西，我不信没有。”

战车得意扬扬地用巴掌拍掉我的巴掌：“你搭档我是天赋异禀，你只有羡慕嫉妒恨的份儿！”

见他这么说，我真的开始羡慕嫉妒恨。

有些人天生为某种事业而生，比如战车这样的人物，麻省理工学院的化学和病理学双硕士，能说四国语言，除此之外还精通风水学，再加上运动员的体魄，又擅长搏击，因此对于“以秘密探求和记录神秘事件真相”为核心工作任务的秘录社来说，这种人简直就是为它量身定做的，前者遇上后者，天雷引动地火——真正的天作之合。

“怎么又开始哭丧着脸了？木头蝎子？”显然战车一直在观察我，“你又不是文艺女青年，那么多愁善感干吗？准备写诗啊？”

“写你个头！”我没好气地白了战车一眼。

他手舞足蹈，哈哈大笑：“那你得这么写：啊！这里栖息着最伟大的思想！啊！这里能看到最迷人的风景！啊……他们出来了！”

目标出现了。

一个女子牵着一个小男孩出现在了我们的视野里。

女人三十岁上下，穿着黑底白色波点的真丝连衣裙，满脸良家妇女的温和相，男孩子大约刚满六岁，穿着一套蓝色的小学校服，睡眼惺忪地拖着带滚轮的书包，这一位便是我们的目标——顾小伟。

在十二小时之前，我和战车接到秘录社的紧急通知，奉命保护这个叫顾小伟的男孩，为此不得不丢开我们在库木塔格沙漠已经进行了半年的古城探索项目，开了四小时的车赶到敦煌市区。

根据秘录社的情报，顾小伟会在 2012 年 3 月 7 日早上 9 点到下午 5 点之间的任何时间被人绑架或谋杀。

“救人是一方面，最重要的是不要打草惊蛇。你们对所有接近顾小伟的可疑人物，务必查清其来历。”这是我和战车的顶头上司——狼王的原话。

这无疑是一个奇怪的任务，换句话说，秘录社更感兴趣的其实是顾小伟的敌人，而不是他本人。但是，秘录社没有给出理由。

“没人会无聊到去做这种事，越是看不出理由的水越深。”战车对秘录社的信任到了迷信的地步，“上面不说自有他们的道理，我们做事就行了，时机到了他们自然会给我们交代的。”

但这确实是个大难题。

狼王的言外之意就是不得报警，而且一旦有袭击事件发生，我和战车还必须得装做是无意之中“见义勇为”地救了那孩子，同时还得在不引起对方注意的情况下进行跟踪，查出那些谋杀者或者绑架者的真实身份。

十小时之内的任何一秒都可能出状况：绑架或者谋杀都是需要预先计划的，我们接到任务的时间太短，根本来不及作任何调查工作，也就没有任何应急措施，唯一的办法就是寸步不离。

我跟着顾小伟母子上了公共汽车。

但是顾小伟一点儿也不像情报所称的：“是个千载难逢的天才”，他看上去甚至反应有些迟钝，尤其和他旁边那个一直滔滔不绝说话的小男孩相比，我注意到顾小伟几次试图插嘴讲话都以失败告终，终于成功的时候对方却早已换了话题，最后他只好沉默了，小孩子不会伪装情绪，满脸孩子气的沮丧。

我趁着车子晃荡的一瞬间将一枚别针型跟踪器别进了顾小伟的校服衣领后，他丝毫没有察觉。

2

战车用一个省教育局的证件骗过了校园门口的保安——这个证件本是为了方便此次在敦煌的古城探索工作而特办的，事实上，我们身上经常会有各种证件——它们都是由实力雄厚、关系网广布的秘录社所提供的，最妙之处便是它们都是真实有效的，所以不必担心西洋镜被拆穿后的尴尬与被动。

我们对校方声称是到学校来进行消防安全突击检查的工作人员，因此而获得了四处察看的特权。

秦城街小学并不大，结构也简单，除了操场外，便只有一栋教学楼和一栋行政楼，教学楼共六层，顾小伟在一年级四班，一楼最东侧的教室。

8 点整，上课铃响。一位戴着眼镜的瘦高个男老师拿着一沓试卷走进教室开始分发，9 点 30 分，考试结束，学生们从教室拥出。

顾小伟是最后一个走出教室的人。

他没有跟着大部分人冲进卫生间，也没有和少部分人讨论考试的难易，只是一个人安静地走到了花圃边发呆。

我向他走了一两步，他立刻像有所察觉般地抬起了头，视线向我直射过来。

那眼神很怪异，角度似乎是对着我，但又像穿过了我的身体，落到了一个完全未知的地方：既凌厉又茫然，既气盛又虚弱……那是一种古怪的混合物，总之，完全不该属于一个只有六岁的小孩！

我只觉得一股莫名的寒意沿着脊背攀爬上来。

一小时之后，顾小伟被带进了校长办公室。

他的数学考试交了白卷。

但校长之所以见他，是因为他在卷子的背后默写了圆周率，一直默写到小数点后 3627 位，同时还在试卷上写下了数个奇怪的英文单词。

“Lambda 是指宇宙的暗能量，W-Boson 是 W- 玻色粒子，Z-Boson 是 Z- 玻色粒子，Gluons 是胶子，Higgs 是指希格斯介子……”

战车的解释完全没用，我只觉得越发云里雾里：“都是些什么跟什么啊？”

“你文盲啊？！电子和中微子通过交换就会形成 W- 玻色粒子和 Z- 玻色粒子啊，这两种新粒子可以和光子发生相互作用……胶子是强核力的量子……”战车在我持续的迷茫表情下终于愤怒地失去耐心，“我真好奇，你到底有没有读过书？连量子色动力学都不知道？！”

我没空理会战车的显摆，我的学历不如他高，但是小学一年级的学生顾小伟就更没理由知道。我们打听到的情况是他的数学经常不及格，各科的成绩都不好，读书缺根筋，每次考试都会拖班上的平均分，几乎没一个老师觉得他聪明……很明显他与众不同的一面在今天是首次亮相，否则不会如此轰动。但情报却在十几小时以前就被送到秘录社，所以更让人疑惑的问题是：那个送情报的人怎么会知道？

手持跟踪器显示仪上有一个红点在跳动，这个点便代表顾小伟，我戴上耳塞，耳机里传出一老一少的对话声——事实上应该称为校长的独角戏，因为顾小伟几乎没说话，我只能听到他不太均匀的呼吸声。

校长的声音听起来很柔和。

“……告诉我，这些是谁教你的，好吗？”

“……”

“你放心，不是要怪你，只是想知道为什么？是不是不喜欢考试？想用这个来证明自己啊？”

“……”

老校长已经很有耐心了，但无奈的是对方压根不接招，于是这场僵持战也只好暂时告一段落。

“这样吧，你先回去上课，你想告诉我的时候就来告诉我，告诉你的老师也行，好不好？”我听见校长说完这句话，门便打开了，顾小伟走了出来。

一个二十来岁的女老师从顾小伟身边走过，她叫住了顾小韦，摸了摸他的头：“你怎么啦？脸色这么难看，不舒服吗？”

顾小伟厌恶似的扭转了头，声音冷漠：“林老师好。没有不舒服！林老师再见！”

女老师一脸无奈，转身走进了校长办公室。就在这时，正朝着楼梯口小跑的顾小伟忽然身体僵直地栽倒在地，他摔倒的姿势古怪之极，连膝盖都没有弯曲。

我和战车手忙脚乱地把顾小伟抱了起来，他已经昏迷了，额正中肿得老大。

3

我和战车从围墙翻进校园。

守夜的保安在值班室里打着瞌睡。

夜晚的学校和白天的学校是完全不同的两种面貌。

当失去了儿童天真烂漫的嬉戏欢笑声和琅琅读书声，当失去了人气与阳光的填充，只剩下铺满狰狞树影的操场和森森郁郁的窗口，那些我们所熟悉的温柔雅静的气质完全消失了，取而代之的是神经质似的恍惚与压抑的躁动，到处都似一张张饥肠辘辘的大口，等待着吞噬任何在这个时间闯入的生物……

战车从自己的身上掏出了一个微型电子罗盘。

罗盘上的指针正在飞速地旋转着，这表示整个学校的磁场十分混乱，其中以教学楼和行政楼最为严重。

“我只见过两个地方有这样混乱的磁场。”战车诧异道，“一个是在湘西的明宁公墓，一个是中国百慕大黑竹沟！”

我们走到行政楼第三层的走廊——这也正是白天顾小伟摔倒的地方。

“他是在那个女老师摸了他的头之后晕倒的！”

“可是摸摸头就被打回原形，这也太夸张了吧？”我困惑着——现在我们已经肯定顾小伟不会有任何特殊的才能了，在我们来学校之前，他躺在病房里为了第二天需要住院观察而不用去上课而开心不已，那种凌厉诡异的气场消失殆尽，且他完全不记得白天在考场上的经历——医生们把这称为选择性失忆。

换句话说，作为天才的顾小伟确实已经“死了”！

“谁？！”战车忽然喊了一声，我顺着他的视线看过去，只见走廊的最左侧——手电光的盲区有一道黑影从黑夜里裂出去，直接从阳台蹿下了楼——确切地说那不是黑影，事实上我们视线所及的地方黑得就像一团散不开的浓墨，之所以我们能看见那个影子是因为有一团微弱的光影包裹着它，那光影极其纤细，使得它的包裹体看上去更像刚由一把剪刀从周围的黑夜裁剪下来的人形剪影。

战车追下了楼，爆发力和反应力让我望尘莫及，等我奔到花圃中时，他们两位早已不见踪影，我只听见自己的呼吸声混合着风声一起作乱。

嘻嘻嘻。

风声中似有人在冷笑。

我拿出手电照射过去，一道与手电光完全不同的光影迅速地从我的视野里消散开去，在它完全消失的一瞬间，我觉得自己似乎看见了一张脸，由雾气和光亮组成，它只存在了不到一秒。

但嘻嘻的笑声并没有和它一起消失。

我继续寻找声源，最后断定它们来自位于我左侧的一堵墙，实际上它是教学大楼东侧外墙的一小部分，墙体的后面正好是顾小伟的那个班级的教室——白底的铭牌上用红字写着：一年级四班。

教室的门是锁着的。

嘻嘻声现在是一群，它们似乎在门的后面上蹿下跳。

我拿出武器，这是一只特制的口红，它实际上是一把微型的麻醉枪，很快我便不得不嘲笑自己的决定，因为我的对手出现了：光圈中的木门有一块正缓慢地凸出来，并从拳头大小扩展成一个立体的人头——没有五官的人头！

木头不是橡皮，不会有橡皮的弹性，这不符合它的物理本性，所以我见到的很可能是幻象。

战车说过，磁场混乱的地方最容易出现幻觉。

麻醉弹是对付不了幻觉的，解除幻觉影响力的最有效方法是自行封闭自己的五觉：视、触、味、听、嗅——因为现在它们成了敌人的工具。

我闭上眼，开始深呼吸。

渐渐地，风声消失了，笑声也消失了。

我慢慢睁开眼。

没有风，只有月光透过微微发抖的树叶缓缓地倾泻下来，这时我突然发现天上是满月，今天是阴历十五——而之前这地方黑暗得完全伸手不见五指。

也就是说，从一开始，我们就陷入了幻觉之中。

只见战车一脸沮丧地跑了过来："让那家伙跑了。"

我抹了抹一头冷汗："到底是什么人？或者，不是人？"

"哼！"战车忽然冷笑了一下。

我不寒而栗，因为这个笑容看上去很眼熟，它曾经两次出现在顾小伟的脸上，现在，战车复制了它们。

"你为什么要这样笑？！别这么笑！"

"我没笑啊！"战车伸出一只手来摸了摸他的嘴角，但是我的视线却落在他的另一只手上，一把匕首已经被他悄悄地拔了出来，藏在身后。

"我是木蝎！"我不知所措地叫道，"你要干什么？！"

战车狞笑着，拔刀向我刺了过来！

我一脚踢出，想要阻挡他的攻势，但是他的力气远大于我，我立刻便因反作用力跌倒在地，他扑了上来，我只好拔出腰间的匕首招架，一刀刺在他的左肩膀上，避开重要脏器："你醒一醒！我是你的搭档呀！"

"我知道！"战车的血滴到我的脸上，但是他没有停止攻击，"就是要你死！"

他是搏击高手，但此刻他的动作却很不标准，几乎完全是使用蛮力，我醒悟过来——眼前的这个家伙根本不是战车！我死死捉住那离我心脏只有 1 厘米的刀："你到底是谁？"

"你的地狱！"他回答我。

刀尖已没入皮肤，剧痛和恐惧让我尖叫起来，同时，我又听见了那一声奇怪的嘻嘻声，大脑的思维像是被这声音怪兽给吞噬了，又成了一片空白……

4

"啊——啊——啊——"

尖叫声在继续。

尖叫的人是我。

我大口大口地喘着气看着四周：这里是一间阴暗的小木屋，空气里弥漫着尘土的味道。

战车正在俯视着我："木蝎？木蝎？"

我又是一声尖叫，本能地缩成一团。

战车毫不客气地给了我一耳光："醒一醒！我是战车！"

我的脑子清醒了些，是的，真正的战车是不会袭击我的，所以那一幕肯定是幻觉。

"到底发生了什么事？"我问。

"我还想问你呢！"战车紧皱着眉头，"我正到处找那家伙，然后就听见你在那儿傻叫，只好又赶回来，没想到你竟然扎了我一刀！"

战车指着自己的左肩膀，做了个痛楚的表情："你叫得惊天动地的，把保安都招来了，我只好把你打晕了，背着你跑出来——差点儿被你害死！喂，你到底看见什么了？！”

我长长地吐了口气，讲述了当时的经历。

“也就是说，那家伙竟然有能让人产生幻觉的能力！”战车狠狠地咬咬牙，“妈的！他竟然敢毁坏老子的形象！”

“幸好是幻觉！”我心有余悸地说，“我真的不能接受和你生死相搏！这家伙真恶毒！”

战车脸上的肌肉抽搐了一下，神情忽然变得有些古怪：“就这么多？还有其他的吗？要知道这十八个小时你可是一直在发疯，只要不给你注射镇静剂你就一直叫个不停……”

“十八个小时！”我吓了一跳，这才发现自己的声音确实已经变得沙哑，“你跟狼王联系过了吗？你有告诉他我的情况吗？！”

秘录社的成员必须每八小时和上级联络一次，失去联络是很严重的事件，这通常表明记录员身陷危险，且无法自救，秘录社会启动应急机制，若真如战车所说，我失去意识，而且疯癫了十八个小时，按照相关规定，我应该被立刻送回秘录社进行全面检查和隔离——半年之内都不能执行任何任务。

“别担心，我哪有那么不讲义气？”战车嘿嘿一笑，“放心吧，我跟他们说了，你只是受了点儿轻伤。”

我震惊地看着战车：“你为了我违规？！他们要是知道你会被处罚的！”

“你不说我不说，谁知道？”战车拍了拍我的肩膀，“你走了，我上哪儿去找你这么体贴的搭档啊？！事情又得耽搁下来了。非常时候得会应变啊！再说了，你这不是很好吗？”

5

女人的脸看上去很古怪，像是戴了一个仿真度极高的面具，连眼神都仿佛是画出来的。

她把我和战车让进屋子。

“只有我一个人。”她把户口本拿出来让我们过目，“你能不能跟上面说说，把他们的名字再打上去，屋子里就剩我一个人了，至少让这个本子上留下他们的名字吧？”

女人的名字叫丁月玲，她口中的“他们”指的是她的丈夫刘斌和女儿刘敏，刘斌在十年前因出车祸身亡，而刘敏在八年前自杀而死。

我和战车现在是“户籍调查人员”——我们“借用”这个身份进入了丁月玲的家。

饭桌上摆着三副碗筷，其中两副前都摆着照片。

房间里的气氛很压抑，也很怪异。

不知道为什么，我总觉得那个八岁的女孩仍然站在屋子的某个角落。

“行吗？”丁月玲在哀求，她的黑眼圈深重得就像两块铁，坠得她的整张脸都扭曲变了形，那亦是种压抑到极致的崩溃。

我把一份表格递过去：“先把资料填了吧。”

丁月玲开始填表，一分钟后她便倒在了桌面上——这份表格是用特殊的油墨印刷的，具有强力镇静作用，近距离吸入便会立即生效。

虽然明知道这对人体无害，那个昏睡的女人仍然让我觉得于心不忍。

“就当补觉了。”战车伸出手，他伤感地摸了摸丁月玲的头，“她应该很久没这样睡过了，希望她能做一个好梦。”

“以前总觉得你是铁石心肠，”我讶异地说，“想不到你还挺有同情心的。”

战车瞪了我一眼：“废话少说，开工吧！”

刘敏也是秦城街小学的学生——和顾小伟同校，八年前她在自己的家里上吊自杀，用一条红领巾。

这起自杀之事在当时算是轰动一时，被大家广泛接纳的原因是当天她的数学考试没有进入前三名，其母指责了她几句，自尊心强的刘敏便选择了结束幼小的生命——当时人们都把讨论的重心放在了“学生心理素质”上，认为是现代孩子的心理承受力太差，包括警察们在内，并没有任何人怀疑她自杀另有原因。

这个可怜女孩短暂的一生被人用短短的八个字形容：品学兼优，脆弱敏感。

其实除此之外，她喜欢画画，而且还颇有天分，那些画至今还被完好地保存在她的抽屉里，被她的母亲细心地装订成了一本。

我一张一张地翻看着，虽说对于一个八岁的女孩来说这些画已经相当不错，但是离天才还是很有距离的。

“你看这儿！”战车拿出一本语文课本，指着书页边缘一排密密麻麻的文字说道，“这有个符号很怪！”

那课本的夹页里密密麻麻地记着课堂笔记，那个古怪的符号十分怪异地嵌在一段笔记的中间，像一颗不在计划内的陨石从天而降。

“有点儿像是楔形文字呢！”战车说道，“多找找，看还有没有，我们把它临摹下来发给社里请专家看看。”

在刘敏的课本夹页里一共发现了四个类似的符号，秘录社的专家很快给出了肯定的答案：这种文字出现在6000年前的美索不达米亚，又被称为“苏美尔楔形文字”，这是种已经死亡的文字，现在世界上只有极少的专家能够翻译，而那四个文字代表的意思分别是：星、神、天、头。

一个八岁的女孩竟准确无误地写出了6000年前的古老文字！

“毫无疑问，刘敏是个天才！”战车分析着，“顾小伟也是个天才！前者在没有被人发现的时候就蹊跷自杀，后者则是昙花一现！我觉得这绝不是巧合！林依兰是最后一个接触顾小伟的人，哦，对了！林依兰从2002年就在秦城街小学做美术老师，那刘敏肯定也是她的学生之一，刘敏那么喜欢画画，你说，她会不会在美术作业本上写过那些文字？”

“你的意思是林依兰有可能在看到了那些文字后害死了刘敏？”我皱起眉头，“可是她为什么要这么做？她没必要去嫉妒一个只有八岁的小女孩吧？至于顾小伟，他又没有死，如果她摸摸头就能够让人失去能力，那为什么非要害死刘敏呢？这讲不通啊！”

战车被我反驳得有些语塞，不由得涨红了脸：“她要是一变态呢？自己庸庸碌碌，就见不得有天才出现，每次一出现她就把人给灭了给封了，至于为什么她对待刘敏和顾小伟的方式有区别，这个恐怕得问她本人了，正常人怎么能知道变态人的想法……”

“我不同意，她要有能封印别人天才的能力，这可不得了，又怎么会是庸庸碌碌的人呢？一定有一个原因的……”

滴滴滴！

滴滴滴！

我和战车的手机同时收到了狼王发来的一条短信——

马上看电视，敦煌市新闻台。

电视上，赫然是一张男子面部特写照片。

那张脸并不陌生，因为我们都见过——他是秦城街小学的数学老师郑齐。

“……目前已经确认前日在湖里发现的男子尸体是我市某小学的数学老师，警方已在其家中发现了遗书，基本确定该男子死于自杀……是什么样的原因让一个工作稳定的小学老师走上自杀绝路？请注意收看我台在今晚 8 点播出的《真实故事》栏目——‘一个离异男教师的孤独人生’……”

我倒吸了一口冷气：“我想到了！我们竟然忽略了他！”

“怎么了？”战车立刻问道，“你想到什么了？”

“顾小伟从来没展示过他的天才，可是那份情报却肯定顾小伟会在那天受袭，只有两种可能性：第一，送情报的人确实有预知能力；第二，送情报的人可以操纵顾小伟，也正是他让顾小伟在那天展示出他的天才，”我说道，“你想想看，顾小伟的天才是在数学测验后展示出来的，如果在进入课堂之前他还是个平凡的小孩，不，我肯定他那时候还没有变成天才，那么他后来是怎么变化的？只有两堂课的时间——在考试时可以影响他的人，最有可能的就是数学老师啊！设想一下，就是他开启了顾小伟的天才！而他的真正目的却是为了引出那个袭击者！但是我想不通的是，他为什么要这么做？又为什么让秘录社掺和进来？这对他有什么好处？”

“可现在郑齐死了！”战车捏了捏拳头，“他绝不会是自杀！”

新闻故事里说，郑齐于八年前离婚，并开始独居，除了上班之外，几乎不与任何人交往，心理学家们在电视上侃侃而谈，说这是一个因为长期压抑而导致忧郁症的典型，自杀只是压抑的最后结果……

八年前，不正是刘敏自杀的那一年吗？而郑齐的死亡时间，却又正好是我和战车去学校调查遇袭的那一夜！

我打了个寒战。

战车拿起遥控器关掉了电视：“别听这些人胡说八道了，做正经事吧。”

6

我缓缓地走近林依兰。

她的眼球在她的眼皮子下急剧地转动着，她的呼吸很不均匀，由此可以想象她的梦境并不令人愉快。

不得不承认她看上去仍然很年轻，33 岁的女人就像二十出头一样，她有着美丽的资本，这样的容貌应该伴随更精彩的人生，而不是在这样一所普通的小学里做一名普通的美术老师，一做就是十年，并且独自居住在这样一个远离市区交通不便的地方。

房间里到处都散发出寂寞的味道，和它的主人一样。

八年前的七月她搬到了这里——正好也是刘敏出事的那个月。

“抓紧时间呀！”战车催促着。

我捋起林依兰的睡衣袖子，拿出注射器将一种被称为“TD”的药物推入她的静脉，这种药可作用于人的中枢神经系统，让受药者的意识处于类似被催眠的状态，由此而获得想要得到的真实信息。

林依兰醒了。

我用手捂住她的尖叫，事实上我不需要这么做，她的声音听起来并不比蚊子声更洪亮。

“你是谁？”她在发抖。

“这也是我想问的问题。”我观察着对方，药物开始起作用了，“你是谁？为什么要杀死刘敏？”

如果说林依兰的脸色方才是苍白的，现在便成了死灰色了。

“我不知道你在说什么……”她咬着牙，与药物做着对抗，“我没有杀她……我不知道……”

“你对她做了什么？”

“我什么都没做。”林依兰缓缓地说。

“撒谎！”战车愤怒地指着她，“她在装傻，加大剂量！”

“这药过量了会对神经系统造成不可逆的损伤，”我犹豫着，“最好还是……”

“想想她对那两个孩子做了什么！”战车开始大吼，“加大剂量！”

我向林依兰的静脉里又推入了一毫升液体，这已经是极限剂量，但林依兰仍然用摇头和沉默来回答所有的提问。

“我看我们是弄错了，可能真的只是巧合……”

我的话音未落，林依兰的整个身体在瞬间就成了角弓反张的状态，眼神散乱而惊恐，她的五官扭曲得变了形：“不要！不要！”

我扑上去摁住她，准备注射解毒针剂，却被战车一把抓住：“再等一等！”

“你在干什么？！要出人命的！”我惊诧地转头看着战车，他却是一脸的无动于衷，他的眼神像两把刀，直直地刺入林依兰的双眼，“说，到底是谁指使你的？！”

林依兰奋力把头转向我，她很痛苦，但并不迷糊，完全不像是一个在药物控制下应有的表情：“救我，救我……”

我拿出了麻醉口红，对准了战车，毫不犹豫地对准他的左腿开了一枪。

战车没有避开，因为他没有想到。

他跌倒在地上，满脸惊骇：“你疯了吗？我是你搭档啊！”

“你不是战车！”我一面说，同时又朝他的右腿开了一枪，双腿同时进入麻痹状态便让他完全没有办法从地上站起来。

我回头看了一眼床上的林依兰，她的痛苦显然已经结束了，正大口大口地喘着气。

“谢谢你，我欠你一个人情。”林依兰调整了一下呼吸，然后说，“他刚才想趁着药物起作用的时候入侵我的大脑！”

“真正的战车可没这本事，”我望着眼前人，“你到底是谁？你把战车怎么了？”

“你胡说些什么？”战车的脸色一下子变得铁青，“你的脑子被她洗白啦？”

“战车很聪明，他也很擅长应变，但有一点，他绝不会违反秘录社的任何规定。所以，当你说没有如实向狼王报告我的情况的时候，我就已经开始怀疑你，这两天我一直在观察你，你虽然看起来和他一模一样，但是有些东西你是没办法模仿的，你的思维方式和处理问题的态度和他完全不同，你一直在通过各种方式诱导我……还有，我和战车是出生入死的搭档，我们之间有很多默契，可是在你身上，我感觉不到……

告诉你，我早就已经把我的怀疑悄悄告诉了上面，”我忍住眼泪说道，“我们因此采取了紧急应急机制！你大概不知道吧，我们所有成员的大脑里都被植入了一个由芯片控制的微型金属胶囊，里面含有一种可以破坏海马区细胞的病毒，一旦成员有违规行为或是出现紧急情况，这枚芯片的控制中枢就可以远程打开这枚胶囊，将病毒释放出来，届时芯片植入者会失去所有的记忆——可是你没有失去记忆，所以，你只能是假的。你到底是谁？真的战车在哪儿？”

“为了证明我是假的，你们竟不惜摧毁自己同伴的记忆？！”地上的男人一脸骇然，“你们还真做得出来！”

是的，这是秘录社的决定，一个残酷却必要的决定。

狼王告诉我，那份情报并不是由秘录社的任何一个情报员所提供，而是直接发送到了秘录社内部系统的秘密邮箱，而在秘录社里知道那个账号的人不超过五个，甚至连我和战车都一无所知，且外人根本不可能进入秘录社的内部系统，收到邮件的第一时间秘录社便终止一切进行中的项目，变更所有档案的访问密码，全力调查泄密事件，但到目前为止完全没有任何头绪，对方竟然没有留下任何蛛丝马迹——无论怎样发送邮件都应该有始发端，可是秘录社的专家无论如何都无法查出邮件来自哪里，连服务器上都没有痕迹，更无法定位具体地址，换句话说，这邮件简直就像是上帝亲自放进邮箱的。

这也正是秘录社对这个奇怪的情报如此重视的原因，事实上他们更期望通过这件事查出这个入侵者——因为这是一个可怕的敌人——秘录社里有太多秘密，很多秘密都和核子弹一样可怕，为了保护这些秘密，只能作出牺牲。

“从进入秘录社的第一天起，我们就准备要付出自己的生命，”我咬着牙说，“为了守住秘密也可以牺牲掉记忆。我们宁死也不会成为魔鬼的傀儡，不会成为祸害同伴的工具，我相信换了是我，战车也会这么做——这才是成全，像你们这样的人是不会明白的。”

林依兰的眼圈红了，她轻声说：“我明白。”

地上男人的眼神变了，那是我所见过的最邪恶的眼神，我的耳朵里响起了一声轰鸣。

门忽然开了，狼王带着六个人走了进来，每个人的手里都拿着一个小仪器，仪器发出滋滋的电流声。

七个人将地上的男人包围了起来。

“这是脑电波干扰器，为你量身定做的！你还想制造幻觉吗？”狼王冷笑。

“战车”狂吼了一声：“原来这是个圈套。螳螂捕蝉，黄雀在后！”

狼王的一个手下迅速地从假战车的伤腿上用吸棒取下一滴血，滴入了狼王手中的仪器，仪器运转片刻后，一行字从荧光屏显示了出来——

非人类基因。

“果然如此！”我深吸了一口气，说道，“我在档案里看到过你这种怪物的记录，你们专门盗取别人的DNA，然后结合自己的基因复制出和目标人物一模一样的身体，包括他们的记忆，所以你才会有战车的记忆。如果我没有猜错的话，你之前的身体是数学老师郑齐，他也是你复制出来的吧？所以他才会突然离婚，才会独居八年，因为你怕别人看出破绽！这一切都是你策划的，你那天影响了顾小伟的脑电波，让他默写出那些古怪的东西，为的就是引林依兰动手。当我们调查的时候，你又袭击了我们，你绑架了战车，然后复制了他的身体，接着又把郑齐的身体抛弃了！而你把我们引入这件事的原因，就是为了想得到一个像战车那样的身体，同时混入秘录社，你到底想做什么？！”

“哈哈！”假战车阴笑了两声，“你倒比我想象得要聪明，也比战车想象得要聪明。”

“战车在哪儿？”我急吼，“你把他怎么了？”

“我不会告诉你他在哪儿的！”他狞笑，“但我可以告诉你，他是为了救你才中了我的计。”

我的心口一阵剧痛。

“给我打解毒针，我帮你们。”床上的林依兰忽然说道，“相信我。”

我冷冷地注视着前者：“我可不敢相信一个会对小孩子动手的人。”

“既然今天大家都把话说破了，我也就承认了，是，的确是我封印了刘敏和顾小伟的部分能力，但我从来没有想过要伤害他们，我也没有伤害顾小伟，不是吗？再说如果我真有那么厉害，今天也不会受制于你们了，是不是？”林依兰说道，“至于刘敏的死，我真的不知道是怎么回事！”

假战车冷笑：“呸。”

“你救了我，我欠你一个人情。”林依兰继续对我说道，“你那么想救你的朋友，应该知道多耽搁一分钟都可能害死他！更何况，我也很想知道，他为什么要这么做！"

她的话击中了我的要害，我望向狼王，狼王点了点头："放心吧，我们在，她玩不出什么花样的！"

我给林依兰注射了解毒针。

两分钟后，她松了口气："这药真厉害！想不到我差点儿栽在这上面。"

林依兰走到了假战车的面前蹲了下来，把手放到了他的头上，假战车极端厌恶地扭过头，试图避开，于是便有两把手枪对准了他的脑袋，他只好乖乖地不动了。

林依兰闭上了眼，把手重新放上去，随即又惊恐地弹开。

"你，你是，你是小敏！"

我吓了一大跳："你是刘敏？！"

"怕了吧？我就是你的地狱！"假战车指着林依兰，"哈哈哈！"

林依兰真的像是看见了地狱："怎么可能是你？！"

"当年我那么信任你，喜欢你，尊敬你，什么话都跟你说！可是你却毁掉了我！"假战车阴冷地说，"是你把我变成这样的！如果你没有封印我的力量，我也不会变成今天这样！"

林依兰跌坐在地上："天哪！"

"……爸爸早就跟我说过，他和别人是不一样的，他说他活得很痛苦，你知道他为什么会自杀吗？因为他每隔八年就必须更换一次身体，否则身体便会腐烂，这就意味着他必须不断地更换身份，否则就没有办法在这个世界上生存下去，他永远不可能与自己的亲人和爱人长相厮守，而没有任何人会接受这样的丈夫，他自杀前的那天晚上跟我说，我很幸运，因为我不像他，我有一半人类的基因，他说我是隐性遗传，所以这种命运终于可以在我身上终止了……可是你却把我变成了和他一样！你激活了我体内的变异基因，它们原本在沉睡！"假战车像个小女孩一样开始抽泣，"一切都毁了！"

"那是个意外！我真的不知道……"林依兰喃喃道。

"所以，八年前你自杀，然后复制了你数学老师的身体，复制了他的记忆，用了他的身份……"我震撼地看着这个住在战车身体里的女孩，"现在，时间又快到了，这次你选了战车——我只想知道，他现在在哪儿？"

“放心，”林依兰插嘴道，“为了不让你们起疑心，所以她只完成了外形和记忆的复制，还有部分复制工作并没有完成，所以你的朋友现在还活着，她把他藏在了一个安全的地方。”

她拿起一张纸，写下一个地址交给我：“在这里。”

假战车，不，应该说是刘敏恨恨地瞪了林依兰一眼：“你又一次出卖了我。”

“我不想看你越做越错。”林依兰说，“小敏，对你我一直很内疚，但是，这不该成为你伤害无辜的理由。”

“说这种话也不脸红！”刘敏“呸”了一声，“你是圣母吗？你对我和顾小伟做的又是什么呢？”

“那是我的使命。”林依兰低下头说道，“天才并不一定就会造福人类，如果出现的时机不对，也可能会是魔鬼。看看现在就知道了，科技的进步造成的毁灭比创造要多得多！知道太多，欲望也会更多……”

刘敏激动起来，把脸转向我和狼王：“我不是坏人，那个数学老师，他是自己喝多了酒不小心摔死的，我只是借用了他的DNA和他的身份，我抛弃掉的那具尸体是我自己的，我没有杀人！我也没有杀你们的人，那个人还活着，我是打算做完这件事就把他放了的！我之所以这么做是因为知道你们是一个很有力量的团体，如果我想报仇这八年我有很多机会，可是我一直在等，是为了等到一个可以与他们抗衡的团体，能够一举消灭他们——半个月前我偶然听说了你们，我知道我的机会来了。”

“所以你给我们发了那份邮件，用你的特异功能。”狼王蹲了下来，“你说的他们是指？”

刘敏指着林依兰：“她不过是个棋子，她背后肯定有人，那些人才是最可怕的。不知道有多少天才都被他们用这种方式毁掉了——他们是疯子！我不是为了自己啊！我只是想把这些人找出来！”

“小敏！”林依兰叫道，“放手吧！你不会成功的！”

“他们到底是什么人？”狼王把问题抛给了林依兰，“你又是谁？”

林依兰苦笑：“我要先问过他们才能回答你。”

“他们在哪儿？”狼王狐疑而戒备地四处张望。

“就在这儿，到处都是。”林依兰一面说着，一面开始闭上眼喃喃自语，“我可以告诉他们吗？……我觉得可以透露一点，不然会有很大的麻烦，他们会明白的……好的，我知道了……”

她的样子看上去像是在跟某个存在于她大脑里的人沟通，但我们却没办法听到另一个人的声音。

“看见了吗？她疯了！她是疯子！”假战车开始咆哮。

在场的所有人都开始面面相觑。

林依兰睁开了眼。

“他们认为你们不是敌人，所以我可以跟你们作出解释，这么说吧，他们不是人，而是一种强大的力量，以电磁场的形式存在，这个磁场里聚集了古往今来大量的数据信息，这些信息之前都储存在人脑里，也就是人类的记忆，人死之后，根据能量不灭定律，电磁波是不会消失的，而这个电磁场可以收集各种游离的电磁波，它们的作用就是根据数据作出精确的判断和预测，进而对这个世界的运转进行调控，可以这么说，他们就像是一台超级电脑，而他们存在的意义就是为了让这个世界处于一种平衡状态，由于人类行为是对这个地球影响力最大的因素，所以为了方便调控，他们选择了一些使者来执行具体的指令——我就是这些使者中的一个，而封印一些不该出现的所谓天才，就是我的使命之一。”

“好伟大的使命哦！”刘敏阴阳怪气地说，“原来迫害小孩，消灭天才，是为了世界和平！”

“听说过蝴蝶效应吗？”林依兰耐着性子，“一只南美洲亚马孙河流域热带雨林中的蝴蝶，偶尔扇动几下翅膀，可以在两周以后引起美国得克萨斯州的一场龙卷风。更何况是有巨大影响力的人类行为？一个真正的天才可以让人类的科技进步十到二十年，科技可以创造人类历史，也可以毁灭人类文明，过去这种事并不是没有发生过！一直以来，都是它们的精确计算在保护我们！当初是因为你的大脑恰好接通了一个充满了苏美尔文明数据的信息场，可以接收到部分信息，但是苏美尔这个已经消失的文明里有很多信息并不适宜让现代人知道，否则会造成极大的混乱，经过精密计算，他们认为由你带来这种混乱的可能性为22.5%，所以就命令我关闭你大脑和那个信息场的通道，只是他们的数据库里并没有有关你身世的信息，所以发生了意外，这是误差……”

狼王若有所思：“也就是说，所谓的天才，并不是由于他们的大脑和常人不同，而是因为他们的大脑和外界的某个信息场之间建立了特定的通道，可以接收到已经存

在的信息，或者说是频率，由于信息量大，他们做出远超过常人的成就来？就像‘站在巨人的肩膀上’？”

林依兰点点头：“正是如此。每个人的大脑都是一个接收器，可以接收特定频率的信息，特定的知识区有特定的频率通道，天才和常人的区别就是这些通道，打开了一条通道的就有机会成为这个领域的天才。”

“当初就算是有意外，为了那 22.5%，你们也会选择牺牲掉我吧？”刘敏狞笑，“那么顾小伟呢？他也是 22.5% 吗？”

“他是 3%。他原本只有十万分之一，这百分之三是你给他的，他在通道打开的同时产生了欲望和野心，甚至是邪恶，而他本来是个平凡善良的小男孩。人类就是这样，有了更多的力量，就会有更多的野心……小敏现在就有打开别人通道的能力，所以她想要的，绝不仅仅是报仇而已，是吗，小敏？”林依兰望向刘敏，“你想铲除挡住你的障碍，刚才他们测算了你的危险值，你现在是 87%。”

“那又怎样？”刘敏的声音有些发抖，现在她的眼神里全是绝望，因为她的敌人并不是人类，甚至连形体都没有，那是她无法对抗的力量，我们也不能。

“超过 50%，杀无赦！”林依兰恻然地站了起来，同时擦去眼泪，“真的对不起，小敏，这是我的职责，我只能这么做。”

“所以你要牺牲我第二次？”刘敏大叫，“去你的对不起！你这个没人性的傀儡，奴才，走狗！”

“你不能动她。”狼王挡在刘敏的身前，“这个人我们还有用。”

“要知道在人性和理性之间必须作选择。我知道你想要什么，你想为了那个失去记忆的下属复制记忆，但是我不能让你这么做，她的记忆是三个人的混合体，你们复制了记忆也就等于复制了她！从某种意义上讲我们是同行，我相信你会理解我们的决定。但如果你执意而为，就会把你的危险值提升到……”林依兰顿了一下，然后说，“63%。”

狼王浑身颤抖了一下。

我冲到林依兰的面前：“你们凭什么决定别人的生死？说个百分比就唬住人啦？别忘了你是我们的手下败将！”

“我不是唯一的使者，他们并不像我这样没用，”林依兰叹了口气，“对不起，他们已经来了！”

“原来你一直在使缓兵之计！”狼王大叫。

“嗡——”

一道低沉的声音忽然响了起来，他们像是来自地下，又像是来自我自己的大脑，但不管来自哪里他们都在瞬间就攻占了我所有的思维，那声音似有千斤之重，拽着我的身体往地下拖，我拼命捂住耳朵，但是没用——他们仍然毫不留情地把我压到了地上，视野余角里，我看见狼王也痛苦地栽倒了下来，而最可怕的便是刘敏，她看上去像是在惨叫——但我完全听不见她的声音，她的身体在一瞬间变成了一团火焰，她的四肢在火影中畸形地扭动着……

战车的记忆也在焚烧。

不！我哭叫。

啪！仿佛是被拉断了电闸，我的意识也随着这突然到来的黑暗一起消失了……

7

闪电劈开了夜幕。

这是我醒来看见的第一幕景象。

我是被大雨浇醒的。

狼王和其他六个人躺在我身边，我们像尸体一样被人在旷野里摆成了一排。

我拍打着狼王的脸，把他叫醒。

狼王很愤怒，我想他大概从未像今日这样丢脸过。

我们赶回了林依兰的家，那里已经人去楼空，只在地上留下了一处炭黑的痕迹——这说明我之前所看见的并不是幻象。

“看来我们的危险值没有达到 50%，所以他们并没有‘杀无赦’。”

“各为其主。我现在只希望他们真的就像林依兰说的那样，目的是为了平衡而不是破坏。”狼王怅然地叹了口气，“但是谁知道呢？”

尾　声

战车躺在床上，呼吸匀称，看上去不像是昏迷更像是酣睡。

我真希望这一切不过是他的一个梦，梦醒之后，他依旧是那个有些嚣张有些暴躁但绝对善良和正直的战车。

秘录社的医生说战车只有万分之一的可能性恢复记忆。

如果死亡是每个人最后的归宿，那么到那一刻我们所能带走的只有我们的记忆，也只有那些记忆证明我们曾经活过。

我从没想过他会以这样的方式退出，我一直以为更弱小的我会是那个提前离开的人，但意外永远在我们的意料之外。

狼王说，如果这是他的路，他便会回来。

是的，万分之一也是希望，只要他还活着。

我坐在床边，削好一个苹果，又将果肉雕成一个小女孩的模样，放在床头柜上。

“在你回来以前，我会替你记住你所做过的一切。”我抹去眼角的泪，轻声对战车说，“希望能再见。” 悬疑志

作者的话：

说到天才，我不由得想起一个初中同学，十二三岁就极富商业头脑，他是班里的数学科代表，成绩奇好，每天负责帮老师查收数学作业，统计未交作业者的名单，就这么一件简单的事，竟被他想出了一条致富之道：不想做作业又不想上黑名单的人，可花钱到他那里购买一张周票或是月票，他便不把此人的名字列入名单，每周限额两人，由于人数少，老师工作又忙，而这位仁兄又深受信任，竟然一直没有被发现——小小年纪便有这样的心机，真可称得上是天才了！我那时便以为他将来在商场上必会所向披靡，一直竖着耳朵等待黑马奔腾的声音，但是最近同学聚会，听人讲起他，却不过是一名普通的公司职员，收入平平，当年的锋芒早已消失殆尽……感慨之余，便忍不住琢磨：他是被封印了呢？还是被封印了呢？还是被封印了呢？

Ruo Shui

弱水

文/花布　图/玉烟先生

一

我没想到母亲的反应会是这个样子，当我将重点大学的录取通知书摆在她面前时，她居然会眉头深锁。我搞不清楚为什么，我一直是她生活的重心和唯一的希望，她盼望我能考取一所重点院校已不是一两天了。

“我以为你会很高兴。”我很失望地说，“这可是全国有名的重点院校，还是你的母校。”

母亲勉强笑了一下：“我没有不高兴……”

虽然母亲这样说，但我看得出来，她在敷衍我。我的父亲在我很小的时候因病去世，母女俩一直相依为命，为了考取一所令她骄傲的院校，我加倍努力。说实话，对于江城大学我亦非常向往，一是因为那是母亲的母校，二是因为那也是她和父亲相识的地方。

我想去看一看，想在里面生活学习，甚至去感悟一番父母当年的青春岁月和浪漫情怀，这是我二十年来的一个愿望，但母亲的反应让我有一种不妙的预感，那里似乎并没有给她留下多少美好。果然，晚饭时母亲突然对我说：“阿楠，咱

们能换个学校吗？以你的成绩，在本地可以随便挑选大学，完全没必要跑到江城那么遥远的地方。"

我忍不住了："妈，你是不是有什么事不愿意告诉我，关于江城大学的，或者关于你和父亲的？"

"没有。"母亲的回答非常迅速，"我只是……只是不想让你离家太远，我会担心的。"

我还想说些什么，但母亲已挖了一筷子饭填在嘴里，堵住嘴不愿意再和我继续这个话题。我也觉得没有再谈的必要，她深知我脾气固执，决定的事谁也无法阻止，何况是我一直以来憧憬的地方。我必须去！

那晚，不知是不是因为兴奋，我一整晚都没睡，不停地幻想着美妙的大学生活。半夜时，我去厕所路过母亲卧室门口，看到门缝射出灯光，她也没睡，隐隐约约有说话声，好像是在和谁打电话。

直到假期结束，准备前往江城前，我们母女都没有再谈论江城大学的事，母亲好像接受了我必去的决心。临行前一晚，她默默地帮我收拾行李，眼眶里转着泪水。我忽然觉得有些残忍，有些想得过多了。

也许，母亲是真的舍不得我。那晚，我们母女同床共枕，彼此无话，我躺在母亲的怀中很久。黎明前，母亲突然话多了起来，一直在唠唠叨叨，无非是些叮嘱，要我切记少惹是非，少谈恋爱，大学其实是个很复杂的地方，要懂得权衡利弊。

我以为母亲是个柔弱如水的女子，对人世的尔虞我诈、钩心斗角完全不知情，原来她有我想不到的城府和世故，但我一点儿也不觉得她变了，想一想，其实只是我被她宠溺惯了，太不食人间烟火。

母亲从床上一直唠叨到我上火车。

火车上，我从车窗中探出头来，母亲仍在喋喋不休。我有些好笑，打趣道：

"妈，别再说了，我不过是和别人家的女儿一样，去上个大学罢了，那里又不是只有我一个外地学生，怎么感觉我好像不是去上大学，而是去下地狱。"

或许是玩笑开大了，母亲的脸一下子拉了下来："别胡说！"

"放心，我一定听你的话，少惹是非，少谈恋爱，权衡利弊。"

火车终于准备启动，母亲和其他送行的人退到远处，淹没在人群中。我突然很伤感，将她这样一个老妇独自留在家中，我这个做女儿的究竟对还是不对，但此时已轮不到我乱发感伤，汽笛响后，一切已渐行渐远。

二

新宿舍比我想象的要宽敞得多，不愧是全国有名的重点大学，从里到外、从大到小都让我兴奋不已。且不说宽阔的校园，各种设施齐备的实验教学大楼，单说女生宿舍就与众不同。宿舍楼是独立的小高层，如家庭住宅，每间宿舍都有六十平方米大小，仅安排两个人住。我想，这跟江城大学严格的录取条件有关，全国每年想进江城大学的学子千千万万，招收名额却少之又少。

我的宿舍在一楼，103，位置不错，眺望窗外，紧邻学院湖边和林荫大道以及小操场，环境清幽，出入方便。重要的是，和我同屋的女生是个很好相处的人，她叫穆青，性格大大咧咧的，和我很投脾气。

和穆青相比，我才发现自己有多幸福。父亲去世后，为我和母亲留下了一笔不菲的遗产，但单亲家庭多多少少让我有些自卑，而这些对于穆青根本是小菜一碟。她是个孤儿，一直在舅舅家寄宿，靠自己的努力考取江城大学，实在厉害。

有人曾说，失去越多，越想得到更多。

穆青大概就是这样吧，我俩第一次长谈时，她信心满满地对我说："阿楠，我一定要成功，虽然我现在什么都没有，但我以后会什么都有，我要给那些曾看不起我、欺负我的人们瞧一瞧。"

是的，从小一无所有，她唯一能依靠的只有自己，或许我考不到好大学，甚至考不上大学，还有母亲在背后支持我，她还可以为我打点，在家乡找一份还算不错的工作，平平淡淡过一辈子。

但穆青呢?

她要靠自己百分之百的努力，她必须考取一所重点大学，必须以优异的成绩毕业，必须靠着这张文凭找到一份好工作，以此一步一步往上爬，借此改变命运。

我忽然觉得老天爷对我很好，让我衣食无忧，让我遇到穆青——人不都是有劣根性的嘛，遇到一个比自己不幸的人，多少会有点儿沾沾自喜。我也是凡人，也有劣根性，和穆青一起生活学习让我更加自信一些。

我觉得，从此以后，我的校园生活会很安定且满足。事实上，一切都在慢慢地发生改变。

大概所有的女生宿舍都流传着许许多多的恐怖怪谈，江城大学也不例外。我对这些向来不感兴趣，穆青却很好奇。入学不久，不知她从哪里听来的故事，夜夜都到我的被窝里和我聊些鬼怪传闻。故事多半都和江城大学有关，我左耳进右耳出，权当谈资。

这晚，穆青的新故事居然是有关103的："你知道吗？我今天在食堂吃饭时，听学姐们说，咱们这宿舍闹鬼呢，好像是以前有个女生也住在103里，后来莫名其妙地失踪了。"

我笑道："就这样吗？倒也没什么大惊小怪的。"

"没这么简单。"穆青往我身边挤了挤，"她们说这房间以前是封死的，因为今年招收名额比往年多，所以学校才不得不重新打开，倒霉的是，分到咱俩头上了。听说，这房间的天花板会洇血！"

"洇血？"我不觉得害怕，反而觉得好笑，"这么不可思议的事你都相信？"

穆青没回答我，下意识地抬头向天花板望去，我随着她的目光也望了过去。

已经熄灯，那里显得很高很黑，什么都看不见。

三

"叫我林阿姨好了。"教务主任坐在我对面，笑容可掬。

我有些不自然，一是因为刚开学不久就被教务处单独叫来，二是因为面前的中年妇女居然让我叫她林阿姨。刚才从宿舍出来心里还惴惴不安，以为自己犯了什么错，来了主任办公室简单聊了两句才知道，原来林主任和我妈是校友。

"我们不仅是校友关系。"林主任感慨地舒了一口气，"也许你妈妈没有和你提起过我，那时我们是同学、姐妹、舍友，还是最要好的朋友，毕业后她回了家乡，我则被留校任职，一晃都这么多年了。"

听林主任这样说，我心里安稳了一些，原来她和母亲的关系如此亲近："原来是这样。"

林主任起身为我倒了杯水："你还不知道吧，你妈很担心你一个人在外求学，得知你考上江城大学后，特意深夜给我打了电话，让我照顾你。你放心，从今天起，你有什么事尽管来找我。"

我忽然想起那晚母亲卧室传来的谈话声，恍然大悟："那谢谢您了。"

这次会面后，我和林阿姨越来越亲近。偶尔，还会一起吃饭。一次，林阿姨特意将我叫到了她家。我才知道，她虽已年过五旬，却依然孤身一人。不过，这种现象在当今高学历的知识分子当中已不足为奇，何况是人家自己的选择和私生活，我也没过多询问。

饭间闲谈时，我突然想起父亲，于是问起当年父母在大学的生活和恋情。

回忆过去，林阿姨很高兴："当年，你妈妈可是咱们学校有名的美女，追她的男生非常多，不过最后她还是选了你父亲。也是，你父亲很优秀，家境又好，长得也帅气，应该是公主遇到了王子。”

“可惜……我父亲走得太早了。”

林阿姨叹了口气，说：“是啊，我和你母亲许久没联系，你父亲去世的事，还是那天她给我打电话时我才知道……”她轻轻拍了拍我肩膀，“不说这些不高兴的事了，马上就放暑假了，你打算什么时候回去，帮我给你母亲捎点儿江城特产。”

本来我是打算回家的，可又有些心结，母亲养了我这么多年，我无以为报，起码该学着自立一些。江城大学的学费非常昂贵，虽然对我家来说不算什么，可已成年的我多少有些心里不安。我想趁着暑假去打工，也好更快熟悉江城。

“我不想回去，想去打工。”

林阿姨倒没说什么，还比较赞同：“这样也不错，你们这代人应该尽早学会独立。这样吧，如果愿意就留在校办工厂吧，我去说一说，应该是没有问题的，工作不累。”

我兴奋地说：“那太谢谢您了。”

结束晚餐后，我回到了宿舍，本想和穆青一起分享我的喜悦，没想到一回房间，就看到她愁眉不展地坐在床边。走过去一询问，才知道原来她要回舅舅家了，她舅舅突然生病，舅妈让她趁着假期回去照顾舅舅。

穆青很委屈：“我不想回去，我想留在这里趁暑期挣点儿钱的。可他们居然说他们把我养大，到了该用我时却用不着，说我不孝，说我没良心，说我要是不回去，他们就永远不认我了……”

我无能为力，只能安慰穆青：“不就是一个暑假嘛，很快就回来了，车票钱我来出。”

穆青走后，103 变得冷清起来，由于大部分学生都回了家，女生宿舍楼显得有些寂寥。好在我生活依然充实，第一次尝试工作，一切还算得心应手，加上林阿姨的帮助，很快乐。每天回到宿舍，我倒头便睡，或许是累了，睡得非常踏实，连个梦都没有。

直到暑期快要结束时，一切安稳突然被打乱了。那是一个深夜，本来睡得很熟的我被一阵冷意惊醒，是一股彻骨的凉，像有人突然拿了冰块塞到我内衣里。

我打了个寒战，睁开眼，屋里没别人。我很好奇，正准备躺下继续睡觉，脸上突然又凉了一下，伸手一摸，一片湿润——是液体。

很明显，是从我脑袋顶上滴下来的液体。我穿上鞋子，下了床，打开灯，抬头向天花板望去，不知何时那里竟洇了一大片水，像是二楼漏水了。我急忙向二楼爬去，来到203房门前，敲了敲门。一个女生打开门，睡眼蒙眬地问："你找谁？"

"我是楼下103的。"我解释道，"你们楼上是不是漏水了，我的房顶都湿了一大片。"

女生打开灯，我们一起望向地面，地面很干燥，一滴水都没有。女生有些不悦了："没有啊，你看吧。麻烦你大晚上不要打搅别人的美梦，真是讨厌。"说完，不等我道歉，便重重地将大门关上了。

我找了个没趣，只好回到宿舍。打开宿舍门再抬头看时，刚才还洇水的天花板竟然干了，而且一点儿水迹也没有。真是奇怪，难道是我醒来后意识蒙眬，看花了眼？我摇了摇头，重新爬上床，权当是遭遇了一场恶作剧。

没隔几天，深夜时，我又一次被冰凉的水珠惊醒。醒来后，天花板上果然洇着一团水。等我跑上二楼询问情况时，二楼的女生早已不厌其烦，连屋子都不让我进，直接把我轰走。没有办法，我只好求助了林阿姨。

林阿姨听到我房间漏水，亲自检查了一番。结果让我哑口无言，二楼根本不漏水，我的天花板更是白净无瑕，别说水珠了，连一点儿洇过水的痕迹都没有。

好在林阿姨没有生气，还很关心地询问我是不是最近压力很大，以至于休息不好，出现了幻觉。

幻觉？我觉得我的精神还不至于到这种程度。那晚我一夜未睡，开着灯，一直望着天花板，想看个究竟。半夜时，就我快要熬不住的时候，怪事发生了，先是一滴水珠从天花板上洇出，继而，在很短的时间内，一大片水迹在我头顶洇了开来，细长细长的，在灯光下闪着微弱的光亮，好像根本不是一团水，更像个水坑。

这一次，我没去二楼，而是搬了把凳子，登了上去，伸手前去试探，我的手指刚刚触到那团水，身体便不由自主地打了个寒战——好凉的水！爬下来之后，我继续等，看看它会不会干涸。不出我所料，没过多久，那团水真的干掉了，不，应该说是缩了回去，如同天花板上有一个非常微小的窟窿，刚刚这些水从窟窿里挤了出来，现在又被窟窿吸了回去。吸干之后一点儿痕迹也没有。我有点儿害怕，不知为什么，那一刻我突然想起穆青跟我讲的恐怖故事。103的确有问题，这种不合乎自然的现象是绝对不可能出现的，我决定搞清楚。

翌日，我特意找到林阿姨，将我亲眼所见告知之后，她很是匪夷所思："这怎么可能？！阿楠，你不能骗我啊，这不合乎自然物理现象啊。"

“我没说谎。”我笃定地说，思虑了一下，小心地问，“阿姨，我听说……103以前曾出过事，你知道这件事吗？”

林阿姨犹豫了一下，说：“确实出过事。”她看着我，深思熟虑之后，才再一次开口，“好吧，你既然问起来了，我就告诉你，你也不算外人。这件事我和你母亲算是最直接的知情人吧，那间房间……以前曾经失踪过一个女生。”

“您仔细说。”

林阿姨叹了口气，说：“那个女生叫林子，是我和你母亲的好朋友和室友。那时我们都是刚刚来上大学的学生，江城大学的条件也没有现在这么好，宿舍楼还是三人一室。我记得很清楚，那是一个暑假，我们三人都没有离校，一起留了下来，有一天，林子突然失踪了。”

我有些茫然：“就这么简单？”

“是的。”林阿姨点了点头，“事实上，我们也不知道发生了什么事，林子那晚从宿舍离开后就再也没回来，后来谁也找不到她。再后来，学校里就开始流传一些怪谈，说103闹鬼，我和你母亲当时还是学生，都很害怕。”

“再后来呢？”我追问道。

林阿姨想了一下，说：“林子虽然一直没有找到，但什么事都没发生，我们都顺利地毕业了。可学校却封了那间宿舍，一直到今年招收的学生有些多，迫不得已才重新打开。我得知你住在103后，本想帮你换一间，但宿舍实在太紧张了，这种事我想应该都是谣传。”

四

我陷入了深深的恐惧中，从未有过的恐惧。在林阿姨告诉我实际情况后，我非但没有释然，反而更惶恐了。我有生以来从未遇到过这种怪事，那天和林阿姨交谈后，我本来已经想开，可回到宿舍后，那团水非但没有消失，反而开始频繁地出现。虽然只是简单地洇了一团水迹，但它每出现一次，我心里就多一分恐慌。

我觉得事情好像没有林阿姨和我讲的那样简单。

为了消除心中的恐惧，我愈发地想要找到原因，可几乎询问了整个宿舍楼的女生，却没有一个人知情，大家反而被我所说的情况搞得很害怕。就在我手足无措时，更可怕的事发生了，那团水居然开始移动了。

某晚，我像以往一样回到宿舍，简单洗漱一番，便打算早早睡去。大概是后半夜时，我醒了过来，这一次不是被滴水惊醒的，而是感到一股深邃的凉气，好像整个房间突然变成了冷库。凉醒之后，我吓得差一点儿叫出来。是那一团水迹，它不知何时移到了我床边墙壁上，紧紧贴着我的脑袋。

虽然没有开灯，但我依然看得很清楚，它在月光下反射着朦胧的光芒，寒气逼人。我一下就从床上滚了下来，打开灯，它依然在那里，以一种违反自然现象的状态，在竖立的墙壁上形成一个圆形。我紧紧缩着身体，刚想逃出去，它猛地又动起来，速度很快，顺着墙壁瞬间流到了天花板上，眨眼又被“吸”干了。等水消失后，我才心有余悸地眨了眨眼，敲了敲自己的脑袋，疼痛告诉我，这一切都是真的。

我开始恐惧回宿舍了，但我没有别的地方可去，由于每天都睡不好，我的精神也变得恍恍惚惚。但我没有想到，更可怕的事还在后面。我见到了一个人，确切地说，我也无法确定那是不是一个人，我只是看到一个人影。

那天我刚从工厂回到宿舍楼就下起了雨来，天气转阴后，天空黑糊糊的，楼道变得晦暗不明。我拖着沉重的脚步刚刚转过玄关向尽头望去时，看到一个人影站在103门口，忽明忽暗的像个鬼影子，借着朦胧的光线，我可以确定那是一个女子，穿着白色的睡袍，有黑油油的长发。

狭长的楼道只有我一个人，我没敢再往前走，心脏已快要跳到嗓子眼上了。人影好像也发现了我，她微微垂着脑袋，缓缓地动了一下脖子，忽然一转身，向楼道拐角跑去，很快就不见了。我不知哪来的勇气，迟疑了一下，便追了过去，等到宿舍门口时，已什么都看不见了，唯一留下的只有地上的脚印。冰凉的水脚印！

虽然没有追到那个女子，但恐惧过后，我恍然清醒许多。我想了一夜，觉得事有蹊跷，如果仅仅只是水的话，我找不到一个合理解释，但对于那个鬼一般的女子，我却不敢相信，我觉得这背后一定藏着什么秘密或者什么人。

翌日，我假装照常离开宿舍去校办工厂，半路便偷偷折了回来，回到宿舍后藏在了床底下。不知道为什么，我总觉得会有什么人来，一个将我推进恐怖深处的人。

果然不出我所料，没过多久房门开了。听到房门响动，我连忙往房门口望去——我看到了一双鞋，走进屋子后，房门被迅速关闭，继而在书桌前稍作逗留便离开了。

整个过程不过几分钟。

等到屋内只剩下我一个人时，我才钻了出来，仔细检查了一下房间，什么都没有丢也没有异样。但我仍然有一种被欺骗被背叛的感觉，那双鞋我太熟悉了，是穆青的，是她生日时，我特意送给她的礼物——她根本就没有回舅舅家。

白衣女子再一次出现时，我镇定了许多。她好像是刻意来吓唬我的，依然站在楼道尽头，和我相视而立，居然向我走了过来，动作缓慢而夸张，像极了电影里的贞子。然而随着她越走越近，我反而一点儿也不害怕了，因为我终于看清楚了她是谁，就是我在江城大学最亲密的朋友。

也许是被我的无动于衷搞混乱了，她移动片刻后停了下来。我鼓足勇气，喊了起来："怎么，害怕了吗？"

这句话一出，对面的女人愣了一下，似乎察觉到我已发现她的秘密，转身又想逃跑，早就准备好的我用尽全力追了上去。前面的人跑得飞快，我们一直追逐到楼顶，才停了下来。

天台的风很大，她已无路可去。

我喘着粗气一步步向她靠近："你是谁，为什么要恐吓我？！"

她并未回答，只是一步一地向后倒退。我终于忍不住叫出那个名字："穆青，告诉我，究竟是为什么？"

女人的身体颤了一下，停止了倒退，许久之后，伸手撩开特意挡在脸前的长发，微弱月光下，我看到穆青惨白的脸庞，虽然之前已基本确定是她，但事实揭晓之后，我还是非常心痛。穆青的表情也很难看，她盯着我，半晌才说话："你还是发现我了……"

我心痛不已："到底是为什么，你为什么这么对我？"

"我是不得已的。"穆青回答，"我必须为自己活！"

"告诉我原因。"

穆青狠狠摇了摇头："我没办法告诉你，我只知道我必须这样做。阿楠，你也别再问了，我什么都不会说，说出来你和我都会更痛苦，但我要告诉你，我也不想这样做，可你们谁又了解我的痛苦，现在既然被你揭穿，我只好和你鱼死网破！"

我从未想过穆青会和我说出"鱼死网破"四个字："你什么意思？"

"没什么意思，"穆青不屑地笑，"事到如今，我只有两条路，要么从这儿跳下去，要么被你送到公安局，或者你我拼死一搏，也许是你死，也许是我死！"

"究竟是什么事把你搞成这个样子？"我大喊起来，"我们是最好的朋友啊！"

"朋友？"穆青冷笑，"我没有朋友，我只有我自己！"

我被震住了，这句话太冷了，冷得如那团水一般。我一言不发，茫然地盯着鬼一般的穆青。彼此沉默良久后，我转过头去，说："你走吧，我会当做什么都没发生，当做什么都没看到。我要告诉你，我不会死，我也不会让你死，更不会把你送到公安局，不管你觉不觉得我们是朋友……”

从那之后，所有人都没有见过穆青，据说她莫名其妙地失踪了。

但事情并没有我想的那样简单，原来这只是一个逗号。

穆青失踪后，学校又安排了新的同学和我一起生活，我和她一点儿交流的欲望都没有。我的事已传得尽人皆知，大部分人都觉得我有点儿神经质，整个女生宿舍里的人都知道我每天都活在“墙上有水”的幻觉中，我也懒得跟她们解释。

很长一段时间，我甚至觉得自己真的如她们所说的，那些都是我幻想出来的，都是我的梦。新舍友住进 103 后，那团水再也没出现过，直到那天晚上我发疯一般跑上六楼楼顶，从楼顶跌下……

五

我还活着。在我睁开眼时已身处医院，母亲坐在我床边，泪眼婆娑地看着我，看到我醒来后，她一把抓住我的手。我想说什么，可张不开嘴，直到医生来了后，我才从他们的交谈中得知，我因为从六楼跳下，伤到大脑，需要治疗很久，才能恢复肢体和语言功能。

母亲一直在哭，满是悔恨的眼泪，好像她早就知道我进入江城大学必定是这样一个结果。我没来得及多看她几眼，便再一次昏昏沉沉地睡着了。再醒来时，病房中多了一个人，是林阿姨。不知她什么时候来的，当我以为她是来看望我时，母亲和她的对话让我大脑一片空白。我没想过她会如此恨我，不，是恨我们，我和我母亲。

“你为什么要这样做？！”母亲狂喊起来，声嘶力竭。

林阿姨一脸漠然：“我已经什么都不在乎了，我一直在痛苦中苟且活了这么多年。我告诉你，我就是要将这一切都告诉你，告诉你，是你害得我痛不欲生，是你害得我们都痛不欲生，是你的自私自利、你的唯我独尊害死了林子……”

“你不要胡说八道！”母亲忽而显得害怕起来，继而压低声音，“你别忘了她的死也有你一份责任！”

林阿姨哈哈大笑起来：“是啊，有我一份。事到如今，我能把加害你女儿的事告诉你，你觉得我还会在乎当年的事被别人知道吗？”

……那天我躺在病床上听到了一个真实而不可思议的故事，是残忍的，是冰冷的，最重要的是让人从里到外发凉——是母亲和林阿姨当年的事。那时她们风华正茂，母亲尤其引人注目，学校里的男生对她趋之若鹜，其中有一个叫建的男生。按照林阿姨所说，如果母亲和建终成眷属，那他们绝对是江城大学的金童玉女。

建疯狂地爱着母亲，母亲亦为建倾倒。建是个优秀的男生，英俊高大，是每一个女生心目中的白马王子。当然，这样的故事说出来有些俗气，因为如此，追求建的女生数不胜数，也因为年轻气盛、忌妒心强，母亲对于建的占有欲极为强烈。

母亲不允许任何一个女生对建示好。偏偏和母亲同宿舍的林子也深爱着建，为此她们闹得很不愉快。那年暑假，母亲、林阿姨和林子以及建都留在了学校，谁也没想到，那一年暑假会发生那样残忍的事情。

当那天林阿姨从外面逛街回来后，惊讶地发现母亲和林子因为建在宿舍大打出手。林阿姨本想制止，但一向和母亲关系亲密的她，因为一时冲动帮了母亲。

林阿姨帮母亲一起殴打林子，两人像泄愤一般越打越疯狂，当林子躺在地上一动不动时，两个人才颤抖起来。林子死了，居然被她们活活打死了！母亲和林阿姨都很害怕，她们想过报警，可打死人的后果她们非常清楚。

短暂商量了一下，她们决定将林子沉湖。时值暑假，宿舍人本来就少，外加又在一楼居住，出入方便，且湖就在宿舍对面，只要夜深时偷偷将林子沉湖，便人不知鬼不觉。两人打定主意后，一直熬到深夜，终于顺利地将林子沉湖。那之后，虽也恐慌过，但由于一直找不到林子，这起失踪案就这样被稀里糊涂地搁置到了现在。而两人毕业后，再无联系，母亲回到家乡，林阿姨留校任教。

听完这一切，我简直不敢相信自己的耳朵，母亲居然如此残忍，居然是个杀人犯。林阿姨说着说着哭了起来："你太让我失望了。你难道不明白吗？你真的觉得我把你当朋友吗？建如此优秀，难道你就没想过我也像林子一样深深爱着他吗？你知道吗？我深知我的平庸不可能被建喜欢，而唯一能多和他接近的办法，就是和你成为朋友！"

母亲被林阿姨的话吓住了："你……你到底想说什么？"

"我怎么会为了你去杀人。"林阿姨鄙夷地看着母亲，"你狂妄自大，我之所以帮你处理掉林子，是因为我爱建，比你们任何一个人都爱！我深知建是多么爱你，他曾经对我说，为了你，他什么都愿意做！我知道我得不到他，但是我愿意帮他得到他的最爱，让他幸福一生，愿意为他杀掉那个和你争风吃醋的林子！”

母亲根本不相信林阿姨的话，是的，如果换成别人，也许会觉得林阿姨疯了，疯得彻彻底底。

林阿姨依然在说：“你懂了吗？我想让建活得快乐，我想看到他快乐，我想看到他和你在一起一生一世，我想看到他爱你爱得没有一点儿烦恼和忧虑，因此，我愿意为他扫平一切阻碍他爱你的道路和人，因此，我甘愿做一个旁观者。”

母亲听到这里，完全傻了：“你不要再说了。”

“我要说！”林阿姨喊道，“我要让你知道我这些年是怎么过来的！我要让你知道你有多么令我失望。我丢掉了一切自尊和未来，只盼望建能和你一路走下去。可你居然脚踏两只船，你居然背着他交了别的男朋友，居然在毕业后甩掉了他，和别的男人结婚！”

也许是被林阿姨说到了软肋，母亲一语不发。

“这些都罢了，当初，我也想开了，也许你这样一个不安分的女人离开建是对的。但我怎么都没有想到，建会走极端，怎么都没有想到他居然爱你爱得那样深。

你也许不知道，不，你压根儿就懒得去关心，建在被你甩掉后，在你结婚那天自杀了！”

母亲睁大了眼睛：“怎么会这样……”

“怎么会这样？”林阿姨反问道，“我哪里知道怎么会这样。我只知道，你甚至连建去世的消息都不知道；我只知道，你连去看他最后一眼的时间都没有；我只知道，建死得有多可悲和伤心……”

母亲再一次垂下了脑袋。

林阿姨苦笑道：“那天送完建最后一程，我的世界都塌了。我唯一的希望破灭了，我搞不懂，我放弃了这么多，只是想看着自己心爱的人幸福，为什么就这么难。后来我想通了，这一切都是因为你。因为你，建死了；因为你，我几十年生不如死；因为你，我和最爱的人阴阳两隔，连看他一眼的机会都没有了。所以，我要让你尝一尝这种滋味。”

“阿楠她什么都不知道。”母亲祈求地说，“你不该对她下手。”

“我为什么不？”林阿姨狞笑，“这些年我一直耿耿于怀，在你打电话让我照顾阿楠时，你知道我有多高兴吗？我的机会终于来了，我要用伤害你最心爱的人的办法去折磨你，就像你当初伤害我最爱的建来折磨我一般。”

“我……我们当年都很年轻……”

“住口！”林阿姨打断母亲，“我管不了什么当年了，我只想看你痛苦一生。

说实话，刚开始我也想杀掉阿楠，后来我发觉让她活得人不人鬼不鬼才是折磨你最好的办法，所以我买通了穆青。她那样一个一无所有的孤儿，你觉得要不是我，她能进江城大学吗？她掏得起学费吗？"

母亲捂住耳朵，不想再听下去。

林阿姨根本不理会母亲："是的，所有的一切都是我做的。我答应穆青，只要她每天偷偷往阿楠的水壶中放入少许苯巴比妥（一种精神类药物，长期服用会出现幻觉），并按照我的嘱托恐吓阿楠，让她出现幻觉、精神崩溃，我就让她顺利毕业。即使不成功，我也会给她一大笔钱。当然，阿楠偏偏这样巧住进 103，自然也是我这个教导主任刻意安排的。"

母亲已哭成泪人，不知道是因为我，还是因为当年的她。

林阿姨缓缓站了起来："现在我的目的达到了，阿楠也许一辈子都要像植物人一样，你的最爱会一直折磨着你！折磨你的生理和你的心理，我活到现在的目的也已达到。至于你要怎么选择那是你的事，你要把我们以前杀死林子的事说出来，或者把我送到警察手里，都随便你，我不在乎！"

林阿姨说完，便离开了病房，剩下母亲独自痛哭。我彻底蒙了。但有一件事我非常清楚，那是我从六楼跳下之前发生的事，也许不会有人相信，也许有人会觉得我真的是疯子，但我知道那绝对不是我的幻觉，事到如今，回忆起来，我依然能感受到那冰凉的气息和令人恐惧的死气。

是一团洇满鬼气的水。

六

那个深邃的夜晚，静得可怕。我在蒙眬中醒来，舍友已睡熟，伴随她轻微的鼾声，我看到那团久未出现的水再一次爬在墙壁上，它变得很细，像一条小河一般蜿蜒地从天花板上流到墙壁，又从墙壁流到地板，顺着地板缓缓向我的床边流过来。

我目瞪口呆地看着它一点儿一点儿地接近我，喉咙像被堵塞一般，喊不出声音。直到它攀上我的床，顺着我的脚在我身下蔓延开来，润满我的被褥，我才知道什么叫做毛骨悚然。是一种从未有过的冰凉，我如同深陷在一个泥沼中，不能动，越动便下沉得越快，直到溺毙。

我拼命挣扎着，却徒劳无功。我以为我会死去，以这样一种古怪而可怕的方法溺毙在这团水中。但最后的最后我喊了出来，舍友听到我尖厉的呼唤声，飞快地下床打开了灯。光线之下，她用古怪的眼神望着我，瞬间所有的禁锢好像都消失了。我下意识地低头一看，干燥的被褥上竟然没有一滴水！我猛地跳了起来，离开了床。

“你怎么了？”舍友问我。

我吓得不知所措，但我知道这并不是梦境。我不能再在103待下去了，转头我跑了出去，可是毫无目标。站在楼道中，我稍稍喘了口气，就在这时，它再一次出现了，不知何时，顺着门缝流了出来，爬到了楼道天花板上，好像一双巨大的眼睛，死死地注视着我。

我再也受不了了，不顾一切地向前跑去。我爬上了楼梯，身后可以听到细微的水流声，它在追我，它在尾随着我，我清楚一旦被它追到，我会被它陷进去。

我害怕极了，只有拼命地逃，不知道自己跑了多久，直到闯上天台，冷冷的风迎面吹来，才清楚自己已无路可逃。它已顺着楼梯一阶阶地攀爬到了天台上，闪着骇人的光芒。它缓缓地向我靠近，不动声色，带着死的气息。我一步步地后退，一步步地后退，直到脚下一空，从楼顶坠下……

七

几个月后，我终于出院了。

那天母亲推着轮椅带我出去晒太阳时，我很想将这一切告诉她。可正如林阿姨所说，我这个植物人什么也说不出来，这也许是一种报应吧，就像当年建的死亡一般。所有人都以为我疯了，被自己的幻觉害了，只有我自己知道，是那摊水将我逼着跳下了六楼。

或者是我自己把自己逼成这样的。

大概连林阿姨都不知道，穆青已经死了，那晚我俩在天台，她被我认出并准备悄然离开时，趁她转身的间隙，我把她从楼梯上推了下去。是的，我骗了她，我不会把她送到警察局，更不会和她鱼死网破，我要亲手结果她，我要她为背叛我们的友谊付出应有的代价。

现在，她正和当年的林子一样，躺在学校的湖底。

我也不知道在那一瞬间，为什么会如此恨她，如此冲动。但现在，这一切都不重要了。

重要的是那团水的存在。它是真实的，它是活生生的，它是一团无法载负任何人和事的水，是一团随时会出现在我和我们身边的水，也许有一天，我们都将会被它溺毙，不，也许有一天我们会被自己的生活溺毙。

生活如水，有时候是大江大海，承载一切，有时候真的仅仅只是一摊连鹅毛也浮不起的弱水。一切其实只是推手，或者爱或者恨，或者放下或者记住，或者离开或者在一起……我坚信，一旦我们把自己推到弱水中，谁也没有办法拯救。

回家的路上，太阳明亮，天气晴好，母亲不知道我所思所想，她好像已经忘记了一切，重新回到了原点。我们买了菜，她推着我回家，转入小区后，前方突然一片明晃晃。在我家大门前，一摊反射阳光的水，静悄悄地洇在地上……我知道，它是什么，我知道，它是来干什么的。

它并非那深沉在未名湖中的女尸灵魂所变，并非传说中的水鬼，至于它究竟是什么，我也搞不清楚。我仿佛看到一个人站在那摊水中央，无可奈何地一点儿一点儿地下沉，再下沉。是母亲？是林阿姨？或者是我自己……悬疑志

作者的话：

《弱水》这篇文章的灵感来自昆仑山上横亘人间与神界的那条弱水河。我常常想，生活其实就是无边无际的海洋，人如孤舟，稍不小心就会溺毙其中，也或者是连孤舟都承载不起的弱水。哦，对了，我的新书上市啦，名字叫《新妖怪志》，全书配图都是我们的小玉（玉烟先生）所绘，值得大家购买和收藏。

悬疑档案馆 Suspense Archives

Xiong Zhai Bi Ji：Xi Fang Xiong Zhai PK Dong Fang Xiong Zhai

凶宅笔记：西方凶宅PK东方凶宅

引子

想必大家都清楚，所谓凶宅就是里面曾经有人横死过的房子。

而自然死亡的一般是不算的。

横死是一个比较民间的说法，一般是指非自然死亡。譬如意外、自杀、他杀等。这种死亡的人传说中因为阳寿并没有过完，所以死得很不甘心。通常会阴魂不散，所以多数凶宅都会有一些怪事发生。即便不发生怪事，也会因为人们口口相传而变得光怪陆离起来。

读过美国畅销小说《凶宅》的人一定会被其中惊险怪诞、扑朔迷离的情节所深深地吸引。在国外，The Haunted House（有幽灵出没的屋子）是小说家和影视作品的极好题材，同时也是旅游的一个最好去处。在中国，自古以来，有关“凶宅”的传说也层出不穷，蒲松龄所著的古典名著《聊斋志异》中，有关“凶宅”的描写更是引人入胜、扣人心弦。那么，世上真有“凶宅”吗？

近日，《时代》杂志对历史上出现的著名闹鬼地进行了一一点评，并评选出十大闹鬼地排行榜，具体榜单如下：

纽约海洋大道 112 号

这所房子位于美国纽约长岛高消费阶层居住区——阿米蒂维勒区海洋大道 112 号，是历史上著名的自灭满门案现场。1974 年 11 月 14 日，23 岁的小罗纳德·笛福(Ronald DeFeo Junior)正是在这里枪杀了他的父母以及四个弟妹。惨无人道的谋杀案发生后，有关这所凶宅的传说并没有就此画上句号，一年多之后，海洋大道 112 号再一次走进人们的视线。虽然明知道此处曾发生灭门惨案，但乔治·鲁茨(George Lutz)和凯西·鲁茨(Kathy Lutz)夫妇还是决定来看一看房子并最终买了下来，成为这处地产——包括一个面积 4000 平方英尺（约合 371 平方米）的房子、一个船库、一个温水游泳池、车库以及全间的地下室——的新主人。很快，他们就和自己的四个孩子搬了过来。

在描述发生在海洋大道 112 号的怪事时，乔治经常用到“反常”这个字。他后来回忆说：“一走进这间屋子，凯西的脸上便马上露出笑容。对于我们之前看过的所有房子，凯西从没有表现出这种态度。她的笑容告诉我，这就是我们梦寐以求的房子。”但就在搬过来不久，一系列怪异的事情发生了。

在一位好友的劝说下，鲁茨夫妇专门请牧师为他们的新家祈福。但牧师的工作显然没有发挥任何作用，这对受到“祝福”的夫妇此后经历了太多怪异的事情——重击声、难以捉摸的脚步声、随处可以闻到的神秘气味、从墙壁上渗出绿色类似凝胶的物质、马桶水倒流、成群的家蝇、从窗外窥视的眼睛等。更为怪异的是，鲁茨一家的行为也出现异常——乔治经常生病、很多天不洗澡、体重下降；凯西一直做噩梦；四个孩子则经常打架。

随着怪事愈演愈烈，鲁茨夫妇决定暂时搬出去住，但决定离开的那个夜晚却成为他们在海洋大道 112 号度过的最后一夜。虽然很难解释清那天晚上到底发生了什么，但乔治表示：“对于那些经历过闹鬼的人来说，最困惑的事情就是无法让其他人弄明白到底发生了什么。那些事情无法用语言形容，也无法理解。当真正发生在你身上的时候，你已成为所有人眼中的怪物。”后来，鲁茨夫妇经历的所有怪事被超自然现象研究员、已故博士

史蒂芬·卡普兰(Stephen Kaplan)打上“捏造”标签。卡普兰称，乔治的鬼故事太过离奇，很难令人信服，声称房子闹鬼可能源于他对超自然现象的一种痴迷，这种痴迷在搬进所谓的鬼屋前就已经存在于他的想法中。

费城东方州立监狱

美国宾夕法尼亚州费城的东方州立监狱建于1829年，拥有类似城堡的墙壁和壮观的警戒塔，同时还是第一所采取单独监禁措施的监狱。这里的囚犯一个人住，一个人吃，甚至可以在属于自己的院子活动。当囚犯离开他的牢房时，狱卒会用头罩罩住他的脑袋，让他仍处在与其他犯人“隔绝”的状态。由于过于拥挤，这所监狱后来被废弃，很多人还相信关押在这里的犯人患上了精神病。

东方州立监狱于1913年投入使用，1970年关闭，曾经关押过大名鼎鼎的阿尔·卡彭(Al Capone)和银行抢劫犯威利·萨顿(Willie Sutton)。1971年，这所监狱被最终废弃。在此之后，便有大量传闻说，这所石制监狱曾发生一系列怪事。现在的东方州立监狱已成为一个博物馆和万圣节前夜鬼屋，很多到此参观的游客报告说，听到有人在牢房内走动的声音、神秘怪异的噪声，冰冷阴暗的走廊还时不时传出哀号声。其中最著名的当属12号牢房和其中一个警戒塔，前者经常传出笑声，但看不到一个人影，后者则出现虚幻的影子，继续监视这所空空如也的监狱。

爱丁堡城堡

爱丁堡城堡拥有大约900年历史，是苏格兰历史上最为著名的闹鬼地之一。爱丁堡城堡建于12世纪初，最初是一个军事要塞，除了曾遭到多次猛烈进攻外，这里也曾是一个执行死刑的场所，并一度被英国人占领。随着时间的流逝，这里逐

渐变成一个旅游胜地，地牢经常发生的闹鬼事件最为游人津津乐道。爱丁堡城堡的地牢曾经关押过著名的亚历山大·斯图尔特(Alexander Stewart)公爵和珍妮特·道格拉斯(Janet Douglas)，前者杀死狱卒并焚烧他们的尸体后成功逃脱，后者被指使用巫术，最后被烧死在火刑柱上。此外，一个不知姓名的风笛手也一度在城堡的地下通道游荡，但后来再也没有出现过。

2001 年，爱丁堡成为历史上一项规模最大的超自然现象研究的对象。当时，一支由九名研究人员组成的小组以及两百多名公众代表对早已被遗忘的城堡内室和秘密通道进行了探察，寻找所谓的闹鬼事件的种种迹象；公众代表并没有被告知传闻中哪些地方闹鬼。在传闻中有鬼魂出没的地方，大约有 51% 的参与者称看到了超自然现象，而在没有鬼魂出没的地方，看到这种现象的人只有 35%。在爱丁堡城堡度过的每一天，人们都会看到虚幻的影子，经历温度骤降以及感觉到衣服好似被什么东西牵扯。如果这些超自然现象还不足以令人胆战心惊，爱丁堡还可以拿出另一个法宝——玛丽·金小巷。这条小巷位于爱丁堡地下，是当时的黑死病患者被隔离和最终死亡的地方。

葛底斯堡战场

葛底斯堡战役持续三天，是美国历史上最为惨烈的战役之一，当时共有大约五万名年轻士兵阵亡。很多人相信，无法接受死亡这一现实的士兵的鬼魂经常在葛底斯堡战场出没。在这个位于宾夕法尼亚州的战场，这些死后仍不得安宁的灵魂仍在寻找他们的步枪和同伴，他们根本不知道战争已经结束。

米尔特勒斯大农场

米尔特勒斯大农场位于路易斯安那州的圣弗朗西斯维尔，是大卫·布拉福德(David Bradford)将军于1796年建造，被誉为美国最爱闹鬼的地方之一。一些人表示，这个大农场是个不祥之地，有多达10起谋杀案都是在这里发生。在所有关于大农场鬼魂的传闻中，最为大众所熟知的莫过于“克洛伊的鬼魂”。当时，一个名叫“克洛伊”的奴隶因为偷听，被主人残忍地割掉了耳朵。为了复仇，她在生日蛋糕中下毒，毒死了主人的两个女儿，这两个不幸者的鬼魂据说经常在大农场出现。根据传说，克洛伊最后被其他奴隶绞死，死后灵魂一直在大农场游荡，被主人割下的耳朵则包裹在头巾中。

“玛丽女王”号

“玛丽女王”号曾经是一艘豪华远洋客轮，后又摇身一变，变成绰号为“灰色幽灵”的战舰。在1967年被长滩市购得后，“玛丽女王”号被改装成一家酒店并成为游客的一个必到之地。在“玛丽女王”号美餐一顿并到其超自然现象“热点区域”参观一下的费用最高达到109美元。有传闻说，很多鬼魂仍在“玛丽女王”号上游荡，包括一名死在引擎室的水兵——也就是著名的“白衣幽灵”——以及在游泳池中淹死的孩子。

伦敦塔

伦敦塔由征服者威廉在 11 世纪建造，曾经是一个关押政治犯的监狱和刑场。长期以来，伦敦塔便被誉为不列颠群岛最爱闹鬼的建筑物之一。在这里出没的鬼魂包括安妮·博林（Anne Boleyn）——亨利八世的妻子，1536 年被砍头；简·格蕾——据称一名卫兵曾在 1957 年 2 月 12 日格蕾去世 403 周年时看到她的鬼魂；以及沃尔特·雷利（Walter Raleigh）爵士。伦敦塔第一次有鬼魂出没是在 13 世纪，当时有人看到托马斯·贝克特（Thomas Beckett）的鬼魂。

惠利屋

著名的惠利鬼屋位于圣地亚哥老城。虽然政府对所谓的鬼魂出没大为怀疑，但却没法驳斥相关证据。20 世纪 60 年代，美国商务部正式将惠利屋列为闹鬼地。旅行频道则将它称为美国最著名的鬼宅。惠利屋最早出现的鬼魂是吉姆·罗宾逊（Jim Robinson），1852 年被吊杀在这里。惠利屋是詹姆斯·惠利（James Whaley）于 1857 年建造的，19 世纪中期曾被用做粮仓、法院和商店。建造之时，他曾听到罗宾逊在走廊中踱步，走路的声响很大。惠利和妻子据说也曾在这间鬼屋居住，他们自称看到怪异的烟雾并闻到奇怪的香味。访客们表示，他们也曾看到一名穿着长裙的年轻姑娘在饭厅游荡。

白 宫

美国总统官邸白宫也是最爱闹鬼的地方之一。白宫闹鬼实际上也不难理解，一些白宫居民自始至终也不愿意放弃手中的权力，死后的鬼魂经常还要到这里逛一逛。有传闻说，约翰·亚当斯(John Adams)的妻子阿比盖尔·亚当斯(Abigail Adams)的鬼魂曾在东屋洗衣服；詹姆斯·麦迪逊(James Madison)的妻子多利·麦迪逊(Dolley Madison)的鬼魂喜欢在玫瑰园出没；林肯的卧室则可能是“诚实的亚伯”经常造访的地方。

温彻斯特的神秘屋

尽管美国商务部并未将这间“神秘屋”定性为闹鬼之所，但它仍旧是历史上最为著名的鬼宅之一。在丈夫奥利弗·温彻斯特(Oliver Winchester，步枪制造商之子)和孩子死后，莎拉·温彻斯特(Sarah Winchester)向一名所谓的预言家咨询，声称丈夫和孩子都是被他们家族制造的步枪的冤魂杀死的。预言家建议说，只有为这些鬼魂建造容身之所才能平息他们心中的愤怒。

莎拉最终接受了这个建议，雇请工人建造所谓的“神秘屋”，工人们每天工作8小时，前后共历时38年才得以完工。神秘屋共有160个房间，建造时没有参考任何设计图，可谓相当怪异：一些楼梯不通往任何地方，打开门之后会直接撞墙或者跌落到10英尺(约合3米)下的地面，窗户上装有酸蚀毛玻璃，上面的图案则是一张张蜘蛛网。

“凶宅”争论

近百年来，有关“凶宅”是否真正存在的争论，一直是沸沸扬扬、莫衷一是。存在论者和不存在论者均拿不出让人信服的证据来证明自己的观点。然而，现实中最令人感到费解和害怕的是，尽管绝大多数“凶宅”并没有幽灵的传说，但一旦有人住进了这样的屋子里，就会大难临头，不是得了重病九死一生，就是与死神相吻一命呜呼。此类现象在欧美国家一向用“凶宅”来解释；而在中国古代是用“风水”和“报应”来解释。

早在几年前，美国和欧洲一些国家的地质生物学家通过对美国、英国、比利时、印度、埃及等国家的 20 多座“凶宅”进行实地勘探，得出了这些结论：

一、“凶宅”现象与电磁污染有关

欧美科学家经过对“凶宅”长达数十年的科学考察，惊喜地发现：形成“凶宅”现象多半与不良的地质因素有关。此外，还与缺乏绿化和环境污染等因素有关。其中最常见的有电磁污染、水污染和大气污染等。比如在不少城市中的工业区内，整个地面上都是密密麻麻如蜘蛛网似的电流穿过，以及局部性的磁力扰动，遍及面更广。如果在这种地电流与磁力扰动交叉的地方建造住宅，便会导致对人体损害极大的电磁波，辐射到住宅内，造成居住在这里的人们产生精神恍惚、惊慌恐怖、烦躁不安和头昏脑胀以及失眠等症状。

比如比利时布鲁塞尔远郊的那幢著名的闹鬼别墅，是因为对面山丘上有一处封闭的军事重地，那里有自“二战”期间建立起来，并不断进行技术改造的一个雷达站，雷达站发射功率极强，因三面拥立的石壁阻挡着电磁波的延伸扩散，交叉反射投向别

墅，住在里面的人一天二十四小时几乎要接受 48 次电磁波的强烈震荡和“射击”。在这样恶劣的环境中，他们怎能不遭受精神损害呢?

二、与重金属、放射性元素有关

科学家们还发现，有些“凶宅”是宅基有重金属矿脉隐藏，或附近有排放有毒重金属加工厂的存在所致；还有一些住宅由于地下有一种无色无味的放射性气体“氡”，不时向地面放射，同时通过人的呼吸道进入并沉淀在肺组织中，破坏人的肺细胞，从而引起肺癌以及其他呼吸道方面的癌症。

印度曾发现过这样的“凶宅”，并且这样的“凶宅”在印度各地接连不断地出现。凡居住在这类“凶宅”里的人，过不了多久就会得上一种怪病，口齿不清、面部发呆、手脚发抖、双目失明、精神错乱，最后全身扭曲而死。此事在印度全国上下闹得人心惶惶，对此印度政府专门派出一个专家小组进行实地调查，经过认真仔细地分析取证，最终得出这样一个结论：死者是因汞中毒所致。原来这些“凶宅”附近都有一家水银温度计厂，由于环保措施滞后，放任水银溢出渗入地下，严重地污染了地下水源，从而酿成数人死亡的惨剧。

对美国迈阿密的那处“凶宅”勘探化验发现，“凶因”来自造房子的那种灰白色黏土。这种黏土富含肉眼难以发现的矽尘，而人在不知不觉中吸入后，就会发生呼吸道反应。埃及那座“凶宅”的成因是因为当年的法老为了使自己的陵墓得到保护，在墓室的内壁涂刷厚厚的蓝色灰层，这种由多种岩石研磨而成的粉末，含有汞和钴等可怕的有毒物质。使人死于非命的是他们饮用了取自法老墓地下一口水井里的水，因此遭受了汞中毒和钴的放射性辐射，这种在体内骨骼、脏器、神经细胞沉积的毒素，就是停止饮用这种水也无法彻底清除。

三、与住宅选址有关

在中国，古人为了避免“凶宅”之祸，对住宅建筑的选址十分讲究。清代的高贝南曾说过：“欲求住宅有数世之安，须东种桃柳，西种青榆，南种梅枣，北种奈杏。”细究起来此种说法很有些科学道理，因为它符合植物学中树种的生理特性，如桃、柳喜欢温暖向阳，因此宜栽于宅之东；而梅树、枣树树干不干，因此宜种于宅之南；榆树的枝叶可挡住西晒的太阳，故栽于宅之西最佳；而杏树不喜欢阳光，因而宜种于宅之北面。

又如榆树与槐树树龄很长，古代民宅的大宅，往往在外宅和内宅之间设中门，并有一天井，天井内种槐树，一方面能够绿化，另一方面也能对内宅起到掩蔽作用，而如果再在宅后栽上常青树，更可避免深宅大院赤裸裸地暴露在外人面前。

所以，古人在民宅选址上，一大原则就是在住宅的正门前不能种大树。用今天的科学观点来看，这里面包含着一定的科学道理：因为大树会挡住阳光的照射，使宅内阴暗无光，并会影响屋内的空气流通，还极易招致雷击。此外大树的树荫很容易滋生蚊蝇，从而影响宅内主人的健康；大树还能招来飞鸟前来栖息，而鸟儿落下来的鸟粪也会导致环境污染。古人为了避免“凶宅”之祸，凭着对自然界的朴素认识，在建筑民宅选址时的目标是有“紫气东来”、能“五世其昌”的“吉宅”。

编后语

一般说来，人们在选择“吉宅”的地址时，讲究的是居住环境的幽静、透光、通风、舒适和绿化，能够在住宅周围营造出“吉宅”的“氛围”。的确，随着现代科学技术的发展，我们能够从古人的民宅选址中，发现其中的诸多内容具有一定的科学道理。这些内容在很多方面用现代地质、地理、生态、生理、心理、建筑和美学等科学来得到解释。同时人们对自己因住宅因素引起的身体不适，也懂得从采光、通风、环境污染等方面去找原因，而重视科学的当代建筑设计，也为现代人提供更加有益于身心健康的安全家居。凶宅将成为过去古老的故事。可以说，日新月异的现代科学能够还其古环境工程学的本来面目，并能最终揭开罩在“凶宅”头上的神秘面纱。悬疑志

带我走

最短的短篇之一

幻听是不是一件糟糕的事，主要取决于幻听的内容。

李琮幻听的内容是四个字：你去死吧！那是一个粗嗓门的中年妇女对他说的话。语调高亢，透着一股理所当然的味道；语气恶毒，隐藏着一种不共戴天的杀气。这个声音一直在耳畔袅绕，朝朝暮暮，不厌其烦。这状况已经持续了一周左右。

所以对他而言，幻听不仅是一件糟糕的事，还是一件糟糕透顶的事。

李琮根据音色，一遍遍地在脑海里搜索，都没有找到一点蛛丝马迹。可以肯定的是，他认识的女人当中，没有一个能发出这种声音。

那她到底是何方神圣？这真是一个亟待解决的问题。

突然，他灵机一动，决定把自己的遭遇讲给老婆听，征求她的看法。当然，这么做还有其他原因：老婆十八岁那年，她的妈妈因为一场意外，死掉了，据他所知，她很疼自己的女儿。她会不会……这么一联想，虽然有点捕风捉影，但多少让他觉得脊背发凉。

或许，可以从老婆身上找到突破口。

老婆听完他的讲述之后，果断地让他模仿一下。李琮拿捏着嗓子，努力学着那位中年妇女的口气说：“你去死吧！”

老婆仔细分辨了几次，然后分外肯定地告诉他：“我不认识这个人！”

这么一来，他就放心了，既然不是自己的岳母来兴师问罪，他就完全有理由不那么紧张。但是，声音依旧在耳畔叨扰，他又不能不放在心上。

蓦地，他又灵机一动，决定把这件事告诉另一个女人阿静。

阿静是他的情人，就是他脊背发凉的原因。一直到现在，阿静还不知道他已婚的事实。

谁知，他还没有开口，阿静就给了他一个下马威。她用不容置疑的语气，强迫李琮向自己发誓。连誓言的内容，都帮他想好了：“我发誓，此生只爱阿静一人，如若始乱终弃，三心二意，就和张美丽一起走。”

这则古怪的誓言，让李琮大惑不解：“谁是张美丽？”

“别管这个，发完誓再说。”

看着阿静倔犟的脸、坚定的眼神，他屈服了，举起胳膊指天为誓，慷慨激昂地念出了誓言里的每一个字，念完了马上问：“谁是张美丽？”

“哦，”阿静苦涩地一笑，“她是我妈，上个星期刚刚去世。临终时她叮嘱我，等有了男朋友，一定要让他发这个誓……”

李琮霎时心头一震。

与此同时，耳边又响起那位中年妇女的声音：“那我就不客气了，咱们一起走吧！”

（文/王秋声）

苗条

最短的短篇之二

我特别羡慕我们寝室里的一个女生。不光是我，我想我们班上所有的女生应该都羡慕她。

因为她的身材永远都那么苗条。

就算她每顿饭的食量都是我的三倍；就算她的柜子和床头每天都堆着小山一样高的膨化食品；就算她的嘴巴除了睡觉时间以外基本上就没有停过。

她的身材仍然是我们班乃至整个学校里最好的。

我很好奇她是用什么方法让自己吃得那么多却不发胖的。于是我开始刻意地去接近她，注意她，观察她的作息规律，希望能从中找出些蛛丝马迹。

全封闭式的校园给我提供了极大的便利。

可是我观察了整整一个月，也没发现她和别人有什么不一样的地方。没有节食，没有束腰，也没有晨练。甚至在体育课上的时候她也只是静静地坐在一边，从不参与任何体育项目。

我是个脾气有点儿倔的女孩，不弄清事情的真相我是不会轻易罢休的。

果然，事情的转机出现在我观察她的第 59 天，也就是将近两个月的时候。

其实在这之前，细心的我就已经发现她的身子已经开始微微发福，腰部也多了些赘肉，只不过不太明显罢了。可是在第 59 天的早上，从被窝里钻出来的她竟然又恢复到了之前的体形！此前多出来的赘肉似乎被抹去了一样看不出任何痕迹！

我坚信在第 58 天和第 59 天之间的那个晚上就是一切谜团的真相！为了这个真相，我还需要耐心地等上两个月。

两个月似乎就是一个循环，这两个月里积攒的脂肪会在月末的某一天晚上诡异地消失。为了保险起见，我从第

179 天就开始熬夜盯着她的床。

第 179 天的夜里风平浪静，什么事也没有发生。

第 180 天的夜里，我继续蜷缩在被窝里和潮水一样向我涌来的疲倦战斗着。就在我的眼皮马上要相互接吻的时候，一种好像挠墙皮的声音突然把我惊醒了。

我翻身下床，溜到她的床边，借着惨淡的月光，我蹑手蹑脚地掀起她被褥的一角。之后我见到了今生最令我恐惧的一幕。

她浑身赤裸着仰面躺在床上，那阵挠墙声就是从她的小腹里传出来的。忽然，一截纤细的手腕竟然从她的小腹里伸了出来！接着是整个手臂，然后是肩膀、头颅……她的身体里竟然又钻出来另一个“她”！

我四肢瘫软地爬回自己的床上，满脑子回放的都是刚才那幅诡谲的画面。她那天夜里的“蜕皮”行为，使我终于明白她为什么能永远保持那么苗条的身材了。

那夜后的很久，她依旧是众人羡慕的焦点。

（文 / 依久九六）

最短的短篇之三 斑马线

有一种人，他们有一种怪癖：喜欢把别人的车牌号，写在斑马线上，特别是十字路口处的斑马线。据说，用这种方式可以诅咒对方不停地出车祸，直到死。现实生活中，这种人并不多，但有一个就够戗。

卢杰就是其中的一员。

自从掌握了这个法门之后，他便觉得，自己就像古代的帝王，生杀予夺，为所欲为。至少，他不怕别人招惹他了。如果有人惹了他，如果这个人是有车一族，他就用这种方法来回馈。

他的确是这样做的。最近，有一个叫郑军的人让他很不痛快。他们两人之间纠纷的来源，本来只是一件鸡毛蒜皮的小事，不过，因为有了诅咒的法门做靠山，卢杰生气的底线已经变得越来越低。他认为自己不能放过郑军。

于是，他来到附近的一条十字路口，找到一条斑马线，在上面涂抹上郑军的车牌号。一切做完之后，他感到云淡风轻，现在，只需要静下心来，等待郑军的死讯了。

可惜，他没有等到。

三天后，卢杰在横穿马路的时候，被一辆疾驰而来的轿车撞倒，四个轮子，都无一例外地从他身上轧过。

他就像一只包子，被碾成了馅饼。

轿车的门打开，郑军从里面走了出来。他脸上的表情，复杂到无以复加。

——把对方的车牌号写在十字路口的斑马线上，可以诅咒对方不停地出车祸，直到死。而这一次，就是郑军出的第一场车祸。

只是卢杰没有想到，车祸的主角居然是他。

还有一点他同样没有想到，这个诅咒，一旦施咒者死去，那么咒语的力量就会自动消解。

这些，都不是最重要的。

处理完车祸现场，郑军去店里洗车。

水声哗哗，冲掉了车轮上的血渍、泥污，当然，还有写在轮毂上的名字……

（文 / 王秋声）

最短的短篇之四

柏油马路上的涂鸦

派对结束后，已经很晚了。

苏洋喝得烂醉，一个人摇摇晃晃地往家走，似乎还处在兴奋之中，他抽着烟，不时对着空荡荡的街道自言自语，偶尔还傻笑几声。

这时，他瞥见一个七八岁大的小孩蹲在马路上，正聚精会神地在做着什么。

他有点儿好奇，于是一步三晃地朝他走了过去。

“你，你在干什么呢？”苏洋站在小孩身后，不解地问道。

他看着小孩用白粉笔在黑糊糊的马路上画出了一个好似人体形状的图案。

小孩画好了最后一笔之后，抬起头看了他一眼，便急匆匆地跑掉了。

“奇怪的小鬼！”苏洋不满地嘟囔着。

他蹲在地上看着那个涂鸦，越看越有趣，真像是一个人躺在那里。

于是，他干脆躺了下来，按照线条走向摆出了一个好似“方”字的造型，说来也巧，他的身体刚好被卡在了线框里。

做完这一切，他疲倦地闭上了眼睛。

突然他感到胸口一紧，好像被什么东西重重地压了上去，随即一片黑暗。

早上，苏洋的尸体被运尸车拉走了。

只有用粉笔画出的尸体轮廓线还清晰地留在柏油马路上。

这一次应该是交警画的。

（文/孙健）

藏镜罗刹④

《诡案组4》之卷十四

文/求无欲　图/一只眼睛

上期回顾：负责调查蔡少萌离奇自杀案的慕申羽和蓁蓁又有了新的进展——他们发现凶手藏镜鬼很可能就藏匿在王村小学后面的防空洞里，并且凶手还跟其他几桩离奇死亡事件有关。事不宜迟，慕申羽和蓁蓁决定夜探防空洞，然而事情并不顺利，先是返回洞外的绳子无故着火，随后受到了藏镜鬼的袭击，最后连挂在洞壁的煤油灯也被藏镜鬼打翻，在这种情况下想逃脱藏镜鬼的追杀，无异于痴人说梦！就在这时，失踪多时的小相突然现身——

第十三章　关键提示

常言道，“福无双至，祸不单行。”在与蓁蓁进入防空洞搜索的过程中，先是用于返回洞外的绳子无故着火，随后更受到藏镜鬼袭击，最后连挂在洞壁的煤油灯也被藏镜鬼打翻，致使我们陷身于黑暗之中。对于不熟识洞内环境的我们来说，要在这种情况下逃脱藏镜鬼的追击，并寻找出路离开，无异于痴人说梦。

幸运的是在这个关键时刻，失踪多时的小相突然现身。虽然防空洞内漆黑一团，我未能看见他的身影，但能听见这熟识的声音已让我欣喜若狂。

“相溪望，你这个不知廉耻的小偷！我没惹你，可你不仅偷走我的圣剑，还一

而再地坏我好事，今天我绝不会放过你！”

藏镜鬼愤怒的咆哮声在狭窄的通道内回荡，震耳欲聋的声浪让我感到一阵眩晕。我不知道她跟小相有何恩怨，只知道不立刻逃离防空洞，肯定不能看见明天的太阳，于是便示意蓁蓁扶着我往小相的方向逃走。

然而在这生死关头，蓁蓁却停下了脚步，迟疑问道："能相信他吗？"

倘若平时蓁蓁这样问我，我一定会教训她一顿。小相是曾经跟我出生入死的好兄弟，不知多少次从死神身边把我救回来。要是连他也不能相信，那还有谁能相信？但在这个生死攸关的时刻，可没时间能让我浪费，于是便紧紧地握着她的手，以坚定的语气说："相信我，小相绝对不会害我们。"

"但是……"她虽然有刹那间的犹豫，但最终还是选择相信小相，或者说是相信我，扶着我快速往小相的方向走。

在黑暗之中，眼睛的功能几乎完全丧失，除了声音之外，我能依靠的就只有身体的触感。因此，我把手臂尽量往前伸，一方面为了探索前方的状况，另一方面则为了尽快"抓住"小相。

虽然知道小相就在前方，但到现在为止也只是听见他的声音而已，我希望能尽早确认他的存在，同时也害怕他会再次不知所踪。可是，跟蓁蓁走了一段不短的距离后，我所能触及的仍只是无尽的黑暗。

身后再次传来藏镜鬼的咆哮，我们不由得加快脚步。突然，我摸到坚硬而冰冷的东西，马上意识到已到了通道尽头，身前是冰冷的洞壁。奇怪了，都已经走到尽头，小相怎么不在这里？难道他又不辞而别？

"这里是我的地盘，你们全都跑不掉！"藏镜鬼的咆哮充分表达了她的愤怒，令人胆战心寒的怒火充斥着洞内每一个角落。

我们必须立刻逃走，稍有迟疑便会死在藏镜鬼的鬼爪之下。可是，该往哪里逃呢？防空洞就像一个地下迷宫，进来时因为系着绳子，所以没刻意记下路线。现在又为避免被藏镜鬼发现，不能打开手电筒，要迅速离开谈何容易。

就算是自己熟识的居所，深夜停电的时候，要摸索到门口也很容易被杂物绊倒，更何况我们现在身处的是陌生环境。以现在的情况要找到出路，就算不用十天半月，至少也得花上好几小时。可是，藏镜鬼绝对不会让我们慢条斯理地寻找出路。

藏镜罗刹④

正不知如何是好时，小相的声音再度响起："阿慕，这边，跟着我！"

听见小相的声音，悬在半空的心立刻就稳了下来，我就知道他不会把我丢下，不管我的死活。他的声音从左侧的通道传过来，应该是先我们一步，走到下一个路口。虽然不知道他为何不跟我们一块儿走，但现在不是想这个问题的时候，等逃到洞外再慢慢问他也不迟。现在最大的问题，是能否逃过藏镜鬼的追击。

蓁蓁扶着我跟随小相的声音，走进左侧的通道，身后立刻响起可怕的破风声，接着是一声细微的、类似打碎玻璃的声响。我想大概是藏镜鬼对我们的袭击落空，把鬼爪刺在坚硬的洞壁上，这声音或许是她的爪子折断时发出的。

难道，她的鬼爪是用玻璃做的？

我现在可没闲情逸致研究藏镜鬼的身体构造，趁着身体的痛楚渐渐消退，咬紧牙关跟蓁蓁使劲儿地往前跑。

小相虽然一再给我们指引，但始终跟我们保持一段距离。还好这并没有耽误我们逃走，历经近半小时的奔跑后，我们终于逃出如迷宫一样的防空洞。

逃离漆黑的地底世界，再次沐浴于月色之下的感觉真好，犹如重获新生。不过，我可没时间为这份重生的喜悦而感慨，虽然已逃离防空洞，但这附近仍属藏镜鬼的活动范围，我们必须尽快离开。然而，当我想跑的时候，却没看见比我们先出来的小相，不由得四下张望，并大叫他的名字。

蓁蓁突然拉了我一下，往远处一指，小声说："他在那里。"

我顺着她所指的方向望去，发现一个熟识的身影躲藏于榕树后。虽然月色并不明亮、榕树跟我们有些距离，但我还是一眼就认出对方是小相。

"小相，快跟我们一块儿走，藏镜鬼随时会追出来。"我蹒跚地走向榕树。

"别过来！"他的语气非常严肃，致使我愕然地停下脚步，他又说，"你们可以放心，藏镜鬼行事藏头露尾，不会追出来。"

"你跟藏镜鬼是怎么回事啊？她怎么会说你偷她的东西呢？"我皱眉问道。

他冷漠回应："阿慕，我跟她之间的恩怨，你最好别管。"

"那我们先别管她，见华跟悦桐知道你回来了，一定会很高兴。现在一起去找她们吧！"我再次向前举步。

"阿慕，别过来！我还有非常重要的事要办，暂时不能跟你们一起，也不能跟

见华和悦桐见面。”他的语气非常坚定，大有绝不作半点儿让步的意思。

我突然觉得很生气，冲他叫骂：“靠！对你来说，还有比见见华和悦桐更重要的事吗？你可知道这两年来，她们为你吃了多少苦头、为你流了多少眼泪吗？你就连见她们一面也不愿意？”

“阿慕，相信我，我有我的苦衷。”他说罢便转身准备离开。

在他失踪的两年里，为了打听他的下落，我不知道花了多少心思、用了多少办法。如今他就在眼前，我当然不会如此轻易便放他走，立刻冲他大吼：“站住！相溪望，你涉嫌跟王村蔡家五名小孩的死有关，我现在要拘捕你，你要是逃走，我就立刻发通缉令！”

面对我的恐吓，他的表现一如既往，并没有特别的反应，甚至连头也没回，只是平静地说：“给你们绳子的卢永志，并不是表面上那么简单，你们要多提防他。”言尽，人已悄然隐没于树影之中——他走了。

我看着阴暗的树影，良久也未发一言。在这两年里，我曾多次想象跟小相重逢时的情景，却没想到最终竟然是这样。他于黑暗中出现，又在黑暗中悄然无声地离开。

我到底该怎样跟见华和悦桐交代这件事呢？或者说，我是否该告诉她们，我终于找到小相，却没能留住他。

“真的要通缉他吗？”蓁蓁的语气极其温柔，跟平日的粗鲁大相径庭，或许她亦能感受到我心中的那份失落与迷茫。

我轻轻摇头：“他很聪明，知道我不可能通缉他。现有证据只能证明，王村五姐弟失踪当日他曾进入防空洞，并没有明确的证据证明他跟此事有关。而且证据的提供者是一名七岁的小孩，这证据本身就不牢靠。在公在私，老大也不可能批出通缉令。”

“现在怎么办？我们该往哪个方向调查？”她露出困惑的神色。

我苦笑道：“小相刚才不是已经告诉我们了？”

“你说卢老师？”她眼中闪现一丝疑虑，沉默片刻后又道，“你相信他的话？”

“为什么不相信？”我觉得她这个问题非常愚蠢。

她再次沉默，似乎有话想说，但又不知道该如何开口。过了好一会儿，她似乎终于下定了决心，说出憋在心中的话："你能确定他就是你所认识的小相吗？"

她这句话让我感到莫名其妙，虽然刚才小相一直刻意跟我们保持距离，但我绝对不会看错这个曾与我出生入死的好兄弟。然而，在我准备反驳的时候，她又说："两年了，他已经失踪了两年。在这两年间他去过哪里、做过些什么，你完全不知道。之前他把另一宗案子的证物，那半截儿叫仁孝的古剑偷走，现在又牵涉到王村五名小孩的命案当中。难道，你就一点儿也没有怀疑过他？"

蓁蓁的质疑并非全无道理，两年前小相失踪时，牵涉命案的重要证物古剑坤阖亦不知所踪。刚才他在防空洞内出现，藏镜鬼随即勃然大怒，骂他是偷走圣剑的小偷。还有剑钦曾提及王村五姐弟失踪当日，他从防空洞出来时，手里拿着一截儿铁片儿……

无数画面于脑海中闪现，这些画面虽然杂乱无章，但都一同指向小相，不由得使我陷入混乱之中。他到底隐瞒了些什么？他刚才说有苦衷又是怎么回事？他到底有什么秘密？

思绪虽然极其混乱，但我还是坚信小相不会作奸犯科，便跟蓁蓁说："我相信他！我跟他认识这么久，他的为人我很清楚，他绝对不会做任何违法的事情。"

"你认识的小相会丢下自己体弱多病的妹妹不管？你认识的小相会一言不发就人间蒸发，两年也不跟任何亲友联络？你认识的小相会从警察手中偷走证物？"蓁蓁一连串的追问让我哑口无言。

事实或许正如她所言，小相变了，变得非常陌生，他已经不再是我熟识的好兄弟。虽然他给我指引了调查方向，但他本身也牵涉到本案当中，难保他不是为了扰乱我们的视线，而把我们引到错误的方向。

我闭上眼睛，尽量让自己镇静一下，暂时放下私人感情，以理性思考当下的问题。

小相并不笨。

他不但不笨，而且非常聪明。

我们加入警队时曾进行过智商测试，他以一百六的高分傲视群雄，足足比我高出二十分。以他的智商，就算真的想扰乱我们的视线，也不会随便诬蔑一个跟本案毫无关系的人。倘若卢老师品行端正、没任何可疑之处，我们很快就会发现小相的意图，并因此而不再信任他。这种得不偿失的事情，他绝对不会做。

因此，就算他有意扰乱我们的视线，也会指引我们去调查一个涉及本案、又或者暗中做了不少坏事的人，而这个人就是卢老师。这样不但能花费我们更多时间，而且也不至于会怀疑他的诚信，毕竟他说的是事实，充其量只是没把事实全部说出来。

锁定卢老师的嫌疑后，我突然想起那根被点燃的绳子。我们进防空洞搜索，就只有卢老师一个人知道。他给我们的绳子沾有油污，声称是自己不小心打翻油瓶所致。但到底是不小心，还是故意，只有他自己才知道。

油污跟绳子被烧断有直接关系，若不是沾有油污，绳子被点燃后很快便会熄灭。就算绳子被烧断，我们仍能凭着剩余的部分，返回接近洞穴出口的地方。但沾上油污后，绳子便会不断燃烧，直到整根烧成灰烬。

倘若绳子上的油污是卢老师故意淋上去的，那么点燃绳子的人很可能就是他。

有了这个想法后，一切便豁然开朗。虽然不知道卢老师为何要置我们于死地，但我有信心能从他口中找到答案。然而，正当我准备跟蓁蓁到学校找卢老师问个明白时，突然发现一个鬼鬼祟祟的身影于黑暗中窜动。

第十四章　神秘毒素

在这夜阑人静的时候，诡秘的防空洞外，突然出现一个隐藏于黑暗中的人影儿。我想对方肯定不是吃饱撑的，才来这种阴森的地方散步吧！

蓁蓁也看见了这个鬼祟的身影，不过或许是因为对藏镜鬼仍心有余悸，所以她没有像平时那样直接冲过去把对方抓住，而是在地上捡起一块儿小石头掷过去。

石头没入黑暗之中，惨叫声随即响起。

对方的声音让我觉得似曾相识，稍加思索便知道对方是谁。蓁蓁似乎没能分辨出对方的身份，但至少已确定对方是人，而不是虚无缥缈的鬼魅，便立刻冲入黑暗之中。

片刻，蓁蓁牵着一个哭哭啼啼的小孩，从阴暗的树影中走出来，并说道：“都这么晚了，你怎么还跑这里来玩儿不回家呢？”

当小孩显露于朦胧的月色下，我的猜测便得到确认——他是剑钦。

剑钦牵着蓁蓁的手走过来，边走边哭哭啼啼地说：“对不起，我只是一时贪玩儿，对不起，对不起……”

“你怎么不停地跟我道歉呢？是我用石块掷到你，该我向你道歉才对。”蓁蓁一脸歉疚之色。

剑钦仿佛没有听见她的话，依然不停地说“对不起”。当他们走到我身前时，我便想蹲下来跟剑钦说话。刚才在防空洞里挨了藏镜鬼四爪，虽然神经毒素的作用已经消失，但伤口还是隐隐作痛，所以我好不容易才能单膝跪下。

“剑钦别哭，警察姐姐不知道是你藏在树后，她以为是小偷，所以就把石块掷过去。”我轻抚他的小脑袋以示安慰。

“对不起，对不起，我只是一时贪玩儿……”他依然在重复刚才的话，让我怀疑他是否受惊过度。

“姐姐掷到你什么地方了？是不是掷到你的头了？”他一直用手捂住额头，所以我想移开他的手，看他是否伤得很严重。如果被蓁蓁掷出个脑震荡，那可麻烦大了。

他的左额虽然肿了一大块，但并没有流血，我想问题应该不大。不过在移开他的手时，发现他手心沾有油污。我立刻抓住他的手，严肃地问：“你刚才是不是碰过绑在洞口那棵树上的绳子？”

他像触电一样，猛然缩手并迅速后退，或许因为过于惊慌，一不小心就绊倒了。在他倒地的同时，一个黄色的打火机从他的裤兜儿里掉出来。

蓁蓁上前把他扶起，并以责怪的语气对我说：“你怎么又向剑钦发脾气了，你这样会把他吓坏的！”

我艰难地走上前去，捡起剑钦掉落的打火机，在她面前扬了扬：“他之所以一直跟我们说‘对不起’，是因为点燃绳子的人就是他。”

蓁蓁愣了一下，随即双手扶着剑钦的肩膀，紧张地问：“真的吗？是你把绑在树上的绳子点燃的？你为什么要这样做呢？”

剑钦突然放声大哭，蓁蓁意识到自己失态，立刻温柔地安慰对方。经过蓁蓁的耐心安抚后，他的哭声终于小了下来，于抽泣中把事情的经过告诉了我们。

原来他记恨着下午的事，放学后便悄悄走过来，发现我们还没离开，就想找机会向我“报仇”。他所说的“报仇”，当然不是想要我的命。他本来只想弄些狗屎让我踩，又或者抓条毛毛虫扔到我身上。

随后，他在树林里抓到一条虫子，但跑回来却发现我们正准备进入防空洞。他想我们进洞后，大概要过一段时间才会出来，所以就先跑去玩儿，打算过一会儿再回来“报仇”。

然而，等他玩耍回来时，却发现虫子丢了。当时天色已黑，要再抓一条可不容易。正想着该用什么办法报复我的时候，他注意到绑在洞口树上的绳子。

他其实没有把绳子烧断的打算，只是以为点燃绳子后，火焰只会沿着绳子燃烧，最终烧到我身上，把我吓一大跳。所以，当他发现绳子被烧断后，心里非常惊慌，害怕我们会像老四他们那样，没办法出来。

他知道自己闯下了弥天大祸，害怕回家会被父亲打骂，便不敢回家，一直躲在树后，期望我们能够想到办法离开防空洞。

“原来是这样，别哭，现在我们不就没事了。”蓁蓁温柔地安慰仍在抽泣的剑钦。

我看着从剑钦裤兜儿掉落的打火机，思考一个至关重要的问题。或许这个问题能在剑钦身上得到答案，但他现在很害怕我，只以号哭回答我的提问。无奈之下，只好先送他回家，待明天再找机会问他。

把他送进家门后，他的父亲王亮边责骂他，边向我们道歉。

“你也别太责怪他了，小孩子犯错是常有的事，教导他分辨对错，以后别再犯就是了。”我给王亮递了根烟，他婉言谢绝，并说自己不抽烟。我取出从剑钦身上掉落的打火机给他看，问道，“这打火机是你们家的吗？”

他摇头道：“不是，我家就神龛上放着一个打火机，傍晚时我还用它给祖先上过香，你这个肯定不是我家的。”他的回答验证了我的疑虑。

离开剑钦家时，蓁蓁问我现在怎么办，因为烧断绳子的人是剑钦，而不是我们之前怀疑的卢老师，也就是说小相给我们提供的情报很可能是假的。

“他给我们提供虚假的情报，不是心中有鬼，还会是什么？”蓁蓁的眼神带有坚定的光芒，但同时也流露出一丝忧虑。

“现在还不能认定小相骗我们。”我给她回以微笑。

“你这么感情用事，是不可能查出真相的。”她的忧虑已变成了责备。

她担心我一时间接受不了被曾经最信任的同伙欺骗，所以才会这么紧张。虽然我的确曾因为小相牵涉此案而感到迷茫，但现在已经能以理性分析每一个问题了。

我所认识的小相，是一个不会随便撒谎的人。撇开诚信不谈，他不撒谎的一个主要原因，是不管谎言如何完美，也必定存在漏洞，而为填补漏洞必须要用更多的谎言。然而，更多的谎言势必带来更多错漏，这是一个无止境的恶性循环。

要解决这个棘手的问题，最好的办法就是不撒谎，或者只说事实的一部分。世事往往就是这样，即使能做到言必有据，也不代表所说的就是事实的全部。只把部分事实说出来，有时候也能起到撒谎的效果，而且不会被揭穿。譬如，我只说 1+1，那么对方肯定会认为答案是 2。1+1 虽然是事实，但只是事实的一部分，如果事实的全部是 1+1-1，那么答案便截然不同。

若以实例说明，最常见的实例莫过于演艺圈。譬如某男影星说自己并没有结婚，影迷便主观地认为他是单身。但实际上他不仅并非单身，甚至连孩子都已经生了好几个。可是他并没有撒谎，因为他的确没有跟伴侣结婚。不过，不进行法律意义上的婚姻登记，并不妨碍他当伴侣的丈夫，以及孩子的父亲。

这就是小相昔日教我的“说谎艺术”，我想他肯定不会这么快就忘记。因此，我相信他所说的是事实，卢老师必定有问题。不过，卢老师是否跟我们调查的案子有关，则另当别论。

“你放心，我不会再感情用事。”我向蓁蓁出示剑钦掉落的打火机，“你对这个打火机有印象吗？”

她接过打火机随便看了几眼便说：“只不过是普通的打火机而已，随便哪家便利店都能买到，哪会有什么印象。”

“那是因为你没留心观察。”我将打火机取回，给自己点了根烟，“这个打火机已经用了一段时间，里面的液体所剩不多，而且是黄色的。你想一想是不是在哪里见过？”

她皱着眉头认真思索良久后，似乎已察觉出端倪，严肃地回答：“没想到。”

我差点儿没摔倒在地，没好气地说：“我们昨晚才见过，卢老师点烟时不就是用相同的打火机吗？”

“是吗？我没留意到这些细节。”她又皱起眉头，“就算是，那又能代表什么？”

“你真够笨的。”我在她头上轻敲一下，“绳子是我们向卢老师借的，而绳子上的油污他说是自己不小心淋上去的，但这只是一面之词。除了他本人，谁也说不清到底是意外还是故意的。而且只有他才知道我们进防空洞搜索，如果剑钦点燃绳子的打火机也是从他手上得来，你不觉得事有蹊跷吗？”

“好像真的有问题耶……”她似懂非懂地点了下头。

我继续给她分析：“剑钦跟我们没深仇大恨，如果不是综合诸多因素，他不可能把绳子烧掉。最起码他不会为了烧绳子而跑回家拿打火机。”

“这么说，是卢老师指使剑钦把绳子烧掉的？”她终于想明白了。

我轻轻摇头：“不能说是指使，充其量只是诱导。不过有一点能肯定，就是他创造了这个条件。”

“那我们现在就去质问他。”她大义凛然地说。

我又摇头：“现在还不行，一来我们没弄清楚他为何要加害我们；二来单凭这个普通的打火机，并不能拿他怎么样，毕竟这种打火机随处可见。”

“我们可以拿去技术队，让悦桐作指纹鉴定啊！”她仍然大义凛然。

我拿着打火机在她眼前晃动，没好气地说：“你仔细看看，这个打火机被剑钦弄成啥样了？”

打火机沾满油污及泥巴，显然是剑钦玩耍时弄上去的，指纹恐怕早已被破坏掉了。而且就算没被破坏，打火机上也不见得会有卢老师的指纹。他既然能如此谨小慎微地诱导剑钦，肯定不会犯这种低级错误，应该把指纹擦掉后才交给剑钦。

“难道我们就只能放任他不管吗？”她不服气地说。

“当然不是，我刚才跟王亮交代了一下，等剑钦的情绪平复下来，他就会问剑钦打火机是从哪里得来的。只要剑钦指证打火机是从卢老师手中得来的，那一切就好办了。”

她笑道：“那就好了，我们先回家睡觉，明天再去找卢老师算账！”

“到你家睡，还是我家？”

“去你的！”

她突然踹我一脚，我可是遍体鳞伤的伤员啊！

藏镜罗刹④

翌日，王亮大清早便来电告知，剑钦已经承认打火机是从卢老师手中得来的。剑钦还说卢老师昨晚很奇怪，不让他在篮球场上玩儿，并把他赶去学校后面的空地。

有了这样的回复，就能确认我的推断了——卢老师刻意诱导剑钦烧断我们的“救命绳”。虽然我很想立刻把卢老师拘捕，盘问他为何加害我们，但我还有更重要的事要做，只好暂且放下这事。

我跟蓁蓁又到法医处找流年，跟昨天不同的是，今天要检查伤口的是我，而不是蓁蓁。

昨晚蓁蓁本来想让我到她家，找她父亲虾叔帮忙处理伤口。但我知道若被虾叔逮住，必定又会借机试探我对他女儿是否有意思。所以我没敢去她家，只是回家后对伤口作了些简单的处理。

流年给我检查伤口后便皱起眉头，看似在思考某个严肃的问题。我认为他不过是在盘算怎么戏弄我们而已，于是便白了他一眼：“又在想什么鬼主意？”

然而，事情并非如我所料，他皱着眉头严肃地说：“你的伤口竟然一点儿发炎的迹象也没有。”

“这不是很好吗？”蓁蓁欢颜尽露，“只要及时处理伤口，就不会发炎了，就像我前晚那样。”

“你们不一样。”流年摇了摇头，“你在受伤后，立刻找人给伤口消毒，而阿慕则是回家后才处理伤口。从受伤到处理伤口，相隔了近两小时，这段时间足够让细菌感染伤口。更重要的一点是，他的身体没你强健，除非是受伤后立刻消毒，否则必定会发炎。”

“那到底是什么原因使我的伤口没有发炎呢？”我直接询问重点。

“不知道。”他困惑地摇头，思索片刻后又道，“我给你们作一次详细的身体检查。”

“你担心我们会中毒吗？”我惊愕地问。

他点头道：“小心为上，藏镜鬼这种若虚若实的个体，本身就是不可思议的存在，我担心她的爪子含有某种更不可思议的毒素。你们的伤口之所以没有发炎，有可能是因为血液中含有的神秘毒素。”

“但我们现在不是很好吗？怎么可能中毒呢？”蓁蓁不解地问。

“凡事不能单看表面。”流年严肃地说，“你们没有发炎并非一定是好事，有可能是血液中的毒素过于强横，杀灭所有感染伤口的细菌，也有可能是你们的免疫系统已经遭到毒素的破坏，无法像正常人那样对抗细菌的感染。不管是哪一样，都不是好事。”

被他这么一说，我跟蓁蓁不由得感到一阵不安，只好任由他给我们从头到脚作一次详细的检查，连血压、体温以及条件反射都检测过，就差没有量身高和称体重了。可是我们在法医处忙了一个早上，得出的结果竟然是一切正常。

然而，流年看着检查结果，眉头不但没有舒展，反而皱得更紧：“表面上一切正常，只能说明这种毒素跟身体的结合度极高，不容易被察觉，但阿慕的伤口没有发炎又足以说明问题的存在。我必须详细化验你们的血液样本，才能确定你们的身体到底有没有问题。”

他这句话让我隐隐感到不安，未知的事物往往比已知的危险更令人感到恐惧。然而，就在我忐忑不安时，手机突然响起，是老大打来的电话：“都跑哪里去了？王村小学出了人命，一个姓卢的老师死了！”

第十五章　密室凶案

“死者的名字是卢永志吗？怎么死的？”我紧张地冲着手机问道。

“我也是刚刚收到消息，详细情况并不清楚，或许跟八名蔡姓儿童的案子有关。我已经跟当地的派出所打过招呼，让你们接手调查这宗案子。你们赶紧到现场了解一下。”老大说完便挂了线。

因为将要对尸体进行检验，我便叫上流年一同前往王村小学。他没有推辞，但需要准备些验尸工具，让我们稍等片刻。

在等待流年期间，我问蓁蓁是否会为我们身上的神秘毒素而感到害怕。她皱眉思考片刻，随即笑道：“不怕，就算我要死，也有你垫背。”

我们来到王村小学时，当地派出所的民警早已封锁现场，还让学生放假一天，以免妨碍调查。我本来还想询问剑钦一些问题，以推测卢老师的动机，不过他已离开学校也就作罢。现在当务之急，是调查卢老师的死因。

在场民警当中，有一名是我们之前在县派出所见过的王达，他带我们到卢老师的宿舍，也就是命案现场，并把案情简要地告诉我们："今天早上十点左右，报案中心接到王校长打来的报案电话，说王村小学一位老师突然死了。我们接报后立刻赶过来，在三楼宿舍里发现了死者，并发现他胸前有一道伤口，应该是他杀……"

进入卢老师宿舍那一刻，我突然想起小相曾经说过："破坏命案现场重要证据的人通常是警察。"

县派出所虽然已封锁现场，但有好几个民警在狭窄的房间内走动，且不戴手套便随意翻弄现场的物品，什么鞋印什么指纹，在他们眼中都是浮云。

他们的头儿看见我们，立刻恭维地上前跟我们说了些客套话。我没心情跟他浪费时间，让他马上把所有下属带走，只留下王达协助我们。

这群没脑子的民警走后，流年便对尸体进行初步的检验，我趁他验尸的空当儿，认真地观察房间内的情况。房间略为狭窄，且只有一扇窗户，但阳光能直接从敞开的窗户照进来，所以光线十分充足。窗前放置了一张简陋的书桌，桌面放有一摞打开的作业本、一个装有好几支钢笔的笔筒及两瓶墨水。

房间内大多数物品都有被翻弄过的痕迹，想必是刚才那群民警所为，我稍微留意了一下，并没有多少值得怀疑的地方。或许曾经有，但已经被破坏。不过，虽然房间内的东西曾被民警翻弄过，但仍不至于凌乱，也就是说没有打斗的痕迹。

环视一圈儿后，唯一能引起我注意的是房门。房门是木头做的，正面有四个明显的鞋印，但不像是刚刚印上去的。门锁有明显的被撬痕迹，门闩严重损坏，应该是从外面破门而入造成的。门闩只能从里面插上，如果房门是在死者死后才被撬开的，那么这宗命案便是一起密室杀人案。

房门从里面闩上，没安装防盗网的窗户便是唯一能进出房间的通道。我探头到窗外观察了一下，这里虽然只是三楼，但外墙平滑，没有水管依附于墙身，附近也没有高大的树木。再仔细地观察窗台，没有发现鞋印等明显的痕迹。凶手若通过窗户进出房间，应该是"从天而降"——从楼顶悬一根绳子爬下来。

当然，如果门闩是凶手在行凶后才插上的，那么他还有另一种更便捷的离开方式，就是直接从窗户跳出去。当然，前提是他不怕受伤。窗户下方的地面铺有水泥，直接跳下去虽然不至于会摔死，但多少也得受点儿皮肉之苦。然而，当我的目光落在尸体身上时，便否定了这个可能。

卢老师的尸体于书桌前呈大字形躺在地板上，脸颊及嘴唇发黑，嘴角有呕吐物，呈明显的中毒特征。尸身腰间压着倒下的椅背，左手旁边的地上有一部手机，右手边有一支钢笔。

我想，案发时卢老师应该坐在书桌前，边批改作业边接听电话。正当他一心二用、无法再分心留意其他事物时，凶手突然从窗外出现，并向他发起袭击。他被凶手袭击后，由于惯性向后倒，因而造成现在这个姿态。

死者胸口右侧的衣服上有一大片血迹，血迹中央有一破洞。右胸并非人体要害，这个伤口不可能致命，再加上尸体呈现中毒特征，几乎能肯定他的致死原因是中毒。

流年正小心翼翼地解开死者上衣的纽扣，以便检验死者的伤口。验尸是他的专业，我当然帮不上忙，如果硬要插一脚，反而会妨碍他。但我亦不会因此而闲下来，而是打算向校长了解民警到达前的情况，于是便让王达请他过来。

校长在一楼教员室，跟一众老师们商讨如何善后。我本以为王达会下楼找他，谁知道他竟然掏出手机，并按了一下重拨，接通后便对着电话说："爸，你上来一趟。"说罢便挂线。

"校长是你父亲？"我愕然地看着他。

他不友善地回答："不可以吗？"

我意识到自己相当失礼，赶紧给他递了根烟，赔笑道："可以，当然可以，我只是觉得有些巧合，没别的意思。"

"没事。"他回应一句后便自顾自地抽烟，没再理会我。

在等待王校长时，流年向我招手。我于尸体前蹲下，他便指着死者胸膛上的伤口，说："你看见什么？"

死者的上衣已经被流年解开，在裸露的胸膛上有一个可怕的血洞。血洞周围的大片皮肤呈紫红色，明显是中毒的症状，这跟我之前的推测一致。然而，当我看见这个血洞时，却愣住片刻，因为血洞的大小跟我和蓁蓁被藏镜鬼利爪刺伤的伤口几乎一致。

流年用工具测量血洞的深度后，皱眉道："大小、形状及深度，都跟你们身上的伤口非常相似，几乎可以肯定是同一种方式造成的。"

"你的意思是，他是被藏镜鬼杀死的？"蓁蓁紧张地凑过来。

"这个可能性很大，不过，问题的重点是……"流年眉头紧锁地看着我。

我明白他担心什么，便点头道："尽快把尸体送到法医处作进一步检验吧！"

虽然几乎能肯定死因是中毒，但死者所中的是哪种毒素却是个问题。而更大的问题是，我跟蓁蓁身上也可能带有相同的毒素，若不尽快检验出来，我们的命就悬了。谁知道这种毒素是怎样的特性，说不定下一刻我们就会像卢老师那样。

此事刻不容缓，流年立刻打电话安排运送尸体。

在他打电话的时候，我的目光落在尸体左手边的手机上。手机之所以掉落在地，很可能是因为死者受袭击时正在通电话。他生前最后一次通话，极有可能是破案的关键，因此我把手机放进证物袋，并试图查看通话记录。可惜手机的电池似乎在掉落的时候松脱，导致自行关机，而当我试图开机时，却发现死者设定了开机密码。

身为一名教师，有必要给手机设定开机密码吗？难道这部手机里有某些不可告人的秘密？这部手机或许隐藏着某些关键的线索，我想伟哥应该有办法破解密码。

我把手机收起后，便看见王希跟一名六十有余且轻度驼背的老先生来到门外。王达看见他们，便走到门外迎接，并谄媚地跟王希说："希哥，你怎么也上来了？"

王希瞥了他一眼，冷淡地回应："嗯，堂伯父让我上来看看。"

"我快要退休了，也是时候让王主任接手学校里的事务了。"老先生看了看王希，眼神中带有三分无奈。

老先生进门后便向我们作自我介绍："老朽名叫王谨，是本校的校长，未知有何事能为警官效劳？"

王达亦向我们介绍王希，可惜他这马屁没拍响。

王希显然仍对昨天的事耿耿于怀，不但不跟我们说话，而且看我们的眼神也极不友善。一个念头突然在我脑海中出现——卢老师会不会是他杀的？

这个想法并非凭空猜测。

首先，根据现有信息，剑钦是在卢老师的诱导下烧断绳子；其次，卢老师跟我们没任何过节儿，也不存在利益冲突，因此他不存在加害我们的理由。然而，王希不但跟我们有过节，更扬言绝不会放过我们。所以，不能排除他指使卢老师加害我们，并于事后杀人灭口。

虽然昨晚我亦曾考虑过卢老师可能受王希指使，并以卢老师不愿意跟王希接触为由，否定了这个推论。但是，小相给我的提示是卢老师"并不是表面上那么简单"，如果事实确如他所言，那么卢老师很可能故意在我们面前装做不愿意跟王希接触。

有两个重要依据能支持我这个想法：其一是，卢老师显然死于中毒，因为我跟蓁蓁都曾被藏镜鬼所伤，但我们至今仍没出现中毒症状，但卢老师昨夜受到袭击后，便于短时间内中毒身亡；其二是，王希昨天跟我们说防空洞并非藏镜鬼的老窝，但事实已证明他撒谎。而且他这个谎言，险些让我们丧命于防空洞。不排除他是故意欺骗我们，诱使我们进入防空洞，并指使卢老师给我们一根沾有油污的绳子，以方便将绳子点燃。

然而，这只不过是推测而已，我需要更多证据支持这个推理。

王校长虽然六十有余，但头发乌黑发亮，且精神饱满、声音洪亮，给人一种干劲儿十足的感觉，跟懒散的王希截然相反。我走到他身边，闻到一股清新的香味，感觉有点儿像米饭的香味，不由得感到奇怪——难道他洒了香水？

对于我的疑问，王校长牵强笑道："警官见笑了，老朽都已经一把年纪，怎么还会像年轻人那样洒香水呢？我不过是习惯用洗米水来洗头发，这样既能节省洗发水，又能使头发变得乌黑。要不然，恐怕我早就白发苍苍了。"没想到他老人家还挺环保的。

我向他询问民警到达前的情况，包括谁发现卢老师遇害、房门上的鞋印，以及撬门痕迹是怎么回事。

"事情是这样的……"王校长摘下老花镜，揉着鼻梁给我们讲述早上发生的事情——

卢老师平时起得很早，校门通常都由他开启，可今天我到校时，发现校门仍没打开，早到的学生都在操场上玩耍。我想他可能是昨晚批作业弄到很晚，睡过头了，所以并没有在意。反正要到第二节才有他的课，也就没去叫醒他，让他多休息一会儿。

藏镜罗刹④

我以为他会在第二节课之前下来，因为如果他只是睡过头，第一节课的上课铃会把他吵醒。可是直到第一节课结束，还没看见他的身影，我就想他会不会是生病了?

我本想上来看看他的情况，但我要给五年级上第二节课，其他老师又有各自的工作，全都走不开。所以，我就让王主任去看他。

我上楼梯准备到二楼给五年级上课时，在楼梯上遇到王主任，他说卢老师的房门锁上了，怎么叫门里面也没反应，打对方手机又提示关机。

听他这么一说，我心里就慌了，心想卢老师肯定出了什么意外。虽然这时候第二节的上课铃已经响起，但我也管不了那么多，立刻跑上三楼拍卢老师的房门。可是不管我怎么拍，里面就是没半点儿反应。

房门从里面反锁，我虽然有钥匙，但也开不了门。我让王主任去把体育老师叫过来，而我则去旁边的小厨房找撬门的工具。

体育老师虽然年轻、力气大，但房门也非常结实，他花了不少时间才把房门撬开。房门一打开，我就看见卢老师躺在地上，胸口有一大片血迹，怎么叫他也没反应，于是便打电话给我儿子小达。

小达说出人命的案子，他一个人处理不了，让我先打110报案，他马上就带人过来……

听完王校长的叙述后，我分别提出了四个问题，王校长逐一作答：

一、一般情况下，三楼除卢老师之外，是否还会有其他人?

答：三楼又没有教室，为避免学生跑到楼顶上面玩儿，我向来都禁止学生到三楼。而这里除了卢老师之外，就没有其他人住，如果没特别的事，其他老师都不会上来。

二、王希独自上三楼找卢老师，一共花了多少时间?

答：第一节课下课后，发现卢老师还没有下来，我才叫王主任上去找他。而我在楼梯上遇到王主任时，第二节的上课铃便响起，他花的时间应该跟课间休息时间差不多，也就十分钟之内。

三、房门上的鞋印是谁印上去的?

答：是王主任印上去的。他敲门没反应，就想把门踹开，但房门很扎实，所以没有成功。

四、一共有多少人持有校门钥匙?

答：校门的钥匙一共有三把，我、王主任及卢老师各有一把。

我之所以问这些问题，目的很明确，就是确认王希是否具备杀害卢老师的条件。根据王校长的回答，王希的嫌疑非常大。

王希是除王校长及卢老师外，唯一持有校门钥匙的人。他大可以在深夜用钥匙打开校门，大摇大摆地走到楼顶，然后垂一根绳子下来，爬到窗外袭击卢老师。

虽然我不知道他用哪种方式袭击卢老师，但有一点可以肯定，就是他刻意将死者的伤口弄得像被“鬼爪功”刺中一样，便于将罪名嫁祸给藏镜鬼。而藏镜鬼是一个来无影、去无踪的鬼魅，我们若要追查下去便非常困难。

不过，成也萧何、败也萧何，他把罪名嫁祸给藏镜鬼，恰巧就是个致命的漏洞。毕竟卢老师在此生活了五年之久，如果藏镜鬼要对付他，恐怕早已下手，用不着等到现在。而且我们初次受到藏镜鬼袭击时，不正是因为卢老师的出现，她才匆忙离开的吗?

虽然现场很多重要的证据都被县派出所的民警破坏，但要确定我的推理是否正确，还是有办法的，那就是到楼顶寻找痕迹。因为如果王希要从楼顶下来杀人，必定会在楼顶留下犯罪证据，至少他得在楼顶找个地方把绳子绑好，才能爬到窗外行凶。

我问王校长是否能让我们到顶楼调查，他说只要我们需要，就可以到学校的任何地方调查。然而，王希对此的反应却非常大，脸色立刻就变得煞白，连忙拦在房门前，慌张地说：“楼顶平时都锁着，没什么好调查的，你们就别上去浪费时间了。”

第十六章　楼顶之秘

王希过激的反应更令人怀疑他就是凶手，于是我便坚持到楼顶调查，并向王校长索取钥匙。

藏镜罗刹④

王校长为难地说："我虽然有楼顶的钥匙，但因为平时都用不上，所以一直放在家里没带在身上。"

"那还有谁有楼顶的钥匙呢？"我问。

"学校里所有门锁的后备钥匙都放在资料室，由王主任保管。除了我那一把，就只有资料室的后备钥匙了。"他瞥了王希一眼。

王希立刻接话："后备钥匙都锁在抽屉里，碰巧我今天忘记把抽屉钥匙带来。"他眼神闪烁，显然在说谎。

王希越不想让我们上楼顶，就越说明楼顶有问题，我当然不会放过这条关键线索，便问王校长能否回家一趟把钥匙带来。

"可以，我家离学校不远，请你们稍等一会儿，我马上去拿。"王校长说罢便走向门外。

王希把他拦住，慌张地说："楼顶就两把钥匙，你没上去，我也没上去，有啥好看的呢！他们不过没事找事，我们用得着跟他们浪费时间吗？"

王校长之前一直都对王希非常客气，但此刻却突然怒目横眉地瞪着他："小希，你是不是又做坏事了？"

"我会做什么坏事！"王希的脸色不太好，显然是被王校长说中了。

"既然你没干坏事，为什么不让我们到楼顶？"蓁蓁瞪了王希一眼。

王希不自觉地回避她的目光，毫无底气地回答："楼顶根本就没啥好看的，上去也只是浪费时间。"

见王希已找不到借口，我笑道："好吧，王主任贵人事忙，我们就别浪费他的时间了。蓁蓁，你陪王校长回家取钥匙，速去速回。"蓁蓁点了点头，立刻陪同王校长回家。

他们离开后，王希便不安地于门外走廊来回踱步，王达也无所事事地在走廊上抽烟。此时，流年正为运送卢老师的尸体作准备，房间内亦无值得注意的地方。因此我便走到走廊，打算向王希套话。

我给王希递了根烟，但他并没有接受，还白了我一眼，显然仍记恨昨天的事。对此，我只是一笑了之，自顾自地点了根烟，然后自言自语："昨晚我们到防空洞走了一趟。"

他依旧来回踱步，仿佛没听见我说的话，我只好继续自言自语："亏你还说藏镜鬼不在防空洞，我们昨晚差点儿就被她杀了。"

他仍然没有理会我，看来得给他下一剂猛药，于是便轻描淡写地说："昨晚，我好像看见你的车停在外面，你这么晚回来干吗？"

这招儿似乎有效，他猛然回头看着我，惊惶地说："你、你肯定看错了，我昨晚开的是奥迪，不是悍马。"

我走到他身旁，故作神秘地笑了笑："我可没说看见什么车。"

他愕然地看着我，片刻才反应过来。我不给他任何辩解的机会，随即便以严厉的语气说："卢老师是你杀的！"

"你乱说，我没杀人。"他惊惶地后退，差点儿绊倒。

我乘势而上，一个箭步逼近他身前，追问道："那你为什么撒谎？你昨晚明明来过。"

"我没来过，你看错了。"他再次后退，但这次因为过于仓促而绊倒。

我揪住他的衣领，把他拉起来，指着房门上的鞋印，厉声道："这些鞋印是不是你留下的？"

他惊惧地点头："是，是我早上踹门时印上去的。"

"撒谎！"我猛然推开他，走向房门，使劲儿地踹了一脚，印下一个鞋印。随即又再揪着他衣领，把他拉到门前，指着我的鞋印说："你仔细看清楚，我的鞋印跟你的有什么区别？"

他从我手中挣脱，强作镇定地说："不就是鞋印嘛，有什么不一样。"

从表面上看，房门上的鞋印除了花纹及大小有差别外，就再无明显的区别，但若仔细观察便能发现，我的鞋印跟另外四个鞋印深浅不一，我的鞋印颜色要稍微深一些。

我道出这一点，并加以解释："垂直平面上的鞋印，尘粒会因地心引力掉落，我的鞋印之所以比你的深，是因为刚刚才印上去。"

"这又能说明什么？我的鞋印是早上印上去的，当然会比你的浅。"他虽然仍强作镇定，但已显得底气不足。

"如果是早上印上去的话，那你也踹得太轻了。"流年从房间走出来看热闹。

藏镜罗刹④

王希不自觉地后退一步，脸色渐渐苍白。

我掏出手机向他扬了扬，莞尔笑道："等技术队过来了，就知道这些鞋印是什么时候印上去的了，如果是昨晚的话……"话还没说完，王希就突然转身冲向楼梯。

王希突如其来的举行，不禁使我感到愕然，我本能地举步追上去。然而就在这时候，一直挨着墙壁默不作声的王达，突然有意无意地挡在我身前。虽然只是片刻的阻挡，但已足够让王希冲下楼。

"你怎么不追上去？"流年虽然在跟我说话，但双眼却盯着王达，"如果这些鞋印是他昨晚留下，那么他的嫌疑就非常大。"

"你没看见他跑得比刘翔还快吗？我又不是蓁蓁，哪能追得上。"我耸耸肩看着王达，并跟他说，"你不会也像我这样跑不动吧？"

"我刚才没反应过来。"他轻描淡写的一句，便把责任推脱得一干二净。

"真不知道你们是怎么混过体能考试的。"流年瞥了王达一眼，便返回房间继续为运送尸体作准备。

其实，就算王达不挡着我，我也不见得会追上去，因为根本没有这个必要。首先，现在还没足够证据能证明王希是凶手。其次，像他这种纨绔子弟是不可能跑掉的，毕竟他习惯奢侈的生活，不管跑到哪里，早晚也会向其父亲伸手要钱。只要他跟父亲联系或使用银行卡，我就有办法把他揪出来。最后，他若是留下来，至少还能给自己一个辩解的机会，但一旦逃走，等待他的就只有通缉令。

等他被抓回来的时候，要让他说真话就容易得多了。因此，现在不追他，对我来说更有利。

王希逃走后约二十分钟，蓁蓁和王校长便带着钥匙回来。王校长得知此事后大发雷霆，骂王希是个扶不起的阿斗，还给他父亲王发打电话，叫王发立刻押他回来，不然下半辈子就等着去监狱看他。

待王校长挂掉电话后，我便提议先到楼顶调查，反正王发也不见得能立刻把王希带过来。王校长没有推辞，马上带我跟蓁蓁到楼顶，王达亦跟随我们一同上去。

通往楼顶的铁门用一把普通的铜锁锁着，锁身颜色暗淡，应该已经使用了好几年，让人怀疑它能否再次开启。然而，王校长毫不费力便把铜锁打开，这说明铜锁经常被开启，也就是说经常有人进出。除王校长之外，能自由进出楼顶的，就只有持有后备钥匙的王希。

王希先前一再阻挠我们到楼顶调查，随后因未能为鞋印作出合理解释而逃走，再加上他有曾到楼顶溜达的嫌疑，几乎能肯定他跟卢老师的死有关。不过这些都只是推测，要证实他是否就是凶手，必须找到确凿的证据，而证据就在门后。

为避免证据被破坏，我让大家在楼梯间稍候，独自进入楼顶。

我踮着脚小心翼翼地走上楼顶，仔细寻找可以绑绳子的地方，并留意地上的每一个鞋印。

楼顶并没有放置杂物，也没有旗杆之类的东西，除了楼梯间及边缘的护墙外，就跟平地没两样，根本没有可以绑绳子的地方。既然没有绑绳子的地方，那王希又是怎么爬进卢老师房间的呢?

从尸体倒卧的姿态判断，凶手应该是从窗外发起袭击，如果楼顶没有能绑绳子的地方，凶手就不可能从楼顶下去行凶。我突然想起房门上的鞋印，难道王希不是从窗外袭击卢老师，而是先从房门进入房间，布置好密室杀人的假象后，再从窗户逃走？那他为何要阻挠我们到楼顶调查呢?

就在我为此感到疑惑时，突然发现卢老师房间窗户上方的护墙前，有两组明显的鞋印。两组鞋印呈一前一后排列，后面的一组跟房门上的鞋印一致，应该是王希留下的，而前面的鞋印应该属于一双高跟鞋。

奇怪了，难道王希找来一名女性当帮凶?

正为此皱眉时，我在鞋印附近发现了一件让我目瞪口呆的证物——避孕套!

我顿时无力地坐在地板上，眼前的证据已足以让我明白，昨晚发生在这里的事情，也知道了王希为何阻挠调查。

“警官，王希的父亲已经找到他了，马上就把他带过来。”

王校长的声音从楼梯间传来，此处亦再无值得调查的地方，于是我便把地上那个用过的避孕套放进证物袋，跟王校长等人返回楼下。

我们在一楼教员室等了约十分钟，王希便被一个五十多岁、满脸怒容的男人揪着衣领带进来。男人一进门便气冲冲地说：“这臭小子又闯什么祸了？”王校长叫他先别动气，并为我们介绍，他就是王希的父亲王发。

王希在盛怒的父亲面前，就像个小孩一样，低着头一句话也不敢说。看他这个样子，实在难以跟杀人凶手联系在一起。我想现在大概问他什么，他都会一字不漏地说出来，所以也不转弯抹角，直接出示在楼顶找到的避孕套，并对王发说：“这是我刚才在楼顶找到的。楼顶的钥匙除了王校长外，就只有令郎持有，我想这个避孕套该不会是王校长留下的吧？”

王发先愣一下，随即怒火中烧地拍打王希后脑勺，并骂道：“老子是不是没钱让你去酒店，竟然跑来学校干这种事！你到底还要不要脸？”

王希低着头，连看也不敢看父亲一眼，也没有搭话。王发则继续对他破口大骂。我没兴趣看他们父子间的闹剧，拍手示意王发先停下来，并说道：“令郎是否在楼顶寻欢，并不是问题的重点。现在最大的问题是，卢老师昨晚死了，而令郎昨晚又来过，所以他必须把这件事交代清楚。这可是杀头的罪名，不是花钱就能解决的。”

王发意识到问题的严重性，便不再在我们面前打闹，严肃地对王希说：“你都听见了，快把昨晚的情况一五一十地说出来，你要是真的犯了事，老子也帮不了你。不过，要是有人想冤枉你，我就算拼了这条命也不会让他们得逞！”

王发虽然把话说得正义凛然，仿佛已作好准备大义灭亲，但心底里还是偏袒自己的儿子。王希有他撑腰，自然不会说真话，看来我必须出绝招。

我严肃地对王发说：“王先生，警察办案必须实事求是，绝不会冤枉任何一个好人。我们之所以觉得令郎有杀害卢老师的嫌疑，是因为卢老师知道令郎一个秘密。”

“我儿子做事光明磊落，会有啥秘密！你可别乱说。”王发怒目横眉地瞪着我。

“其实，也不是什么天大的秘密，只是我怕你听了之后会很生气。”我淡然一笑，随即又严肃问道，“王先生，你没心脑血管方面的疾病吧？”

“笑话，我的身体好得很，什么病也没有。”他敌意地白了我一眼。

“那就好，那就好……”我顿了顿又道，“卢老师曾经跟我说，令郎的书法奖状是花钱买回来的，他的书法水平其实连中学生也比不上。”

王发愣住片刻，随即一巴掌打在王希后脑勺上，怒目圆睁地骂道：“你这个臭小子，竟然连这种事也敢骗我！你的事，你自己解决，老子以后也不会再管！”说罢拂袖而去，再也不看王希一眼。

王希看着父亲离去的身影，呆住片刻才想追上去，却被蓁蓁抓住。他惊惶地挣扎，蓁蓁好不容易才把他按在椅子上，并给他铐上手铐。

“现在没人能帮你了，你还是乖乖地把昨晚的情况如实地说出来吧！”我找来张椅子坐在他身前，点了根烟悠然地说，“别想再撒谎，只要你撒谎就会有漏洞，每一个错漏都会增加你的嫌疑。也就是说，你说的假话越多，处境就越恶劣。”

“我没杀人，我真的没杀人……”王希像个垂头丧气的战俘那样，自言自语般向我们讲述昨晚的情况——

昨天下午，跟你们闹不愉快后，我心里很不爽，想去找点儿乐子，就当发泄一下。放学后，我把悍马开回家，换上奥迪到城区找来几个哥们儿一起吃饭，然后就去酒吧泡妞。

就像我之前跟你们说的那样，只要兜里有钱就不愁没有女人。我有的是钱，又长得帅气，泡妞对我来说毫无难度，没花多少时间就把到一个太妹陪我喝酒。因为心情不好，所以昨晚我喝得特别多，玩儿得也特别疯，一直玩儿到深夜才离开酒吧。

吃完消夜后，哥们儿都搂着妞儿各自离开，我也带着太妹找地方亲热。本来，我可以带她到酒店亲热，但可能是喝高了，觉得去酒店不够刺激，没意思，所以就想带她到学校来。

虽然多喝了几杯，但我的驾驶技术非常好，一眨眼就把奥迪开到小学门口。我把太妹带到资料室，在那里玩儿了一会儿，还觉得不够过瘾，就跟她到楼梯间玩儿。

我本想跟她在楼梯间爽一把，可她却说楼梯很脏，不肯躺下来。我一边跟她亲热，一边往上走，不一会儿就走到三楼。

到了三楼后，我就想到卢老师的房间，借着酒劲儿去拍他的房门，叫他开门让我们进去亲热……

第十七章　秘密信息

当时大概是凌晨两点钟，我想卢老师肯定睡了，但没想他竟然会睡得这么死。我像拆房子似的使劲儿地拍门，都拍了十来分钟，就算吃了药也该被吵醒了，可里面就是一点儿反应也没有。我想他一定已经醒了，只是故意不给我开门。

我一气之下，借着酒劲儿狠狠地踹门，想把门给踹开。可踹了几脚，突然想起我有楼顶钥匙，在楼顶玩儿肯定会更刺激，于是就没管他，把太妹带到楼顶去……

“昨晚是你第一次带女人到楼顶玩儿吗？”我故作漫不经心地问道。

王希怯弱地点头：“昨晚我只是喝晕头，所以才会把太妹带来这里，就这一次而已。”

“是吗？”我以严厉的眼神瞪着他。

他刻意回避我的眼神，声如虫语：“是，就这一次……”

我佯装皱眉道：“那就奇怪了，我刚才检查楼顶的门锁时，发现匙孔很光滑，应该是近期经常被开启才会这样，而楼顶的钥匙就只有你跟王校长才有……”

王希怯弱地低下头，沉默不语。王校长恨铁不成钢地骂道：“小希啊，你爸都已经被你气走了，你再不坦白交代，可是要坐牢的呀！”

“好了，好了，我说，我全都说出来……”王希苦恼地双手抱头，十指插入发间，经过一轮沉默后，终于下定决心将自己的秘事说出来，“其实我不止一次带女人到楼顶玩儿，这阵子我经常带女人回学校玩儿，到底带了多少次，自己也记不清楚。除了楼顶之外，我还跟她们在楼梯间、课室、资料室、教员室，甚至在卢老师的房间玩儿过……”

“你这个畜生，竟然一而再地带女人回来鬼混，你把学校当成什么地方了……”王校长气得满脸通红、双拳紧握，似乎想冲上前揍王希一顿，但最终还是忍住了，压着怒火问道，“卢老师不知道你带女人回来鬼混吗？”

他点了下头，随即又不停摇头：“开始时不知道，最初我对他还有些顾忌，毕竟这种事被你跟我爸知道，肯定会教训我。所以，最初我只是偷偷摸摸地在一楼玩儿。不过玩儿多了，还是被他发现了。”

“卢老师是什么时候发现的？为什么没告诉我？”王校长惘然问道。

王希低头回答：“这学期刚开学不久就被他发现了，当时他还警告我要是再有下次，就会向校长报告。不过后来他有把柄被我抓住，才没有说出来。”

“他有什么把柄被你抓住了？”我对这个话题很感兴趣。

王希抬头瞅了我一眼，又低下头：“之前你们不是问我，去城区买宣纸那晚，为何会在小店里耽误了好几分钟吗？其实，当时我不但发现小店的臭婆娘给我假币，还发现卢老师鬼鬼祟祟地躲在店外。”

“当时是什么状况，你最好仔细说清楚，一个细节也不能漏掉。”蓁蓁凶巴巴地说。

王希此刻早已气焰全灭，任由蓁蓁恶言相向，只是低声回应，如败军之将般细说事情的始末——

其实，当晚我还没进小店，就看见一个挺眼熟的男人站在小店门外。这人刻意地靠着墙壁，身子躲在阴影里，探头望向电话亭的方向，还鬼鬼祟祟地打手机。

我当时觉得他很奇怪，打手机就打手机呗，干吗像做贼一样。不过这是别人的事，事不关己，己不劳心，我才没这份闲心去多管闲事。只不过觉得对方有些眼熟，所以多看了几眼。

他躲在阴暗角落，而且一直背向我，虽然我觉得很眼熟，但一时间也没认出来是谁。之后我从小店出来，恰好看见他把手机卡取出来，扔进旁边的垃圾筒，然后转身往回走，刚好跟我打了个照面。

他看见我时，表情有些惊愕，但随即低下头，装做若无其事地快步往前走，一声不吭地跟我擦肩而过。

虽然当时天色昏暗，但我一眼就能认出他是卢老师。我很奇怪他为啥刻意装做不认识我，虽然我们私下没什么交情，甚至为我带女人回学校玩儿的事吵过几句。但怎么说也是同事，不至于在校外碰面，连招呼也不打一个吧！

不过，我也只是觉得奇怪而已，并没有多想什么，但后来越想就越觉得不对劲儿。怎么说他也是为人师表，不管有多讨厌我，也不至于连招呼都不打吧！而且他看见我时，表情有些惊愕……甚至可以说是惊慌。再加上他刻意躲藏在阴暗角落，让我怀疑他跟电话亭里那女孩的死有关。

你们肯定会说，我的怀疑毫无根据，其实我自己也觉得有些牵强。不过之后发生的事，证明我的怀疑是正确的。

就在第二天早上，他到资料室拿评职称的资料时，我趁机向他套话，说昨晚在城区看见一个人很像他。他当即慌了一下，过了会儿才含糊地“哦”了一声，没有承认那人就是他，也没有否认。

接着我又自言自语："我这人不喜欢像个三八似的乱说别人的坏话，正所谓多一事不如少一事嘛。要是对方不在校长面前说我的坏话，我也不会在别人面前乱说。"

虽然他没有当面回应我，但自此之后凡事都对我退让三分，我夜里带女人回学校玩儿，被他发现了也只是说一句"别太过分"，然后就自行走开，看也没有多看一眼，第二天也没有在校长面前乱说话。

有一次我喝多了，搂着个太妹敲他房门，叫他把房间借我用一下。他虽然有些气愤，但最终还是把房间借给我，说出去抽根烟就溜走了。

现在你们明白我为什么会这么大胆，半夜三更去踹他的房门了吧……

虽然在王希的叙述里，卢老师并没有承认自己跟蔡少萌的死有任何关联，但他对王希的一再容忍足以证明，他不想让别人知道蔡少萌出事当晚，自己曾经在事发现场附近徘徊。

我突然想起在蔡少萌出事前，电话亭曾有一个电话拨入。之前我们并没有察觉出端倪，现在看来这电话很可能是卢老师打的。难道……他就是杀害蔡少萌的杀手?

他曾于事发现场附近徘徊，且事后不想让别人知道此事，已能证明他跟此事有所关联，就算不是杀手，也可能是帮凶。可惜他已经魂归天国，无法从他口中求证此事。

如果他是凶手还好，毕竟人已经死了，也就无法继续作恶。可他明显是死于他杀，因此不能排除他只是凶手的棋子，被利用完后杀人灭口。

从王希口中没能得到突破性的线索，我跟蓁蓁只好先回诡案组，等待卢老师的验尸报告。我于途中向蓁蓁说卢老师或许只是帮凶的推理，她思索片刻后说："如果卢老师是帮凶，那小相很可能是主谋。"

若平时她这么说，我肯定会立刻反驳，但经历昨晚的事后，我知道若没有一个充分的理由，她必然会认定我感情用事。所以在反驳之前，我先让她把怀疑小相的理据说出来："何以见得？"

她有条有理地给我仔细分析——

首先，现在已经能肯定卢老师诱导剑钦将绳子点燃。他本人跟我们没有任何过节，也不存在利益冲突，不可能加害我们。如此一来，他肯定是受人指使，而指使

他的人极有可能是杀害蔡少萌的凶手。

其次，小相曾说卢老师并非表面上那么简单，由此可见他认识卢老师，并且知道卢老师某些不为人知的秘密。

最后，知道我们要进防空洞的人，就只有卢老师一个，如果不是卢老师通知小相，他为何会这个时候出现？

综合这三点，有理由怀疑小相跟卢老师有联系，而且小相很可能就是杀害蔡少萌的主谋。

她的分析从表面上看有一定道理，但仔细一想便能发现当中存在严重的漏洞：

首先，卢老师并非跟我们没有任何利益冲突，因为从王希口中得知，他很可能跟蔡少萌的死有关，而我们正在调查此案。所以，暂时还不能确定诱导剑钦是他本人的主意，还是受他人指使。

其次，若诱导剑钦是受小相指使，那么小相又何故会现身解救我们？

虽然她的分析存在错漏，但有一点是对的，那就是小相跟卢老师认识，而且存在某种不为人知的关系。然而，这并非问题的重点，最让我头疼的还是小相跟藏镜鬼的关系，他们之间到底发生了什么争执，小相为何会跟这个似妖非妖、似鬼非鬼的可怕怪物扯上关系？

返回诡案组后，我把卢老师的手机交给伟哥，问他是否有办法破解开机密码。他叼着烟白了我一眼，不屑地说：“你这问题，跟问数学教授会不会做小学算术题差不多。”

坐在一旁吃零食的喵喵，突然跳过来插话：“嗯，最近有种节目挺流行的，就是让明星做小学生的题目，结果还真的有很多人不会做呢！”

“就你多嘴！”伟哥瞪了她一眼，随即又道，“给我五分钟，不，两分钟就行。”说着便在凌乱不堪的办公桌上翻箱倒柜，找来一根连接线，把手机跟电脑连接起来。

他双手快速在键盘上飞舞，并问道：“你想在手机里找什么资料，我 copy（拷贝）到电脑上给你看。”

“电话簿、通话记录、短信，反正手机里有什么就要什么。”我说。

他如此夸下海口，我本以为很快就能看到手机里的资料。然而十分钟过去了，他仍然不停地敲打键盘，额上还冒出大滴大滴的汗水。性急的蓁蓁不耐烦地问：“刚才不是说两分钟吗？怎么还没弄好！”

伟哥板着脸，一声不吭地继续敲打键盘。喵喵又探头过来插话：“人总有失手的时候嘛，蓁蓁姐你就别怪他了。”

伟哥还是没搭话，黑着脸继续敲打键盘……

在等待破解的无聊时间里，我点了根烟，看着这部被伟哥放在主机上的手机，思索里面到底隐藏着什么秘密。就在我为此而皱眉时，手机屏幕突然亮起，且右上角出现一个类似“山”字的符号，随即又暗下来。

我以为这代表破解成功，正想问伟哥是否有发现，却看见他的双手仍在键盘上飞舞，而且还急得满头大汗。看样子离破解还有些距离，于是便没去骚扰他，继续无聊地等待。

三十分钟后，伟哥突然高举双手，长呼一口气后便跟我说：“你确定这是小学老师的手机吗？我还以为是恐怖分子的手机呢！除设定了开机密码之外，这手机还安装了好几种保护软件，翻电话簿要密码、看通话记录又要另一组密码、看信息要第三组密码，几乎想看啥资料都要不同的密码。而且这些密码都是十二位的，别说混合大小写字母跟符号，单是数字就有一千亿种组合。正常人哪会如此大费周章，希哥的本本也没上这么多锁！”

“别说那么多废话，现在能看到里面的资料吗？”我给他抛了根烟。

他把烟点上，悠然答道：“如果你随便找个修手机的来破解，十天半月也不见得能看到里面的资料，可老哥我是二十一世纪最伟大的黑客，当然不会这么丢人。我已经把手机里的内容全部 copy 到电脑上，你想看啥就看啥。”他轻敲键盘，显示屏上随即出现一堆名字及电话号码。

我让蓁蓁拿出从王校长手中要来的资料，仔细核对这些名字及号码，发现全都是王村小学的教职员工，以及学生家长，并没有特别的发现。

蓁蓁皱眉道：“全都是些普通人的号码，用得着设这么多密码吗？”

我耸肩回应：“他既然如此谨慎，当然不会把重要的号码存储在手机上。”

“会存储在哪里呢？”喵喵好奇地问道。

“这里！”我往自己的脑袋一指，随即对伟哥说，“再看看信息跟通话记录。”

伟哥轻敲键盘，数十条短信息出现在显示屏上。然而经仔细查阅后，发现这些都是跟学生家长联络的信息，同样没有值得注意的地方，我只好叫伟哥翻查通话记录。

以卢老师的死状判断，他死前应该正在通电话，因此通话记录很可能是破案的关键。然而，事实远超过我的预期，通话记录不但揭示了凶手的身份，还揭露了一个让我们极度震惊的秘密——小相竟然是邪教成员！！！ 悬疑志

>> 未完待续

编辑会客厅 Letters to the Editor

Xing Luo Pan

星罗盘

谁出了剪刀，谁出了布？

夏季的《悬疑志》编辑部下午茶时间，小编们经常聚集在休息室交流最新的八卦，几位小编喝着茶在一起侃八卦的时候，倒颇觉得有股很久以前在学校，下课时间和前后同桌一起聊天的悠闲气氛。

戚小双：呐，你们知道吗？不知何时流行的一个新段子：有一对情侣，他们高中开始相识，彼此相爱，大学去了美国，那个城市有一个杀人狂，专杀恋人，他们成了杀人狂的牺牲品，他们被装在机器上，一分钟腰部的刀会撕裂腹部，生还的办法是玩一个剪刀石头布的游戏，胜方生存，他们决定都出石头一起死，可是女孩死了，因为他出了剪刀，女孩出了布。

小雅：“说好了一起出石头，可是为什么我却出了剪刀，你却出了布。”这句话简直可以说是一部悬疑爱情的浓缩精华版。

t戚小双：这和广大男青年遇到的女朋友必问脑残问题之一：我和你妈妈一同落水了，救我，还是救你妈妈？是不是有点像？

小雅：话说回来了，如果你碰到这种情况，剪刀石头布，你会出什么呢？

别易：剪刀石头布有什么好玩，如果是我，我就让他们玩三国杀！

戚小双（掏出新买的三国杀）：来，趁午休时间，我们几个还可以玩一把……

小雅（头冒黑线）：喂喂！被大BOSS看到，会被扣工资的吧。

别易：关门，放小雅守门！

至于谁出了剪刀，谁出了布这个无厘头的问题，早就被小编们忘得一干二净。

Hui Yin Bi

回音壁

我想问一下为什么《悬疑志》第 19 辑的封面和第 16、17、18 辑的不同呢？（久叶）

小编：因为新任主编戚小双在摸索新的《悬疑志》的封面风格定位，所以变化稍微大了点儿。之后的封面风格会稳定下来的，希望读者们能够继续支持并喜欢《悬疑志》。

《悬疑志》里我喜欢青丘的鬼话连篇系列，还比较喜欢另一个作者漆雕醒的秘录社。青丘的作品让人欲罢不能，我的同学也都很喜欢青丘写的故事，因为白翌和安踪都写得很真实，并且故事不乏搞笑。而秘录社比较适合写成侦探小说啦！因为看前面的内容永远都不知道后面会发生什么。希望两位作者能写出更多更好看的小说！提个意见，很多同学都很喜欢前面的微博哦！不过后面的编辑会客厅里的微博控里好像少了一些，请问可不可以增加一些呢？（凌淇）

小编：你的支持我想作者看到后也会非常感动。看来微博类的栏目挺受欢迎的，我们会适当增加一些的。同时也希望广大的悬迷们登录新浪微博，关注《悬疑志》的官方微博（http://weibo.com/xuanyizhi），经常与小编互动，说不定你的微博留言就会被选载在我们的微博控栏目里哦！

自 杀

最近，他老是担心自己会被人杀死。

这种感觉不是空穴来风，因为无论他走到哪里，脑海里总会时不时地闪现出自己被残杀后的场景。筋骨分离，血浆迸流，胸膛和后背交错，脑袋和脚指头握手。那种惨不忍睹的画面，乍见之下，连他自己都觉得恶心。

更加恐怖的是，在他尸体的正上方，有一只长得像焦炭一样的乌黑手掌，旁逸斜出，用各种诡异的姿势跳舞。那动作，仿佛在勾取他的灵魂。

这两幅画面一旦组合起来，简直令他发疯。

有人说，这叫被虐妄想症，可他并不认同。因为只有他自己才知道，他死后的样子太逼真了，每一个细节都透着真实，如果那是妄想，那只能证明他太有想象力了。比起这五个字，他更倾向于相信是预感。就因为这个，他一直活在焦头烂额的恐惧之中。

后来，他终于想通了。与其他杀，不如自杀。活着的时候没尊严，死了怎么也要体面一点。

他选择的自杀方式，是赏给自己的太阳穴一颗子弹。他是退伍军人，找把带子弹的枪不是难事，难的是有没有勇气朝自己开枪。

现在，他已经具备勇气了。

既然不能决定自己的生，那就决定自己的死，这真是此生最伟大、最强有力、最有尊严的决定。他想。

然后，他毫不犹豫地举起了枪。

不用瞄准，就找到了自己的太阳穴。

扣动扳机的瞬间，他在倔犟的快意中突然心弦一震。因为，他注意到，在耳边扣动扳机的手，不知何时已经变得乌黑，就像一根焦炭！

枪声响起的刹那，他突然明白是怎么回事了：那不是他的手，他的双手，早就已经遗落在了战场上……

（王秋声 / 文）

登山者

我算是一名登山发烧友。短短五年间我的足迹遍踏这座城市以及附近大大小小十几座山头。其中问起我最喜欢的山要数城东的丽人山。丽人山不高，风景也甚为一般，算是众多山中最没特色的一座了，也就不得这座城市人的欢心，即便是周末，即便是住在城东，也不见有太多的人选择去那里登山。

可是在我看来，这座山却是最好的，最令我满意的。不太高，令我在忙活一整夜，体力有点透支的情况下仍然可以坚持到山顶，即使是背着重重的行囊。风景不美，但在我第一次登上山顶就发现在山的东侧有个险峻的悬崖，茂盛的植被一路延伸开去，从鲜绿渲染到漆黑，直落谷底，看下去黑咕隆咚的，这让我欣喜若狂，沉浸此中不能自拔。不受人们青睐？那是因为他们并不知这山的好处，不过这也好，不会有人打扰，我可以做自己想做的事情。忘了说，我就住在城东，很近，也很方便……

所以，这一天我也继续慢条斯理地收拾好家里才整理起登山的行囊。已经好几夜没睡好了，刚才在厕所的镜子里看到自己的模样时也吓了一跳，大大的黑眼圈，配上满面胡须楂子，在苍白瘦削的脸颊衬托下像是刚从墓里爬出来的死尸。不过还好，这并不影响我登山的兴致。

打开衣柜，从满当当的帆布双肩包中挑了一个出来，依旧是黑色的。从冰箱拿出昨晚就准备好的东西，小心翼翼放进背包。一切妥当之后马上向丽人山出发。

公交车上，因为还是早晨，车厢空荡荡的，只有一对老夫妻坐在车尾，看样子也是去丽人山晨练的。我盯着外面千篇一律的建筑，心里不停咒骂。这车也不知道怎么了，晚点就算了，竟然还这么慢。要不是这几天没能清洁一下小车，我才不至于一大早来搭公交。

才是四月中旬，早上的温度却不低了。我坐着，额头开始冒汗，小小的。

突然，一阵寒意从尾龙骨直蹿脑门。

该死的。我盯着公交车司机的脑袋，眼神不自觉地毒辣起来，却依旧无补于事。

好不容易才到站。自觉不妙的我马上跳下车，向山顶一路狂奔去。

希望赶得上吧。

或许是跑得太快了，我感觉很热，满头的汗，连背部都湿透了，所以我得快点……

终于跑到山顶，离悬崖只有几丈之远。我松了口气，心也安定起来，放慢脚步一步步走向悬崖……

“不准动！”背后响起几个男人的声音。

眯了眯眼，转头看见三名警察拿着枪对着我，后面远远地站着那个公交车司机和那对老夫妻。

我笑了，摸了摸湿透的背包底。

地上是一滴一点的猩红。从我脚下一直延伸下去。

该死的！天气太热，这冰融得太快了！

直到被扣上凉飕飕的手铐，我想起了车库还停着的车子，如果不是昨天太热，背包里面的东西都融化弄得满车血水，还留下一车腥臭，那么……

（小夜 / 文）

妈妈可以吃吗

小勋是个懂事的孩子。

每次吃东西之前都会先询问：“妈妈可以吃吗？”

“可以啊！”

得到妈妈的允许后，小勋才开始行动起来。

今天餐桌上摆满了食物，看起来很好吃的样子。

小勋端端正正地坐在椅子上，吞了吞口水。

他怯怯地问道："妈妈可以吃吗？"

"可以啊！"

爸爸微笑着摸了摸小勋的脑袋。

小勋迅速抓起一块肉排，大口地撕咬起来。

"哎呀，妈妈真好吃啊！"

说着，他抹了一把油腻腻的嘴巴。

（梁丙/文）

"达人秀"征稿：

"达人秀"为读者习作发展栏目，凡是悬疑恐怖、惊悚、灵异等题材均可，欢迎广大读者踊跃投稿，字数几百到一千之间，入选作品，赠最新悬疑志推理小说一本。投稿邮箱：xuanyi@booky.com.cn

---

图书在版编目（CIP）数据

悬疑志．现在轮到我杀你 / 戚小双主编．—长沙：湖南文艺出版社，2012.7
ISBN 978-7-5404-5644-3

Ⅰ．①悬… Ⅱ．①戚… Ⅲ．①推理小说—小说集—中国—当代 Ⅳ．① I247.7

中国版本图书馆 CIP 数据核字（2012）第 127587 号

©中南博集天卷文化传媒有限公司。本书版权受法律保护。未经权利人许可，任何人不得以任何方式使用本书包括正文、插图、封面、版式等任何部分内容，违者将受到法律制裁。

上架建议：文学·悬疑推理

悬疑志·现在轮到我杀你

主　　编：戚小双
出 版 人：刘清华
责任编辑：丁丽丹　刘诗哲
监　　制：蔡明菲　潘　良
封面设计：八牛书装
出版发行：湖南文艺出版社
（长沙市雨花区东二环一段508号邮编：410014）
网　　址：www.hnwy.net
印　　刷：三河市鑫金马印装有限公司
经　　销：新华书店
开　　本：787mm×1092mm　1/16
字　　数：240千字
印　　张：14
版　　次：2012年7月第1版
印　　次：2012年7月第1次印刷
书　　号：ISBN 978-7-5404-5644-3
定　　价：15.00元

（若有质量问题，请致电质量监督电话：010-84409925）

中/国/第/一/部/本/土/怪/谈/小/说

中国的“京极夏彦”花布和耽美大师级插画师玉烟先生
双剑合璧，这个夏季与你有约，不见不散

拍下此广告，然后在新浪微博发帖@悬疑志，
将有机会获得《新妖怪志》作者签名版一本！

CNS 湖南文艺出版社 HUNAN LITERATURE AND ART PUBLISHING HOUSE

谋杀记忆 Mind Games "2012，你要控制你的命运！"

国内第一本以"疯子视角"探索人性的心理小说

《天才在左，疯子在右》之后，

《谋杀记忆》震撼你的灵魂！

【我们都逃不脱命运！】
【所以只能向死而生！】

心理学 预言 符号学 精神分析 疯子
宗 教 人体 生物学 行尸走肉 梦境

得到这本书，或许能改变你的命运。
什么才算真实的？真实的意义在于：有所改变。
除此之外，都是虚幻。

  荣誉出品